公立高校教師
YouTuber
が書いた

一度読んだら絶対に忘れない

GEOGRAPHY
TEXTBOOK

地理の教科書

山﨑圭一

はじめに

地理には、「ストーリー」がある！

2018年に『一度読んだら絶対に忘れない世界史の教科書』、2019年に『一度読んだら絶対に忘れない日本史の教科書』と、私の授業動画のエッセンスを詰め込んだ本を出版し、おかげさまで世界史は40万部以上、日本史のほうは30万部以上のベストセラーになりました。

そして2021年秋、私のYouTubeチャンネル「Historia Mundi」上で世界史、日本史に続いて地理の200本の授業動画シリーズも完結し、この度、書籍のほうも出版する運びとなりました。

『一度読んだら絶対に忘れない世界史の教科書』と『一度読んだら絶対に忘れない日本史の教科書』では、すべての出来事を因果関係で数珠つなぎにして１つのストーリーを紹介しています。

『世界史の教科書』では、ヨーロッパ、中東、インド、中国という４つの地域を、『日本史の教科書』では政権担当者を「主役」にして、ストーリーを展開しました。

一方、今回のテーマである地理は、人間生活をとりまくさまざまな「環境」を学ぶ科目です。環境の中には自然環境もあれば、社会的な環境もあります。そうした、様々な環境のしくみを明らかにしようというのが地理の目的です。そのため、歴史をひも解く日本史や世界史と比べ、地理には明確なストーリーがあるわけではありません。

ただ、**地理にも、地理なりのストーリーがじつはちゃんとあります。**

それは、**「より地球規模の事柄から、次第に私たちの身近な事柄に向かってクローズアップしていく」**ということです。

本書では、前に登場する事柄がのちに登場する事柄の「基盤」となることで、ストーリーが展開されます。

まず、地球の上に地形や気候があります。そして、地形や気候の上に産業があり、それらの上に都市や村落が形成され、さらにそれらの上に人々の暮らしや国家がある、ということなのです。このような「地理のストーリー」を頭に入れながら、ぜひ本書を読み進めてみてください。

本書では、この地理のストーリーに加えて、さらに以下の２つの工夫もしています。

①地形や気候、産業や社会のなりたちの「理由」や「筋道」を説明する「系統地理」に特化
②ひと目で理解できる、オリジナルのムンディ式図解を多用

「なぜ、そのような地形や気候が成り立っているのか？」「なぜ、その産業や社会が形成されているのか？」というような分野ごとの「理由」や「筋道」（地理ではこれを「系統地理」といいます）にクローズアップしたうえで、オリジナルのムンディ式図解を交えながら、わかりやすく解説することを試みました。

ストーリーを意識しながら１つひとつ丁寧に理解していくことで、本書を一度読むだけでも、地理の知識が驚くほど頭に残っていることを実感していただけると思います。本書が、地理を学び直したいという方々の少しでもお役に立てば幸いです。

山﨑圭一

※本書の統計情報は、2022年10月現在で手に入る情報を使用しています。地理の概要をつかみやすくするため、細かい数値や正確な順位ではなく、大まかな順位や割合などで示すようにしています。

一度読んだら
絶対に忘れない

地理の教科書 CONTENTS

第1章 地理情報と地図

第2章 地形

第5章 エネルギー・鉱産資源

第6章 工業

第9章 衣食住・言語・宗教

第10章 国家とその領域

地理が苦手になってしまう理由

地理で一番大切なのは「理由」

「○○が日本で一番生産されている県は？」
「世界で○番目に高い山は？」
テレビのクイズ番組でこのような問題を見たことがある人は多いのではないでしょうか。

また、学生時代に学校の地理の授業で、教科書に書かれている地名や統計情報などをひたすら暗記させられたという思い出を持っている人もいるかもしれません。

学生時代、地理が苦手だったという人の話をよく聞いてみると、地理に関連した“表面的”な知識を丸暗記する科目というイメージを持っている場合が多いのです。

もちろん、こうした地理に関連した単発的な情報も地理を構成する１つの大事な要素であることは間違いありません。

ただ、そのような情報を身につけるだけでは、じつは「地理」をきちんと学んだとはいえないのです。

「地理」という言葉をよく見ると、「理」という字が使われています。
「理」とは、「道理」や「筋道」、「理由」のことです。「○○が一番とれる県は？」「世界で○番目に高い山は？」という背景には、「その県で最もその生産物がとれる理由」があるはずですし、「世界で○番目に高い山がそこに存在する理由」があるはずです。

地理の知識は氷山のほんの一角であり、水面下には、その知識に至る膨大な「理」、すなわち「筋道」「理由」が存在しているのです。

図 H-1 地理の知識は「氷山の一角」にすぎない

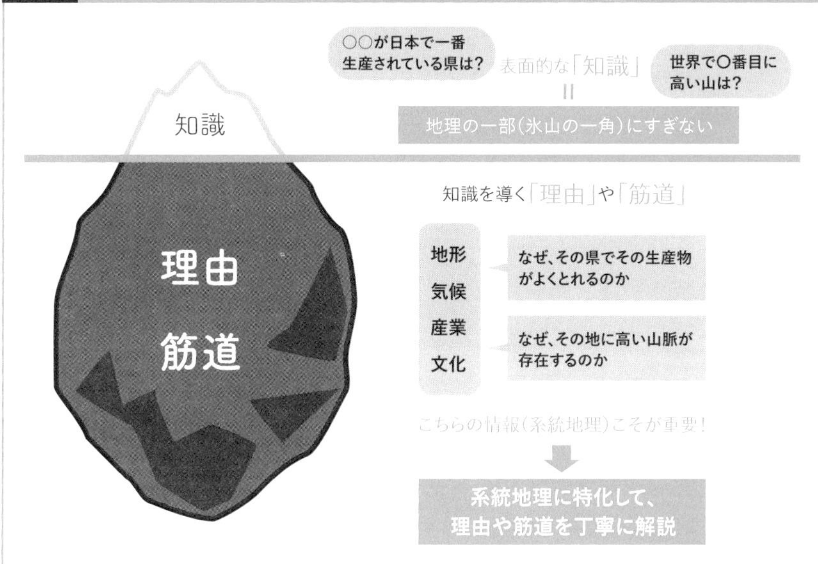
○○が日本で一番
生産されている県は？
表面的な「知識」
＝
世界で○番目に
高い山は？
知識
地理の一部（氷山の一角）にすぎない
理由
筋道
知識を導く「理由」や「筋道」
地形
気候
産業
文化
なぜ、その県でその生産物がよくとれるのか
なぜ、その地に高い山脈が存在するのか
こちらの情報（系統地理）こそが重要！
系統地理に特化して、
理由や筋道を丁寧に解説

「理由」を学ぶのが「系統地理」

高等学校の地理探究の教科書では、「系統地理」と「地誌」という２つの分野に大きく分かれています。

このうち、**「系統地理」が地理の分野ごとの「筋道」や「理由」などを学習する分野**です。

高校生は、この「系統地理」で地形や気候の成り立ち、産業のあり方など、地理の「筋道」や「理由」をしっかり学んで、後半の「地誌」で各地域の具体的な情報を見ていくことになります。

しかしながら、世の中にある地理の本を読んでみると、「理」にあたる「系統地理」について丁寧に説明している本というのが少なく、知識を単に並べた本が多数を占めているようです。

そこで本書は、「系統地理」にターゲットを絞り、高等学校で学ぶ系統地理についてわかりやすく解説することにしました。

地理は「ストーリー」で学べ！

「地理」にもストーリーがある

日本史や世界史ほど明確ではありませんが、地理にもちゃんとストーリーがあります。それは、**「"地球規模"の事柄からスタートして、徐々に私たちの"身近な事柄"へとクローズアップしていく」**ということです。

本書では、前に登場する事柄がのちに登場する事柄の「基盤」になることで、ストーリーが展開されます。

「地形」や「気候」は、「産業」が形成される基盤になり、「自然環境」や「産業」は「集落」や「国家」が形成される基盤になります。地球の上に地形や気候があり、地形や気候の上に産業があります。そして、その上に都市や村落が形成され、さらにそれらの上に人々の暮らしや国家があるということなのです。

地理のストーリーをもう少し具体的にいうと、右のページの図の通り、大きく３つの要素から構成されます。

第１章は、地理を学習するうえでの**「予備知識」**です。地球を"離れたところから眺める"ような客観的な視点を持つため、地球についての基本的な見方や、地図の描き方（図法）などを紹介します。

第２章と第３章では、系統地理のうち、地形や気候など、自然現象の面から地理をとらえる**「自然地理」**の分野を扱います。第２章では地形の成り立ちと変化に富んだ様々な地形、第３章は気候の成り立ちと14に分かれた、いわゆる「ケッペンの気候区分」を紹介します。

第４章から第10章は、系統地理のうち、産業や都市・村落の形成や生活文化など、人間の活動の面から地理をとらえる**「人文地理」**の分野を扱い

図 H-2　地理は大きく3つに分けられる

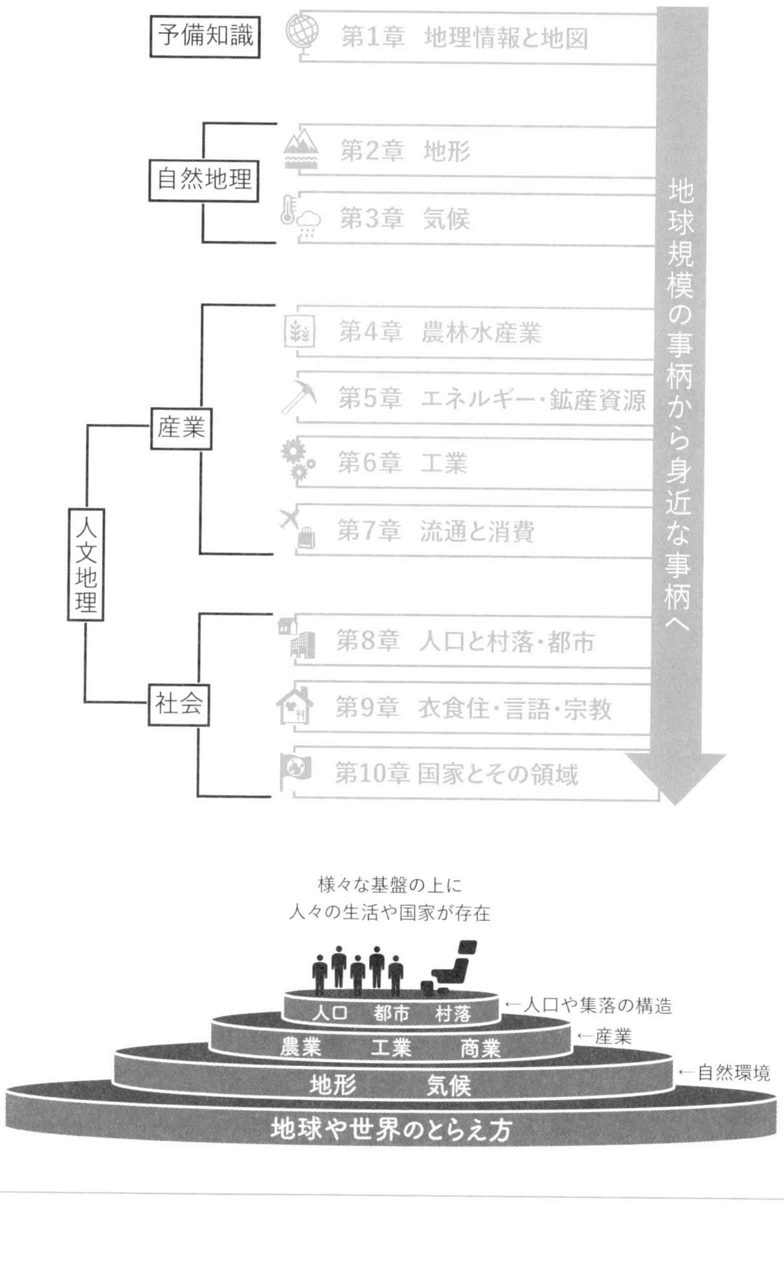
予備知識
第1章　地理情報と地図
自然地理
第2章　地形
第3章　気候
人文地理
産業
第4章　農林水産業
第5章　エネルギー・鉱産資源
第6章　工業
第7章　流通と消費
社会
第8章　人口と村落・都市
第9章　衣食住・言語・宗教
第10章 国家とその領域
地球規模の事柄から身近な事柄へ
様々な基盤の上に
人々の生活や国家が存在
人口　都市　村落
←人口や集落の構造
農業　工業　商業
←産業
地形　気候
←自然環境
地球や世界のとらえ方

ます。中でも、第４章から第７章は農林水産業、エネルギーと鉱産資源、工業、交通や商業などの**「産業」**を扱い、８章から９章は人口や都市・村落、生活文化、国家と国家群というような**「社会」**のあり方を扱います。

ひと目でわかる図解

そして、もう１つ、本書の最大の特徴が図版です。**ひと目で系統地理の「理」がわかる図解を豊富に作成し、説明を試みました。この「ムンディ式」の図解により、地理の「理由」や「筋道」が芋づる式に頭の中に入り、それが「忘れない知識」になる**はずです。

本書を読み終えると、日ごろ見慣れた通学路や通勤路も、「ここに田んぼが多いのは、氾濫原の後背湿地だからに違いない」「ここは扇状地だから、果樹園が多いのだな」というように興味をもって見ることができると思います。地理を学ぶと、世界の見方が変わるのです。

また、地理は世界史や日本史を学ぶうえでの基礎になります。ぜひ、本書を読んだうえでもう一度、世界史や日本史に触れてみてください。地理の「空間的」な理解に、歴史の「時間的」な理解が加わり、歴史、地理の両方の学びが相乗効果で高まるはずです。

傾向で理解せよ

前書きでも触れたように、本書では、詳細な順位や数値ではなく、大まかな割合や傾向で示すことを重視しています。

細かい数値を見ると、順位が入れ替わることもありますが、大きな傾向そのものは変わりません。たとえば、ある物を生産する国の、３位と４位の順位が入れ替わっても、その地域やその国で、突然、生産がゼロになることはなく、その地域やその国でその物が多く生産されているという基本的な「傾向」やその結果に至る理由や筋道そのものは変わりません。

細かい順位や数値にこだわることなく、その傾向や理由をざっくりとつかみ、理解することこそが重要なのです。

第1章

地理情報と地図

第１章 地理情報と地図 あらすじ

地理の学習に必要な情報のとらえ方

地理の理解を深めるためには、球体の地球が地図にどのように描かれ、どのような情報が地図の上で表現されているかを知ることが欠かせません。

そこで第１章では、地理を理解するための基礎知識を取り上げます。

まず、本章の前半で緯度や経度、時差について説明します。

球体の地球上での位置がどのように表現されるか、南北の回帰線や本初子午線、日付変更線など、地図上に引かれた様々な線がどのような意味をもつのかなどを解説します。また、経度の違いによって生じる時差のしくみも知っておくべき知識です。

次に本章の後半では、地図の描き方を中心に様々な地図を紹介します。

昔から、球体の地球を平面上にどのように描くかについて、試行錯誤が繰り返されてきました。一長一短ある地図の描き方（図法）がどのように使い分けられているのかについてお話ししたいと思います。

さらに、様々な統計地図や、近年重要性を増している地理情報システム（GIS）の概要などにも触れたいと思います。

第1章 私たちの暮らしと【地理情報と地図】の関係図

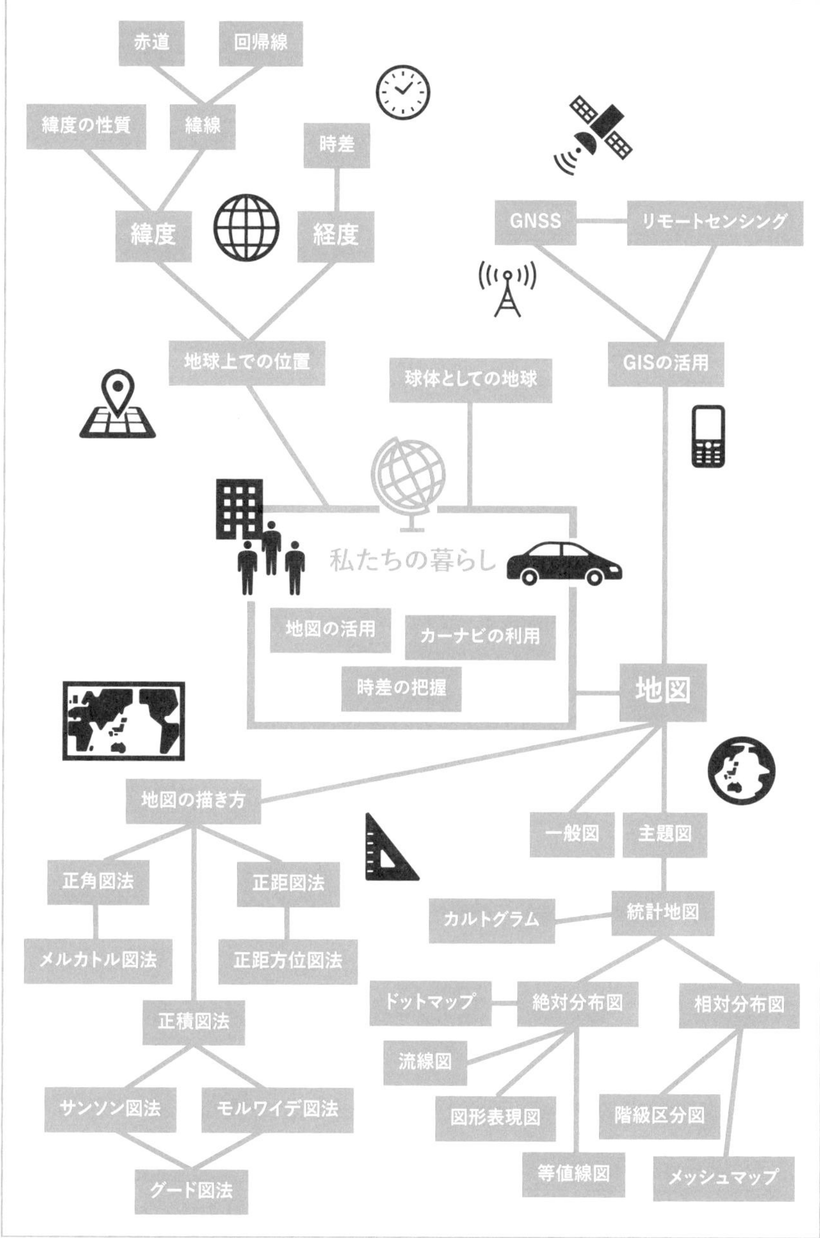

赤道　回帰線

緯度の性質　緯線

時差

緯度　経度

GNSS　リモートセンシング

地球上での位置

球体としての地球

GISの活用

私たちの暮らし

地図の活用　カーナビの利用

時差の把握

地図

地図の描き方

一般図　主題図

正角図法　正距図法

カルトグラム　統計地図

メルカトル図法　正距方位図法

ドットマップ　絶対分布図　相対分布図

正積図法

流線図

サンソン図法　モルワイデ図法

図形表現図　階級区分図

グード図法

等値線図　メッシュマップ

第1章 地理情報と地図

第2章 地形

第3章 気候

第4章 農林水産業

第5章 エネルギー・鉱産資源

第6章 工業

第7章 流通と消費

第8章 人口と村落・都市

第9章 衣食住・言語・宗教

第10章 国家とその領域

「緯度」と「経度」で示される地球上の場所

「丸い地球」の上で暮らす私たち

地理の話のスタートは、私たちが住んでいる地球です。地球は直径約１万2700キロの球体です。地球は高速で回転しているため、「遠心力によって赤道方向が膨らんでいる」ことを知っている人もいるかもしれません。

その通り、地球は赤道方向がやや膨らんでおり、赤道方向の直径が北極と南極を結ぶ直径よりも約42キロ長いのですが、その直径の違いは1000分の３ほどなので、**形としての地球は「ほぼ球体」ととらえることができます**（もちろん、厳密にいえば「楕円」なので、GPSや微小な重さをはかるはかりなどは、楕円の分が修正されています）。

地球上の位置を示す「緯度」と「経度」

私たちが、この球体の上で特定の場所を指し示すには、「緯度」と「経度」という２つの角度を使います。本来、「緯」と「経」は織物に使われる言葉で、「緯」は「よこ糸」、「経」は「たて糸」のことを指します。

地球に、座標を示す緯線、経線を引くと、赤道方向から見た場合、緯線は横に、経線は縦に引かれます。ここで**注意したいのは、赤道方向から見て横に引かれた緯線は「タテ（南北）の位置」、縦に引かれた経線は「ヨコ（東西）の位置」を示すことです**（じつは、地理が苦手な人はここからつまずいてしまう場合が多いのです）。

横に引かれた緯線によって示されるタテの位置は「緯度」、縦に引かれた経線によって示されるヨコの位置は「経度」といいます。

緯度は、地球の中心から見て赤道とその地点との角度、経線はイギリス

図1-1　緯度と経度

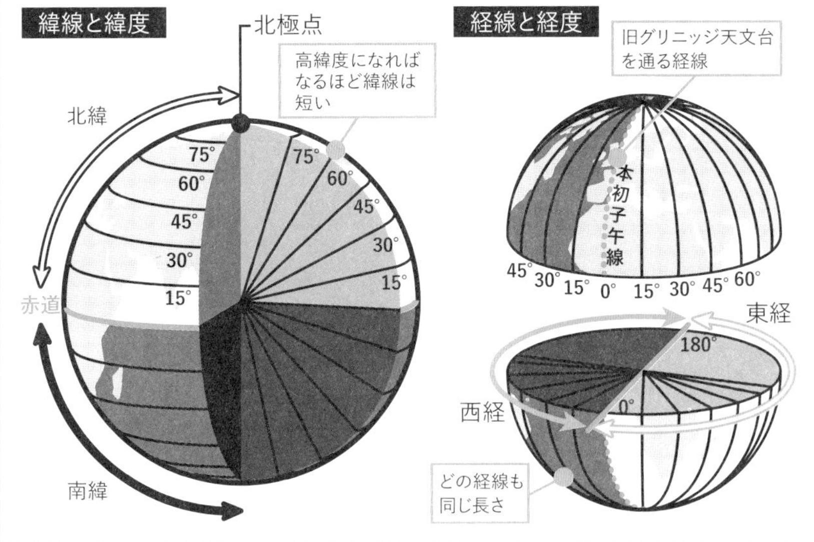

の旧グリニッジ天文台を通る経線とその地点との角度を示し、同じ緯度の地点を結んだ線を緯線、同じ経度の点を結んだ線を経線といいます。

緯度を考えた場合、赤道から北に離れる角度を「北緯」、南に離れる角度を「南緯」といいます。赤道から離れるほど緯度は大きくなり、**赤道に近いほど低緯度、北極や南極に近いほど高緯度になります。**赤道に近いほうが気温は高いので、一般的に「低緯度」のほうが気温は高く、「高緯度」のほうが気温は低くなります。「高・低」の言葉につられないようにしましょう。

経線は、別の名を子午線ともいいます。イギリスを通る経線を基準に、東に離れていく角度を「東経」、西に離れていく角度を「西経」といいます。基準となるイギリスの旧グリニッジ天文台を通る子午線を「本初子午線」といいます。イギリスのぴったり真裏にあたる場所の経度は180度です。**緯線の長さは、高緯度になるに従い、段々と短くなりますが、経線はどの長さも変わりません。**

「回帰線」が引かれている理由とは

赤道と北回帰線・南回帰線の関係

まず、緯度に注目してみましょう。一般的な世界全図などを見ると、多くの緯線が引かれてありますが、その中でも緯度0度である赤道は、**地球を北半球と南半球に分ける、最長の緯線です。**

緯線の多くは10度ごと、15度ごとなど、切りのよい緯度に引かれている場合が多いのですが、よく見ると、北緯23.4度と南緯23.4度という、半端な場所にも線が引かれています。これが、北回帰線と南回帰線です。

春分の日と秋分の日には、太陽の光が赤道のちょうど真上を通ります。そして、北半球で夏の時期は、太陽は北半球側を強く照らし、南半球が夏の時期には、太陽は南半球側を強く照らします。このとき、**北半球が夏至のときの太陽が真上から照らす線が北回帰線、北半球が冬至（南半球が夏至）の太陽が真上から照らす線が南回帰線です。**北半球から見て、「夏の赤道」が北回帰線、「冬の赤道」が南回帰線というイメージです（太陽の位置が変わる理由は、このあとの「気候」の項目で説明します）。

図 1-2　赤道と南北の回帰線

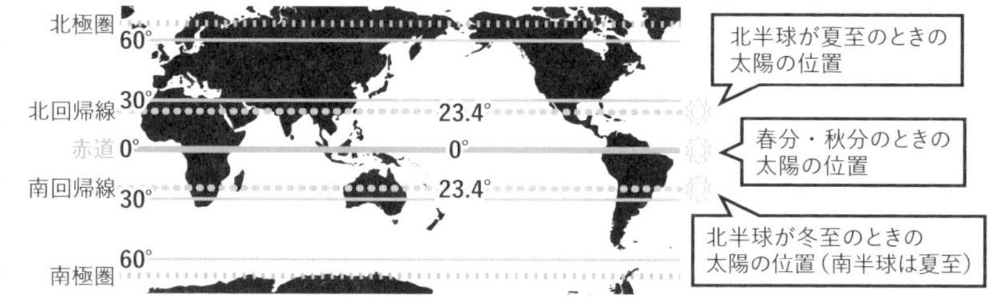

「緯線」の方向が真西、真東ではない

仮に、今、私たちが遠くのほうを指さすとします。その指の先はどこに向かうでしょうか。たとえば、東京から真北のほうを指すとすると、そのずっと先には、北極点があり、その先はいつしか地球をぐるりと回り、東京から見て地球の真裏の地点（南アメリカ大陸の沖合）に到達するに違いありません。真北の方角だけではなく真東、真西を含めて、**地球は球体であるため、どの方向を指さしてもその延長線は地球の裏側の点に到達します**。であるなら、**真東の方向を指さしたら、その延長線は、緯線からはどんどん南側にそれていくことになります**（地球儀に東西南北を示す、90度に組み合わせたテープを貼ると南にそれていくのがよくわかります。逆に、南半球に貼ると、東西方向は北にずれていきます）。

したがって、**緯線は「同じ緯度の地点を結んだ線」であり、地球上のある点からみた真西と真東の方向ではない**のです。

図 1-3 地図上の「真東」とは

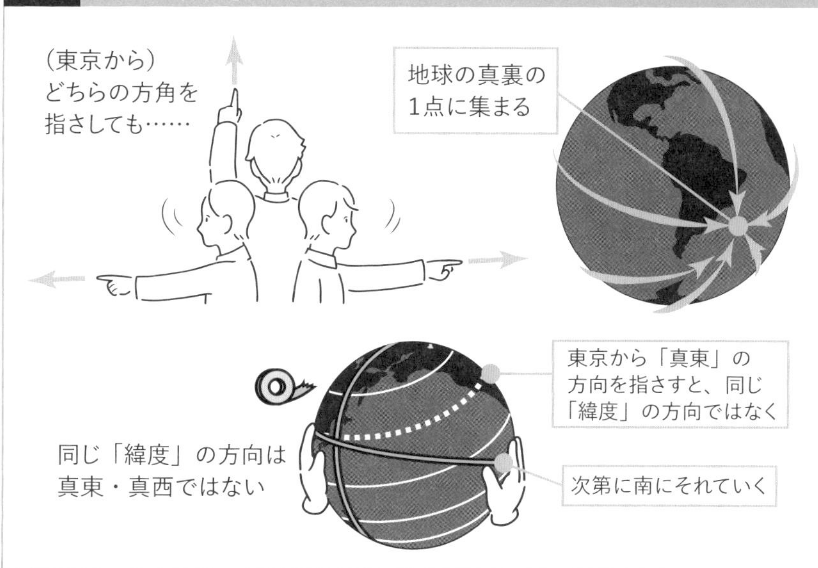
（東京から）
どちらの方角を
指さしても……
地球の真裏の
1点に集まる
東京から「真東」の
方向を指さすと、同じ
「緯度」の方向ではなく
同じ「緯度」の方向は
真東・真西ではない
次第に南にそれていく

日本は早く日付が変わる「先頭集団」の国

経度15度あたり1時間ずれる時差

次に、経線に注目してみましょう。まず、経度と時差を考えてみます。地球は、24時間で１回転、つまり360度回転します（24時間で360度なので、**１時間に15度回転します**）。この回転により、地球上の各地点に順々に朝がやってくることになります。

地球は一定のスピードで回転し続けているので、本来は同じ国であっても、それぞれの地点で朝がやってくる時間は違うのですが（たとえば、東京と福岡では日の出の時間は40分程度違います）、それぞれの国では「標準時」を設定して、統一した時間を使っています。日本では兵庫県明石市を通る、東経135度の経線を基準に標準時を設定しています（いくつもの標準時を設定している広大な国もあります）。

時差の計算は陸上の「トラック」で考える

では、実際の時差を考えてみましょう。「日本で何時のとき、ある国の時

図 1-4　様々な地点の時差

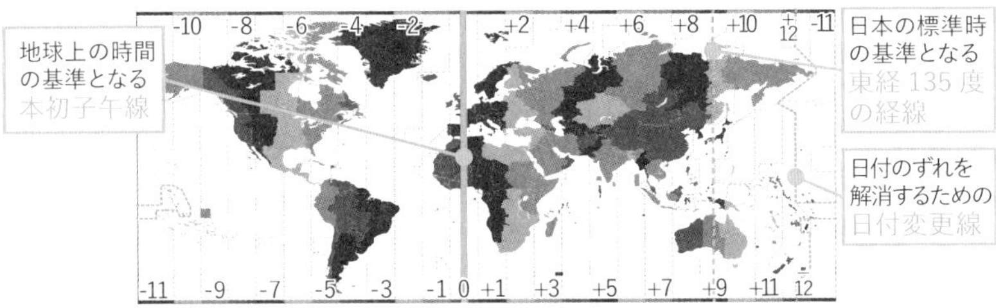

刻は何時か？」というような問題は、次のようなイメージを持つと求めやすくなります。

日本は、世界の中でもかなり早く日付が変わる国です。日本よりも早く日付が変わる国は、ニュージーランドやオーストラリアなど、オセアニアの国ぐらいしかありません。それ以外の国々は、ほとんど日本より時間が遅れてやってきます。**ニュージーランド、オーストラリア、日本は時差の「先頭集団」を走っていると考えてみましょう。**

北極から見た地球を陸上のトラックとすると、日本は先頭集団を走っており、**経度約15度ごとに１時間ずつ遅れて他の地域が追い付いてくると考えると、時差が考えやすくなります。**経度０度のイギリスは９時間遅れで、西経120度のアメリカのロサンゼルスは17時間遅れで追い付きます。日本が夜の８時（20時）の場合、イギリスはまだ午前11時（20－９＝11時）、ロサンゼルスはまだ午前３時（20－17＝３時）となるのです。時差を考えるときには、陸上のトラックをイメージするとよいでしょう。

図 1-5 時差の考え方

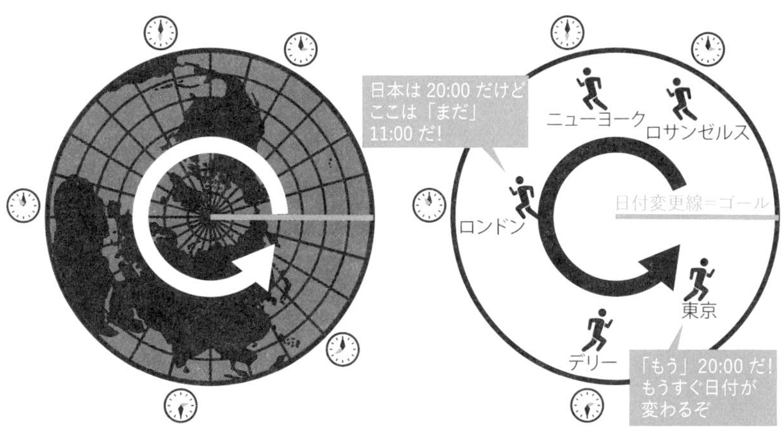

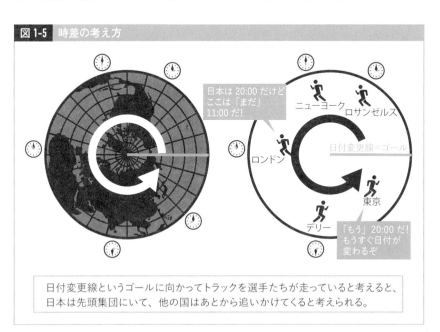

日付変更線というゴールに向かってトラックを選手たちが走っていると考えると、日本は先頭集団にいて、他の国はあとから追いかけてくると考えられる。

大航海の歴史を支えた航海図に適した図法

要素のどれかを犠牲にして平面に

地球を縮小して描く方法には、球のまま縮小する地球儀と、平面で表す地図があります。地球儀は、球体である地球をそのまま縮小したものなので、距離や面積はどこをとっても一定の割合で縮小され、角度も正しく表現されます。しかし、**平面、つまり１枚の地図にするときには、どうしても地球の「丸み」があるために、そのまま縮小できません。**角度や距離、面積など、すべての要素を正しく示した平面の地図は存在しないのです。

そこで、**角度や面積、距離のどれかの要素を活かして、他の要素は犠牲にすることになります。**こうした、いろいろな地図の描き方を図法といいます。それぞれの図法には、その図法ならではの独特な形状や、それぞれの利点や欠点があります。こうした図法の「個性」を知ることも、地理の楽しみの１つです。

角度が正しい地図（正角図法）

まずは、「角度」を正しく表現した地図を紹介します。角度の正しい図法を「正角図法」といいますが、その代表例がメルカトル図法です。「メルカトル」は16世紀の地理学者の名前で、彼が作成した地図にこの図法が使われていたことに由来します。

この図法の特徴は「経線と緯線が直線で表現され、緯線は赤道と同じ長さの平行線で示される」こと、「緯線と経線は直角に交わる」こと、**「その経線と緯線と、その地点においての角度」の関係が常に等しく表現されることです。**右図の矢印は同じ方角を指していますが、地球儀を正面から見

図 1-6　正角図法とは

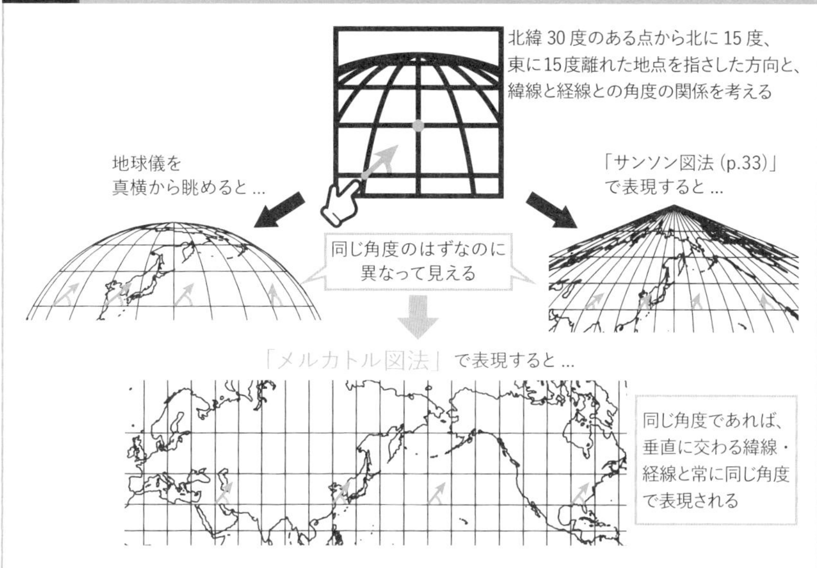

北緯 30 度のある点から北に 15 度、
東に15度離れた地点を指さした方向と、
緯線と経線との角度の関係を考える
地球儀を
真横から眺めると…
「サンソン図法 (p.33)」
で表現すると…
同じ角度のはずなのに
異なって見える
「メルカトル図法」で表現すると…
同じ角度であれば、
垂直に交わる緯線・
経線と常に同じ角度
で表現される

たときや、他の図法では、この角度が変わって見えます。一方、メルカトル図法では、垂直に交わる経線と緯線に対してつねに同じ、一定の角度で表現できることがわかります。

この図法の描き方を紹介します。まず、赤道を正面にして、舟形に地球を切り開くと考えます。緯線は平行になっていますが、舟形と舟形の間に空白があるので、それぞれの緯線を赤道と同じ長さになるように、拡大してつないでいきます（緯度60度で２倍の長さになります)。

しかし、ここまでは「ヨコ方向に拡大」しているにすぎないため、「角度を正しくする」という条件に合わせるためには、経度の方向にも拡大しなければなりません。そこで、タテ方向を、ヨコ方向に合わせて同じように拡大します（たとえば、緯度60度地点の南北方向を、緯線の拡大率に合わせて２倍に拡大します)。このようにして描かれたものが、メルカトル図法です。

ただ、この図法では、**北極付近の緯線を、赤道と同じ長さにしようとす**

図1-7 メルカトル図法の描き方

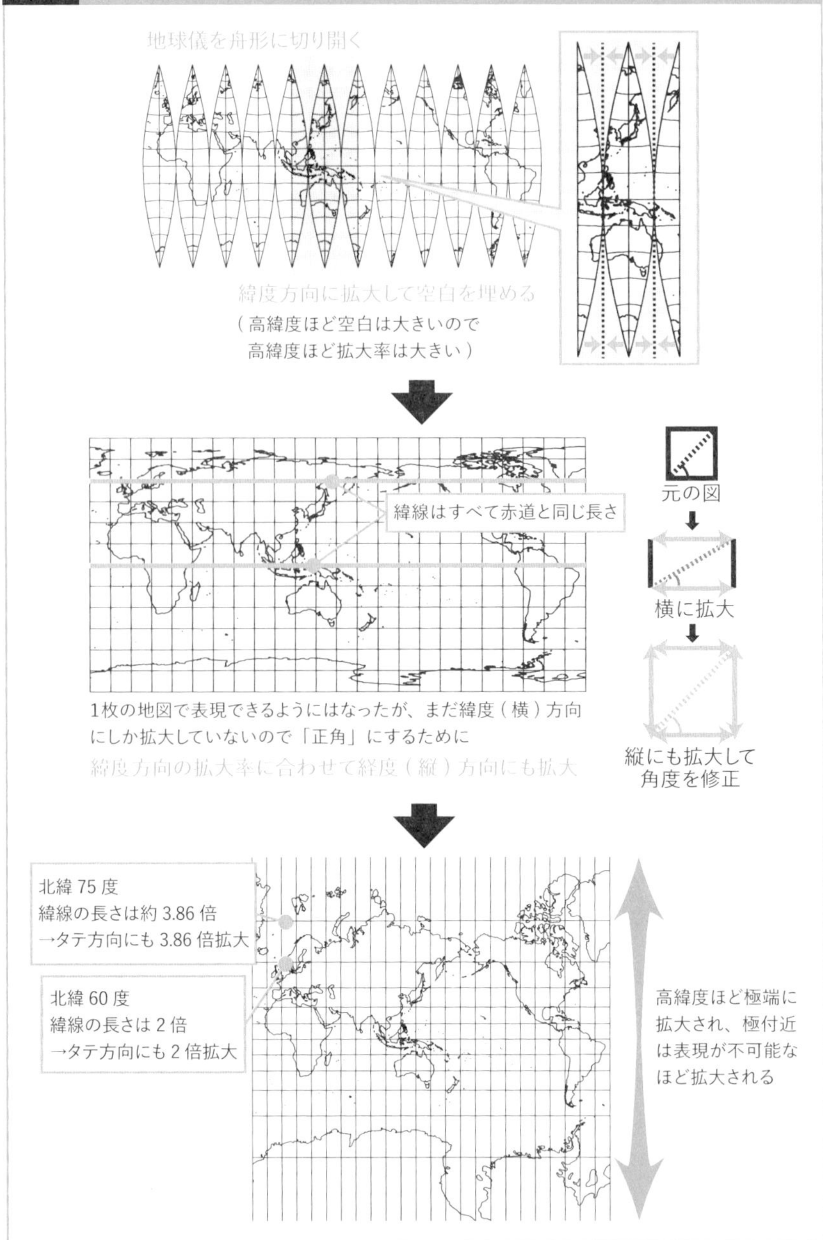

地球儀を舟形に切り開く
緯度方向に拡大して空白を埋める
（高緯度ほど空白は大きいので
高緯度ほど拡大率は大きい）
緯線はすべて赤道と同じ長さ
元の図
横に拡大
縦にも拡大して
角度を修正
1枚の地図で表現できるようにはなったが、まだ緯度（横）方向
にしか拡大していないので「正角」にするために
緯度方向の拡大率に合わせて経度（縦）方向にも拡大
北緯75度
緯線の長さは約3.86倍
→タテ方向にも3.86倍拡大
北緯60度
緯線の長さは2倍
→タテ方向にも2倍拡大
高緯度ほど極端に
拡大され、極付近
は表現が不可能な
ほど拡大される

ると、拡大率を極めて高くしなければなりません。無限に縦長の地図になってしまうので、**極付近の表現は不可能なのです。**一般的に、80度以上の高緯度はあまり使われることはありません。

世界全図や航海図に利用されるメルカトル図法

メルカトル図法は極付近をのぞく世界の全容が1枚の長方形で表現できるので、**本やポスターなどと相性がよく、世界全図としてよく使われています。**そのために「世界地図」といったらこのメルカトル図法を想像する人も多いと思います。

また、この図は航海図に使いやすい、という利点があります。どの地点であっても、地図上の緯線と経線と、目指す方角の関係はつねに一緒なので、メルカトル図法の地図上に、行きたいところに点をとって直線を引き、羅針盤をずっと見ながら、つねに引いた線の方向に進路を修正していけば、目的地に到着することができます。この航路を、**角度を等しく保って進む航路**、という意味を込めて、「等角航路」といいます。

メルカトル図法での直線は最短距離ではない

１つ注意したいのは、この**「等角航路」は、「最短距離」というわけではない**ことです。地球は球体なので（日本からヨーロッパに行くときにロシア上空を通っていくのが近道であるように）、**北半球では北寄りに、南半球では南寄りのルートを使った方が最短距離になります。**この最短距離を「大圏航路（たいけんこうろ）」といいます。

たとえば、地球儀の出発点と到着点にひもをあてがったと考え、ひもをピンと張ると、そのひもは、地球の表面に沿った最短距離、すなわち「大圏航路」を示します。この「大圏航路」をメルカトル図法であらわすと、北半球では北に、南半球では南にカーブした航路になるのです。

メルカトル図法はあくまでも、「赤道を正面から見た地球儀を、赤道を水平方向に見たまま、切り開いて拡大した地図」ということなのです。

図 1-8　等角航路と大圏航路

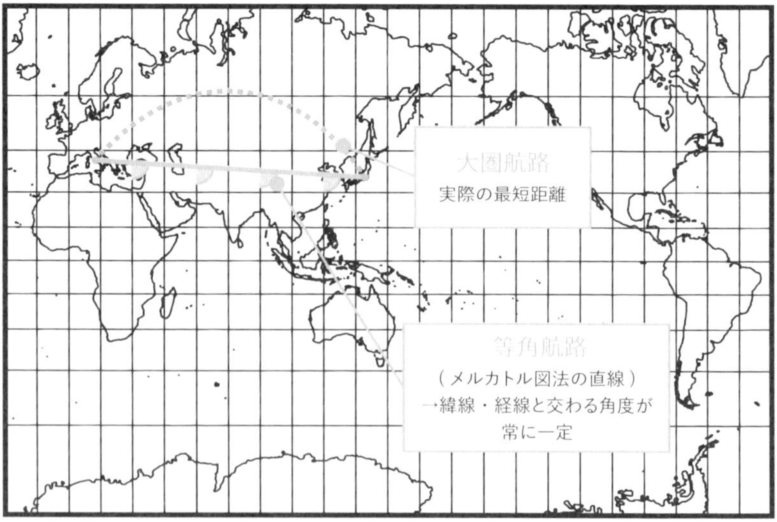
大圏航路
実際の最短距離
等角航路
（メルカトル図法の直線）
→緯線・経線と交わる角度が
常に一定

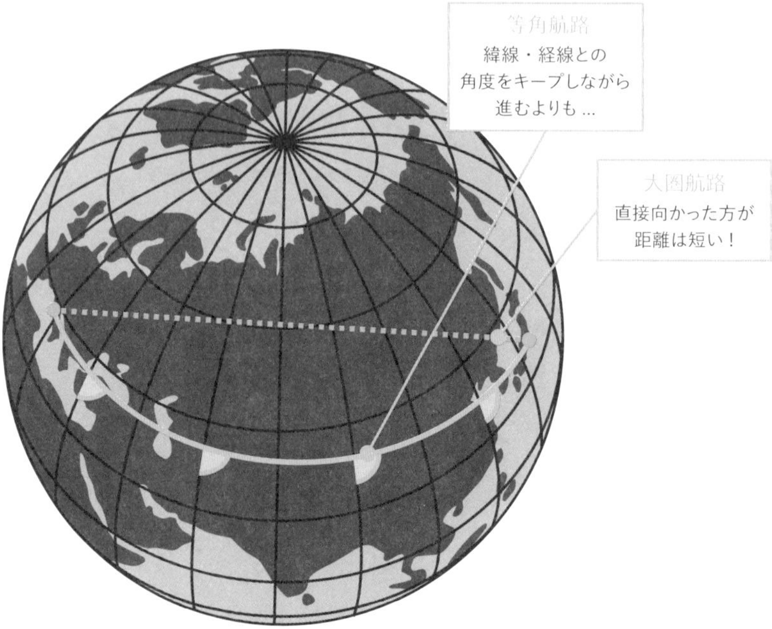
等角航路
緯線・経線との
角度をキープしながら
進むよりも…
大圏航路
直接向かった方が
距離は短い！

サインカーブ・楕円・断裂、特徴的な3つの図法

面積を正しく表現した図法（正積図法）

角度に続き、今度は面積を正しく表現している図法を紹介します。こうした図法を「正積(せいせき)図法」といい、サンソン図法、モルワイデ図法、グード図法が代表的なものです。地図上のどこでも、**地球上の面積と地図上の面積の比率が同じという特徴があります。**

この図法の特徴は、分布図に向いていることです。もし、前述のメルカトル図法を分布図に用いてしまうと、高緯度ほど面積が拡大するため、分布的には密集していても、高緯度ではまばらに分布するように表現されてしまいます。面積が正しい正積図法だと（図の周辺の「形」はゆがんでしまいますが）、密集しているものはそのまま、密集して表現されるので、都合がよいのです。

「サインカーブ」のサンソン図法

まず、正積図法の第１ステップである、サンソン図法の描き方について説明します。次ページの図1-9のように、「舟形」に地球を切り開くとします。そして、面積を保ったまま、北極と南極の頂点を１つに「寄せていきます」。そのように、すべての「舟形」の頂点を、面積を保ったまま１つに集めたのが、サンソン図法です。

このようにできたサンソン図法の経線のカーブは、**高校の「三角関数」の授業で学ぶ、「サイン（sin）」のグラフの形（サインカーブ）になることが特徴です。**また、地球をそのまま開き、そのまま中央に平行移動して「寄せていった」ようなイメージの図法なので、緯線の間隔は等間隔に引かれ、

図1-9 サンソン図法の描き方

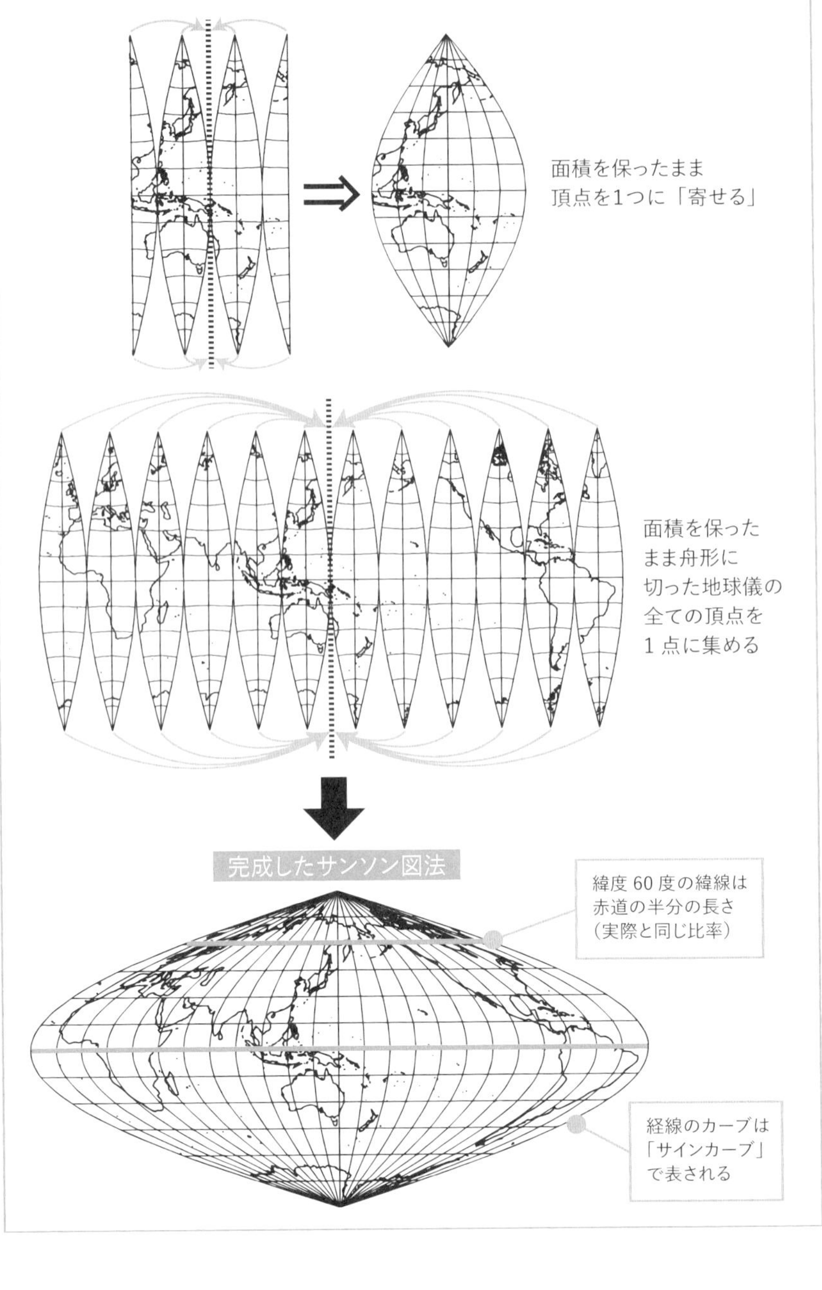

面積を保ったまま
頂点を1つに「寄せる」
面積を保ったまま舟形に切った地球儀の全ての頂点を1点に集める
完成したサンソン図法
緯度60度の緯線は赤道の半分の長さ（実際と同じ比率）
経線のカーブは「サインカーブ」で表される

緯線の長さの関係（60度の緯線は赤道の半分の長さ）もそのまま保たれています。また、赤道の長さはぐるっと**地球１周分**の長さ、地図の中央の経線の長さは、北極から南極までの**地球半周分**の長さなので、**地図全体の縦横の比率は１：２になります。**

「楕円」のモルワイデ図法

サンソン図法の欠点は、北極と南極付近の高緯度が「尖って」しまい、地球の形が、ひし形のように大きくゆがんでしまうことです。特に、ひし形の「辺」のあたりに、経線が密集して、地図が読み取りにくくなってしまいます。

そこで考えられた図法が、モルワイデ図法です。**「サインカーブ」で表現されているサンソン図法を、楕円に置きかえて周辺部を見やすくしてみようという考え方です。**楕円は膨らみがあるため、サンソン図法で見にくかった周辺部も、やや余裕が出て、見やすくなります。

見た目にも、ひし形っぽいサンソン図法よりも楕円にしたほうが、丸い地球のイメージがつかみやすく、自然な描き方に思えます。

工夫して「帳尻を合わせた」モルワイデ図法

しかし、モルワイデ図法にも欠点があります。それは、膨らみのある楕円で表現したため、面積が正しく表現される「正積図法」にするには、膨らませた分だけ、どこかの面積を狭くするしかありません。

モルワイデ図法の場合は、「膨らみ」を周辺部に持たせた結果、サンソン図法と同じ面積を表現しようとすると、全体の大きさは縮小され、赤道の長さも短く表現されます。また、緯線の間隔も変わり、高緯度の緯線は間隔が狭く引かれ、低緯度の緯線は間隔が広く引かれます。

サンソン図法が単純に、頂点を寄せていった地図であることに比べると、**モルワイデ図法は見やすくした分、いろいろなところをゆがめて、帳尻を合わせている図法なのです。**

図 1-10　サンソン図法からモルワイデ図法に

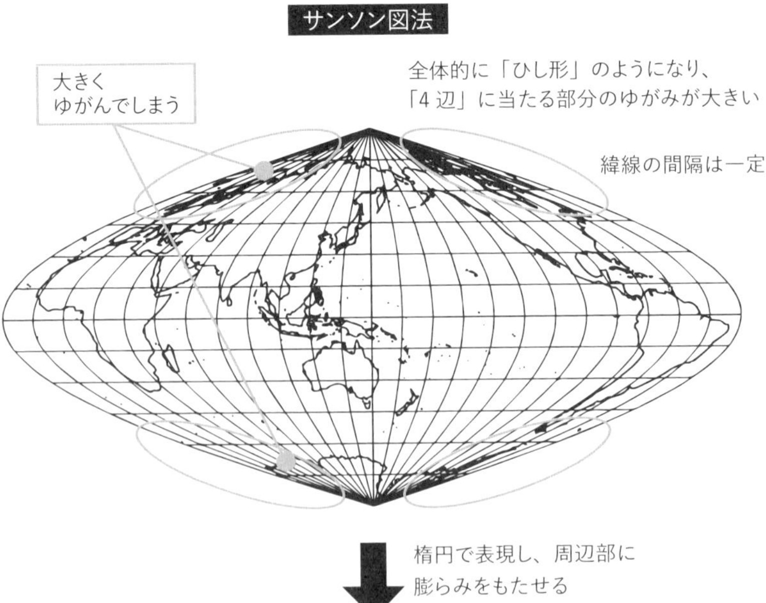
サンソン図法
大きく
ゆがんでしまう
全体的に「ひし形」のようになり、
「4 辺」に当たる部分のゆがみが大きい
緯線の間隔は一定
楕円で表現し、周辺部に
膨らみをもたせる

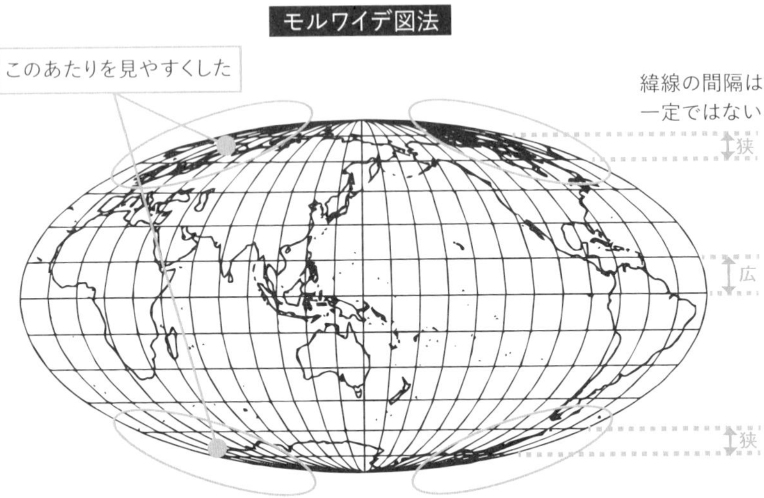
モルワイデ図法
このあたりを見やすくした
緯線の間隔は
一定ではない
狭
広
狭

周辺部に膨らみを持たせた分、サンソン図法と同じ面積を表現しようとすると、赤道の長さはやや短くなり、高緯度の緯線間隔は狭くなる

大きく裂けた「個性派」の図法

グード図法は、ホモロサイン図法とも呼ばれます。**この地図は、海の部分で地図が大きく裂けている、一度見たら忘れられないような形**です。地図の中でもとりわけ「個性派」という印象ですが、どのような発想でこのような、変な形の地図に辿り着いたのでしょうか。

同じ「正積図法」でも、サンソン図法は高緯度のゆがみが大きく、モルワイデ図法は低緯度がやや圧縮されている（赤道がやや短い）、と説明しました。ならば、その２つの図法の不利な部分を避け、「いいとこどり」をすればいいのではないかと、アメリカの地理学者のグードという人物が考案したのがグード図法です。

「いいとこどり」の図法

この図法では、サンソン図法で不利な高緯度、モルワイデ図法で不利な低緯度を避け、**サンソン図法の低緯度、モルワイデ図法の高緯度を組み合わせる**、という手法をとります。同じ縮尺のサンソン図法、モルワイデ図法を重ねると、緯度40度44分で緯線の長さが一致します。この線を境に、低緯度をサンソン図法、高緯度をモルワイデ図法で描けばよいのです。

そうして描かれた地図は、アニメ「アンパンマン」に登場するカレーパンマンの顔のような、真ん中が膨らんだ地図になります。

さらにグードは、もう１つ加工をしました。それは、海洋に断裂を入れることです。そうすることで、大陸の形のゆがみを小さくすることができます。

メルカトル図法は、高緯度になるほど面積が拡大し、極付近は表現できないという欠点がありましたが、**グード図法は、大陸の形のゆがみを最小限にしつつ、面積が正しく、極付近も表現できるというメリット（断裂はしていますが）**があります。非常に個性的な図法なので、一度は目にしたことがある人も多いのではないでしょうか。

図1-11　グード図法の描き方

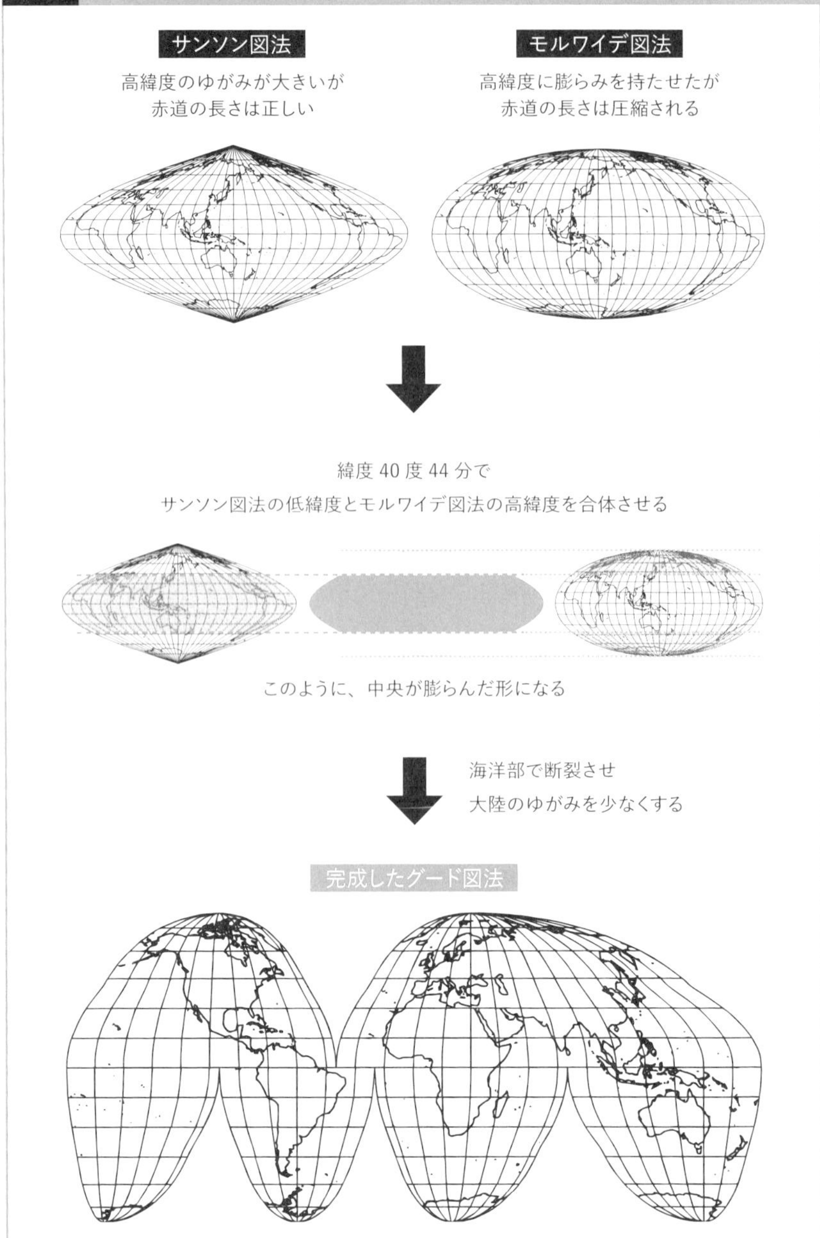

サンソン図法
高緯度のゆがみが大きいが
赤道の長さは正しい
モルワイデ図法
高緯度に膨らみを持たせたが
赤道の長さは圧縮される
緯度40度44分で
サンソン図法の低緯度とモルワイデ図法の高緯度を合体させる
このように、中央が膨らんだ形になる
海洋部で断裂させ
大陸のゆがみを少なくする
完成したグード図法

「中心から」に限って距離と方位が正しい図法

距離と方位が正しい正距方位図法

続いて、距離を正しく示す「正距図法」を取り上げます。「正距」といっても、１枚の地図ですべての地点間の距離を正しく示すことはできません。**地球上のどこかの１点を基準とし、そこからの距離を正しく示すことで、「正距」とするのです。**

そのような正距図法の代表が正距方位図法です。この図法では、中心からの距離が正しく表現されます。また、中心からの東西南北の方位も正しく示されます。東京から真東に線を引けば、次第に南半球の方にずれていき、地球の裏側にきちんと到達します。ただ、これは**あくまでも中心点からの距離と方位なので、他の点からの距離と方位は正しくありません。**

真裏の一点が外周全部に

正距方位図法は、このようにつくることができます。地球を、ある点を中心として舟形に切り開くと、次ページの図1-12のように花びらのような形になります。この中心点から遠い舟形の各頂点は、すべて地球の裏側の点（「対蹠点」といいます）になります。

図の例は東京を中心にしていますが、これを、舟形の空白を埋めるようにつないでいくと、東京から等距離の線が同心円状につながることになります。ということは、地図は東京からの距離を正確に示し、地図の外周は、東京から地球上で一番遠い点、つまり**東京の、地球の真裏の１点（南アメリカ大陸の沖合）である対蹠点になります。**また、この図では、東京からの方位も（指をさした方位の延長線のように）正しく示されます。

図 1-12 正距方位図法の描き方

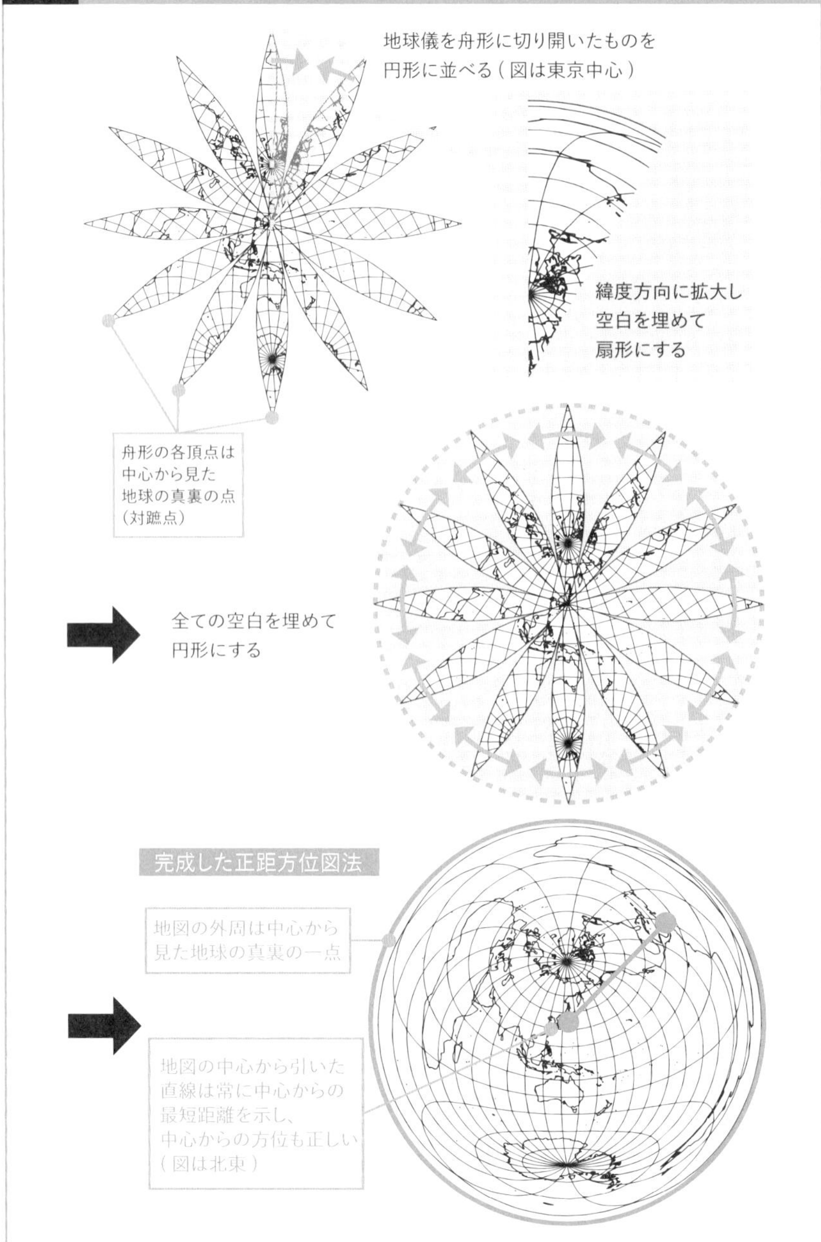

地図に描かれる様々な地理情報

多岐にわたる地図の情報

ここまで球体の地球を平面にうつすという、地図の描き方を中心に話をしてきました。ここからは地図が表現する情報についてお話しします。

地図を見ると、地名や地図記号、様々な線など、いろいろな情報が表現されています。こうした、地図に表現されている情報をまとめて地理情報と呼びます。地理情報には、施設の種類や建物の名前、道路などの社会環境の情報のみならず、地形や森林の状況などの自然環境の情報なども含まれます。

日頃目にする地図のほとんどは「主題図」

そして、これらの情報をどう盛り込むかによって、地図は一般図と主題図に分かれます。一般図は土地の起伏や、道路や市町村の境界、あるいは川や池、施設の種類など、基本的な地理情報が、**テーマを設定することなくまんべんなく表現されている図です。**代表的なものに、国土交通省の１つの機関である国土地理院が発行する、５万分の１や２万５千分の１といった、地形図などがあります。

主題図は、**観光地図や鉄道の路線図など、特定の情報が強調されている地図です。**実際には、私たちが目にする地図の大部分は主題図です。ドライブに使う道路地図は一般図に近いように思えますが、道路を太くしたり、建物の情報を省略したりして、見やすく表現されています。洪水や土砂災害の危険性がある地域を示したハザードマップなども、いざというときに備えるために、なくてはならない重要な主題図です。

地理の学習には欠かせない数値や割合を示す地図

絶対分布図と相対分布図

主題図の中でも、地理の学習でよく使われるのが統計地図です。統計地図には、絶対分布図と、相対分布図があります。絶対分布図は、物やデータの絶対的な「数値」を示すのに使い、相対分布図は、割合や密度などを比較するのに使います。

点や図形で示す絶対分布図

ドットマップは、人口や家畜の飼育頭数などの分布を示すことに使われ

図 1-13 ドットマップと図形表現図

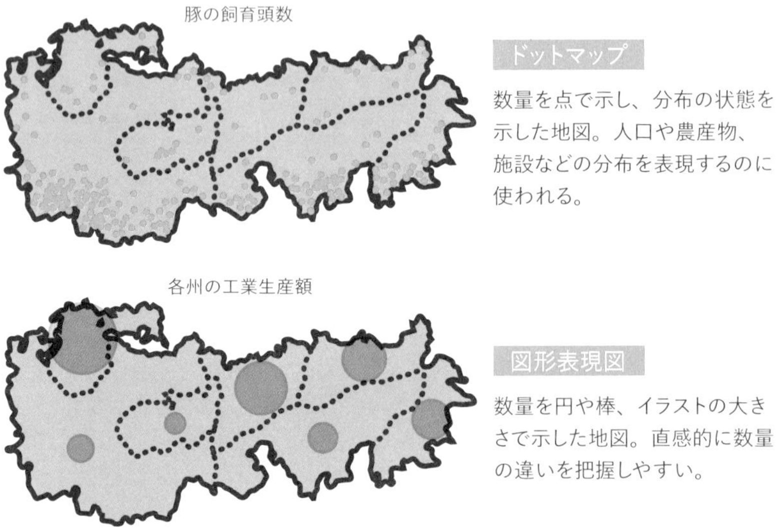

豚の飼育頭数
ドットマップ
数量を点で示し、分布の状態を示した地図。人口や農産物、施設などの分布を表現するのに使われる。
各州の工業生産額
図形表現図
数量を円や棒、イラストの大きさで示した地図。直感的に数量の違いを把握しやすい。

る絶対分布図です。数量を点で示し、その点がまばらであるか、密集しているのかで分布の状況を読み取ります。

図形表現図は、区切られた領域ごとに、対象の数を図形で表現する絶対分布図です。たとえば国ごと、都道府県ごとにどれだけの物が生産されているかということがわかります。

線であらわす絶対分布図

等値線図は同じ値の地点を線で結んで示した図です。気温や気圧、降水量、春先の「桜前線」のように、気象に関連した図を示すことに適しています。**山などの起伏を示す「等高線」を使った図も、標高を示した等値線図ということができます。**

流線図は、ものの移動や、人の移動を示すのに使われる絶対分布図です。矢印で移動方向、太さでその量をあらわします。貿易量や観光客、人口流出や人口流入の様子がわかります。

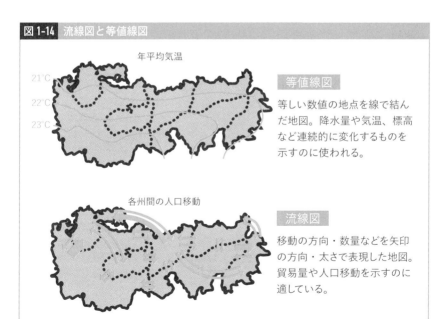

図 1-14 流線図と等値線図

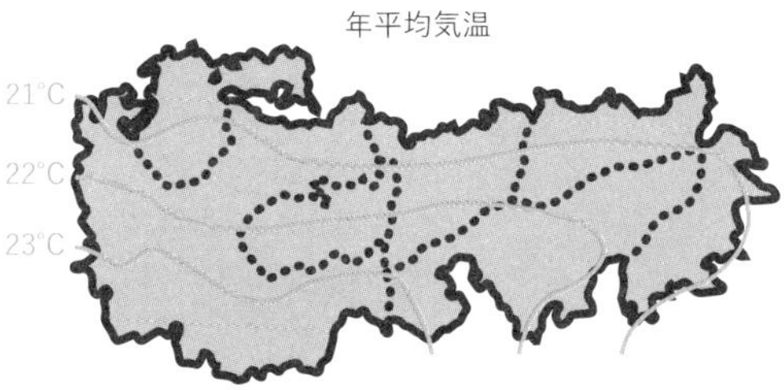

等値線図

等しい数値の地点を線で結んだ地図。降水量や気温、標高など連続的に変化するものを示すのに使われる。

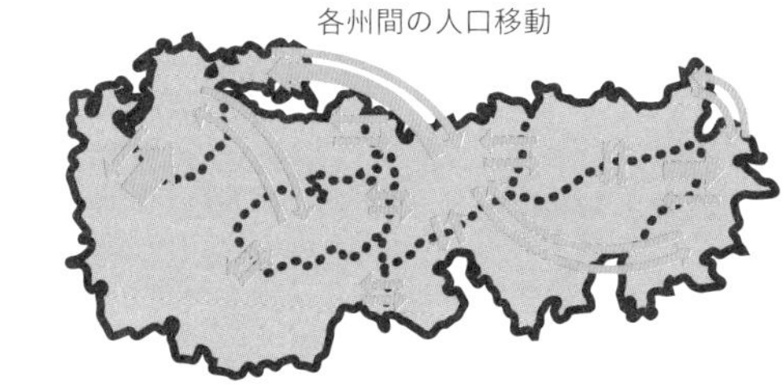

流線図

移動の方向・数量などを矢印の方向・太さで表現した地図。貿易量や人口移動を示すのに適している。

割合を表現する相対分布図

これまで紹介した絶対分布図では、量的な分布はわかるものの、割合などを示すことができません。

たとえば、図形表現図で「高齢者の数」とあって、**その図形が大きくても、その地域の高齢者の「割合」が高いとは限りません**（その地域が、多数の人口を抱えているために「数」は多く見えますが、「割合」自体は低いということがあり得るのです）。そのため、**割合や相対的な分布の差を、色の濃淡などであらわす相対分布図が必要になるのです。**

階級区分図は相対分布図の代表的な図です。区切られた地域ごとの比率や密度を、色の違いや濃淡で示す地図です。国ごとや都道府県ごとなど、広い範囲での割合の違いがひと目でわかります。その反面、絶対的な数量はわかりませんし、区切られた地域全域が同じ色で表現されているので、その中のどの地域の割合が高く、どの地域の割合が低いかはわかりません。

図 1-15 階級区分図とメッシュマップ

階級区分図

地域ごとの割合をランク分けし、色彩や模様などで塗り分けた地図。視覚的に割合の違いがとらえやすい。

メッシュマップ

地域を一定間隔の区画に区切り、区画ごとの数値を階級にわけて色彩や模様で表現した地図。

メッシュマップは、地域を等面積の網目（メッシュ）に区切り、そのメッシュを単位として統計データを地図化し、濃淡で塗り分けます。メッシュはそれぞれ同じ面積なので、濃く塗られたメッシュは同時に絶対的な数量も多いことがわかります。割合と量が同時に把握できるという、相対分布図と絶対分布図を合わせたような長所があります。

変形して表現するカルトグラム

カルトグラムは、「変形地図」のことです。もともとの地図を変形させ、その形や面積を見て、もともとの形と比較することで、その地域の特徴をとらえることに向いています。

下の図は、四国４県の人口分布をカルトグラムで示していますが、香川県が実際の面積よりも拡大され、面積の割に人口が多いという特徴がわかります。**カルトグラムを読み取るためには、もともとの地図がどのような形であるかを把握しておく必要があります。**

図 1-16 カルトグラム

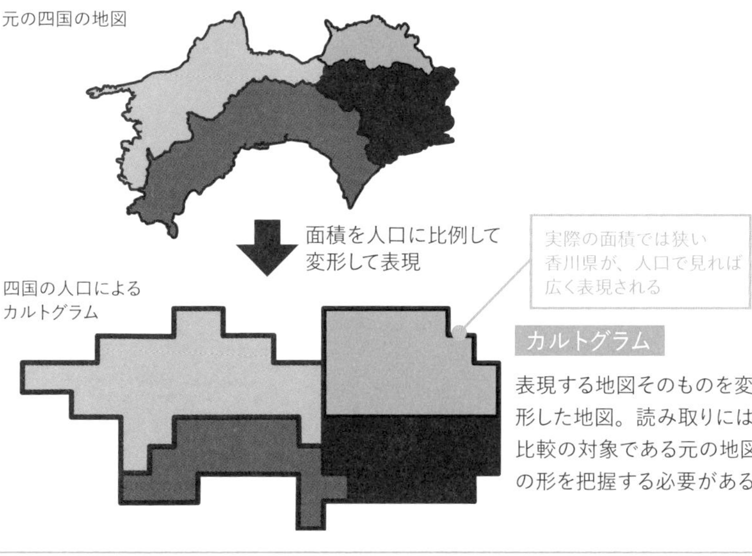
元の四国の地図
面積を人口に比例して
変形して表現
実際の面積では狭い
香川県が、人口で見れば
広く表現される
四国の人口による
カルトグラム

カルトグラム

表現する地図そのものを変形した地図。読み取りには比較の対象である元の地図の形を把握する必要がある。

毎日のように触れている情報技術を活用した地図

デジタル地図で活用されるGIS

日常生活の中で私たちが見る地図といえば、スマートフォンの「グーグルマップ」のようなデジタルの地図や、車のカーナビゲーションの地図などが挙げられます。

デジタルの地図が身近にあふれている一方、紙の地図を見る機会は徐々に少なくなっています。

こうした、デジタルの地図を見るときは、ほとんどの場合、地図の上に、目的地までの経路や道路状況、近くの店やコンビニエンスストアの名称など、様々な情報が載せられています。また、ベースの地図に人口や年齢層の分布を重ねることによって、マーケティングに活用したり、降水量や地面の傾斜などを重ねることで防災に活用したりする例もあります。

こうした、**ベースとなる地図のデータに、様々な情報を組み合わせて表示させるシステム**を、GIS（地理情報システム）といいます。近年、従来の技術では記録や保管が難しかった、ビッグデータと呼ばれる、日々生成される膨大なデータがGISを用いて可視化され、ビジネスや行政機関などで利用されるようになっています。

このような、ベースの地図に重ねる情報の層を「レイヤー」といいます。ベースとなる地図に、雨雲を示すレイヤーを重ねると、降雨の予測ができたり、交通情報のレイヤーを重ねると、渋滞の情報を把握することに使えたりします。このように、レイヤーを重ねて表示することをオーバーレイといいます。

精密に地球上の位置を測るGNSS

GISに活用するデータの収集や、位置情報の特定などになくてはならない技術が、緯度や経度を正確に測る技術です。今、この本を書いている場所の緯度と経度をスマートフォンで調べると、「緯度33.5801063・経度130.493104」というような数値が出ます。この地には喫茶店があるのですが、**この喫茶店をスマートフォン上の地図の正確な場所に表示させているのも、この精密な緯度と経度のデータです。**

この地球上の座標について人工衛星を用いて正確に測るシステムが、アメリカのGPS（グローバル・ポジショニング・システム）や、日本版GPSと呼ばれる「みちびき」、EUの「ガリレオ」などに代表されるGNSS（全球測位衛星システム）です。アメリカのGPSと日本の「みちびき」は一体となって運用されていますが、EUはアメリカのGPSに依存しない独自のシステムとして開発されています。

図 1-17 GISとGNSS

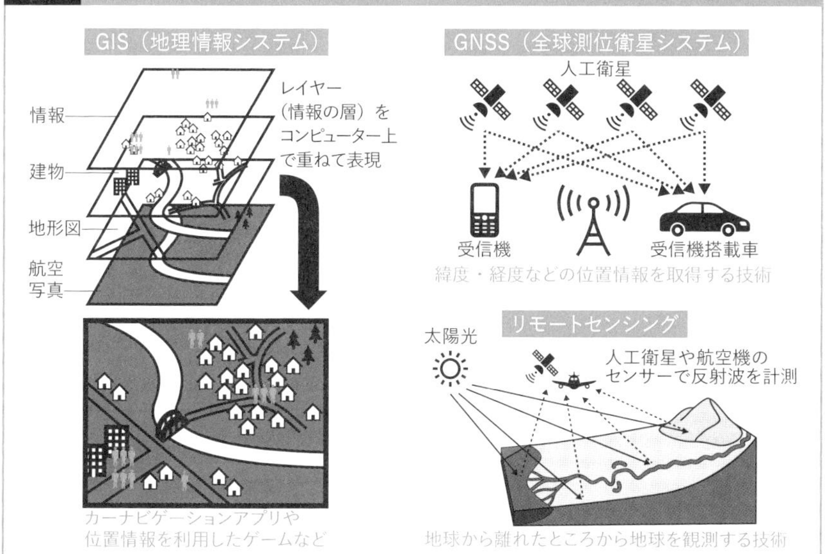

いずれも、複数の人工衛星からの信号を受信機で受け取ることにより、受信者が現在位置を知ることができる仕組みです。

今後、より精度が上がり、自動運転などのシステムや無人配送のシステムに組み込まれると、通信販売の商品がドローンによって玄関にピンポイントで届くようになる、というようなことも考えられます。

離れたところから地球を観察する技術

GNSSと並び、GISを支えている重要な技術が、**人工衛星や航空機など、地球から離れたところから地球を観測する技術**です。これをリモートセンシングといいます。

リモートセンシングは人の生活圏から離れた場所や危険な地域などの調査や、広い範囲が一度に調査できるという利点があります。

リモートセンシングの代表例である人工衛星からのデータを用いた天気予報のほか、農作物の生育状況や火山活動の状況を観測したり、災害の状況を把握したりと、幅広く利用されています。近年では人工衛星にかかる重力を測定することで、地下の鉱物の探査もできるようになっています。

スマートフォンとGIS

GISの利用は、スマートフォンを日ごろから携帯している私たちにはとても身近なものになっています。食事をするお店の場所を検索してみたり、雨雲の動きを見てみたり、ランニングの記録をつけてみたりと、GISを利用したありとあらゆるアプリケーションが存在しています。また、「ポケモンGO」や「ドラクエウォーク」など、GISを利用した、いわゆる「位置ゲー」も人気を博しています。

私たちがGISを活用するのみならず、私たちがスマートフォンを活用した位置や状況など、スマートフォンからのデータも絶えず収集されています。それはビッグデータの一部として蓄積され、より利便性が高いアプリや、正確な地図の作成に活用されています。

第2章

地形

第2章 地形 あらすじ

自然の力がつくる変化に富んだ地形

第2章では、地球上に見られる様々な地形を紹介します。珍しい地形は観光名所になりますし、また、地形をつくるエネルギーは温泉や鉱産資源など私たちに恵みをもたらします。

まず、私たちを取り巻く地形には、大地形と小地形があります。

大地形とは、大陸と海洋、大山脈のような、地球儀で見てわかる大規模な地形を指します。大地形の成り立ちは地球を覆う岩盤であるプレートの動きで説明され、様々な地殻変動が見られる変動帯と、大地の動きが活発でない安定地域に分けられます。

また、身近にみられる小規模な地形である小地形は、川や氷河、海などの力によって形成されます。谷や扇状地、三角州などの代表的な小地形は、川が地面を削ったり、運んできた土を堆積させたりしてつくられています。

さらに、海岸にできる砂州や海岸段丘、暖かい海域にできるサンゴ礁、氷河によってできる氷河地形、乾燥地にできる乾燥地形、石灰岩が多く分布する地域にできるカルスト地形など、特定の地域にできる個性的な地形についても説明します。

第2章　私たちの暮らしと【地形】の関係図

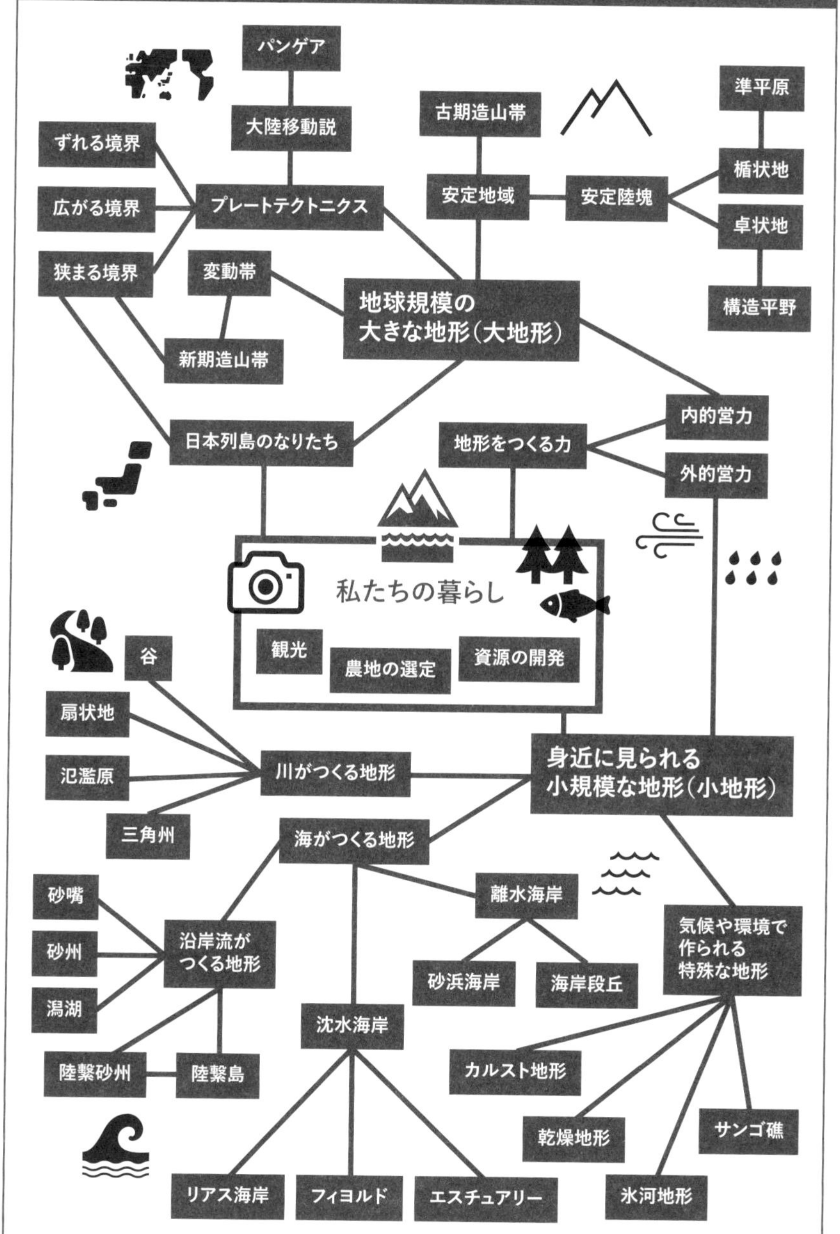

パンゲア
大陸移動説
ずれる境界
広がる境界
狭まる境界
プレートテクトニクス
変動帯
新期造山帯
古期造山帯
安定地域
安定陸塊
準平原
楯状地
卓状地
構造平野
地球規模の
大きな地形（大地形）
日本列島のなりたち
地形をつくる力
内的営力
外的営力
私たちの暮らし
観光
農地の選定
資源の開発
谷
扇状地
氾濫原
三角州
川がつくる地形
身近に見られる
小規模な地形（小地形）
海がつくる地形
離水海岸
砂浜海岸
海岸段丘
砂嘴
砂州
潟湖
沿岸流が
つくる地形
陸繋砂州
陸繋島
沈水海岸
リアス海岸
フィヨルド
エスチュアリー
気候や環境で
作られる
特殊な地形
カルスト地形
乾燥地形
サンゴ礁
氷河地形

私たちを取り巻く大小様々な地形

大地形は地球規模の大きさの地形

私たちの身の回りには、山や川、渓谷や海岸など、様々な地形があります。独特な地形のところは風光明媚な観光地になり、登山やキャンプの目的地にもなります。地形は身近に「地理」を感じられる分野です。

さて、ひと言で「地形」といっても、大きく2つに分かれます。1つは、大陸や海洋、ヒマラヤ山脈などの大山脈のような、「**大地形**」と呼ばれる**地球規模の大きな地形**です。もう1つは、「**小地形**」と呼ばれる**谷や扇状地、三角州などの比較的限られた範囲の地形**です。

大地形をつくる大陸の移動

ここからしばらくは、「大地形」について話をします。世界全図や地球儀を見ると、巨大な大陸や広大な海洋が目に入ります。これらの地球規模の地形はどのようにつくられたのでしょうか。

みなさんの中には「**大陸移動説**」という言葉を聞いたことがある人も多いと思います。20世紀のはじめ、ドイツのウェゲナーという人物がとなえた、**大昔の地球には1つの巨大な大陸が存在し、それが分裂して別々になり、現在の大陸の形や位置になったという説**です。たしかに、大西洋をはさむアフリカ大陸と南アメリカ大陸の海岸線の形はよく似ており、元は1つの大陸が分裂したといわれればうなずけます。

しかし、当初、このウェゲナーの説が支持を得ることはありませんでした。分裂し、移動したと考えたとして、大陸を動かすような大きな力のもとが解明されていなかったからです。

ただ、メカニズムが解明されなかったものの、**地球上の各地点の大昔の岩石に残っている磁気の方向や、陸地や海底ができた年代などを調べていくうちに、徐々に大陸移動説の「状況証拠」が集まっていったのです。**

これによれば、２億2500万年前頃、地球上には「**パンゲア**」と呼ばれる１つの大陸が存在し、やがて**ローラシア大陸**と**ゴンドワナ大陸**の２つに分裂し、大陸たちがさらに移動して現在の大陸と海洋が成立したと判断できるのです。

図 2-1　アフリカと南アメリカの海岸線

古くからアフリカ大陸と南アメリカ大陸の海岸線が類似していることが指摘されてきた

➡元は1つの大陸が分裂したのでは？

図 2-2　大陸移動説と「パンゲア」

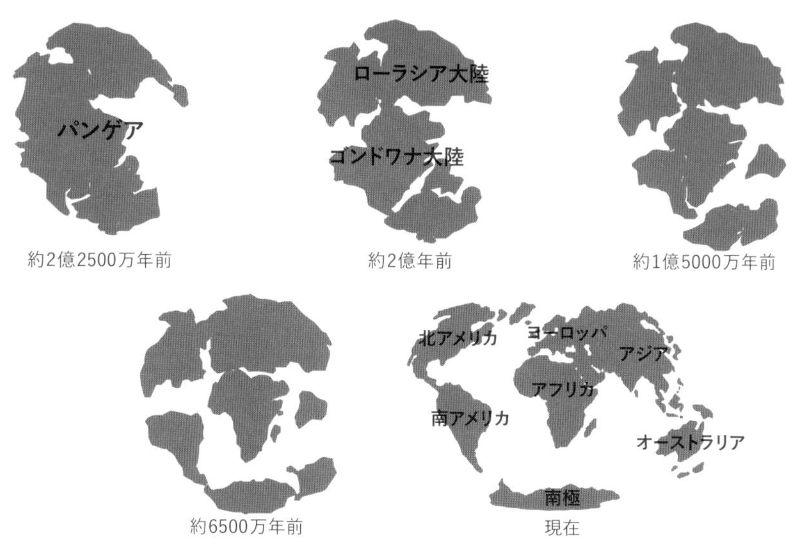

大陸移動の原動力と考えられるプレートの移動

大陸移動説の「裏付け」になった考え方

1960年代になって、大陸移動説について合理的に説明できる説がとなえられました。それが、**プレートと呼ばれる岩盤の移動によって大陸や海洋の形成、地震や火山の噴火など、様々な現象が引き起こされる**という「**プレートテクトニクス**」という考え方です。

この考え方によると、地球上には地球の表面を覆う十数枚の「**プレート**」と呼ばれる岩盤があり、それぞれが年に数センチ程度移動しているとされるのです。プレートには「**大陸プレート**」と「**海洋プレート**」があり、大

図 2-3　プレートとその境界

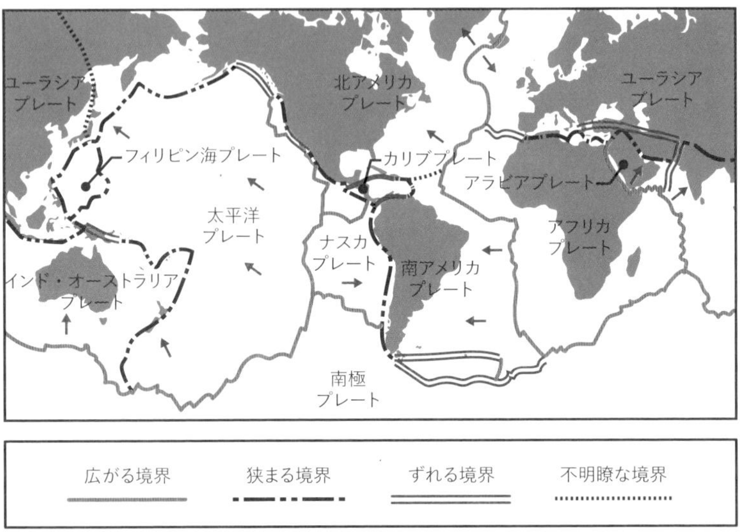

陸プレートはおおむね厚く、軽い岩石からなり、海洋プレートは薄く、重い岩石からなる傾向にあります（海洋や大陸と、明確に区別できないプレートもあります）。

プレートを動かす「マントル対流」

では、そもそも、そのプレートが、何によって動いているかといえば、「**マントル対流**」によるものとされています。プレートと、地球中心部の「中心核」の間にある岩石の層を「マントル」といいます。このマントルは固体ですが、流動性を持ち、長い時間をかけて、地球内部の熱によってゆっくり対流していると考えられています。この**マントルの対流に乗せられて、その上のプレートが流氷のように移動していると考えられているのです**（現在では、下図よりもさらに深いところからマントルの巨大な上昇・下降流があるという発展的な説もとなえられています）。

プレートは様々な方向に動いているので、プレート同士がぶつかったり、プレートとプレートの間に隙間ができたり、プレート同士がすれ違ったりします。特に、プレートが衝突する場所では海洋プレートが大陸プレートの下に潜り込んだり、大陸プレート同士が衝突して高い山脈をつくったりします。このように、**プレートの境目は変動帯と呼ばれ、様々な地殻変動が起きます。**一方で変動帯から離れたプレートの内部は、**地殻変動が活発ではない、安定地域と呼ばれる地域**になります。

図 2-4　マントルの対流とプレートの移動

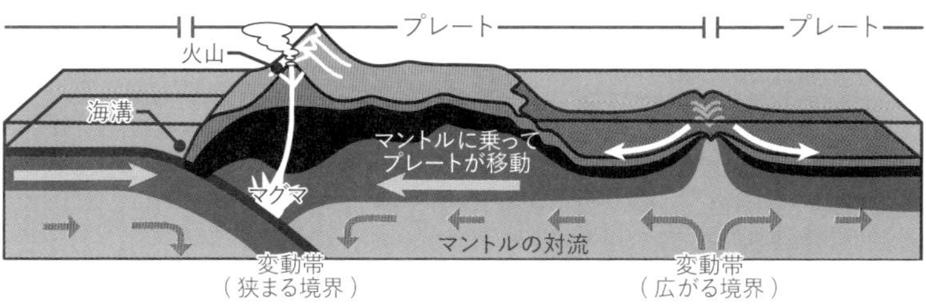

火山や大山脈をつくる プレートがぶつかる境界

狭まる境界① 沈み込み帯

2つのプレートがぶつかったり、隙間があいたり、すれ違ったりする「変動帯」では、どのようなことが起きているかを紹介しましょう。プレートとプレートがぶつかる地点を「**狭まる境界**」といいます。

この、狭まる境界には2つの種類があります。1つは「**沈み込み帯**」と呼ばれる、**プレートの下に別のプレートが潜り込むように動いていく境目**です。海洋プレートと大陸プレートが衝突する場合には、2つのプレートの密度・比重に差があるので、大陸プレートの下に海洋プレートが潜り込

図 2-5 沈み込み帯

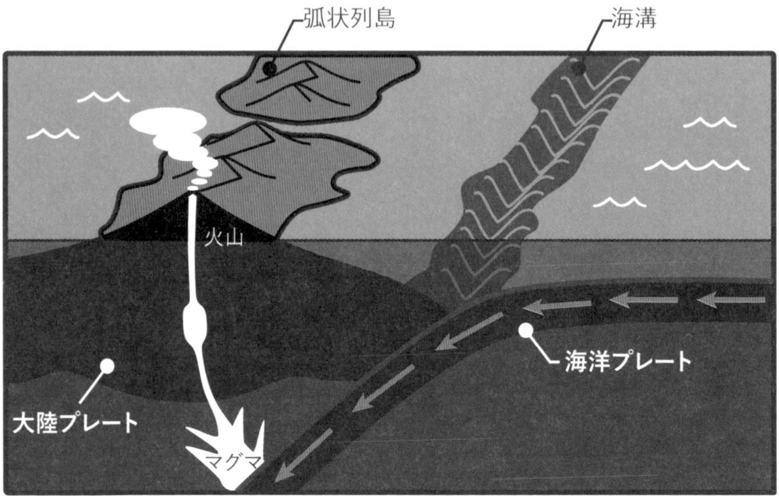

み、境目には深い溝である**海溝**が形成されます。

また、潜り込んだ先では海洋プレートの中にある水分の作用や、マントル内の圧力の変化によってマントルが溶け、マグマとなります。そのマグマが地上に噴出したものが火山となります。海底火山が水面上に顔を出すことによって、日本列島のように「**弧状列島**」と呼ばれる、連なった島々を形成する場合も多くあります。

狭まる境界② 衝突帯

もう１つのパターンは、大陸プレート同士の衝突などのように、**厚みのあるプレート同士が衝突する場合です。**これを「**衝突帯**」といいます。この場合も、結果的には一方のプレートが沈み込む格好にはなりますが、その上の、プレートに乗った堆積物が大きく盛り上がり、大山脈を形成することになります。代表的な例としてはユーラシアプレートとインド・オーストラリアプレートが衝突してできた**ヒマラヤ山脈**があります。

この衝突はとても大規模なため、チベット高原やその北の大規模な山脈の形成にも影響を与えています。この衝突で、もともと海底だったところが持ち上げられ、8000メートルを超える地点でも海の生物の化石が発見されています。

沈み込み帯でも衝突帯でも、ぶつかるプレートの間には大きな力がかかるため、狭まる境界の周辺は地震が多発する地帯になります。

図 2-6 衝突帯

広がり、ずれるところに現れる大地の裂け目

アイスランドに現れる大地の裂け目

広がる境界はおもに、広い海の底の中央部に見られます。ここには、海底の山脈である海嶺（かいれい）が存在しています。海嶺では地球の内部からマントルが上昇し、一部は溶けてマグマとなって割れ目から噴き出し、それが固まりつつ、新しいプレートをつくり出しています。広がる境界は海の底である場合が多いのですが、**アイスランドのように、海面上に広がる境界が出現した場合には、大地の裂け目（アイスランドでは「ギャオ」といいます）が現れ、マグマが噴き出す火山となります。**「アイスランド」の名の通り、

図 2-7　広がる境界

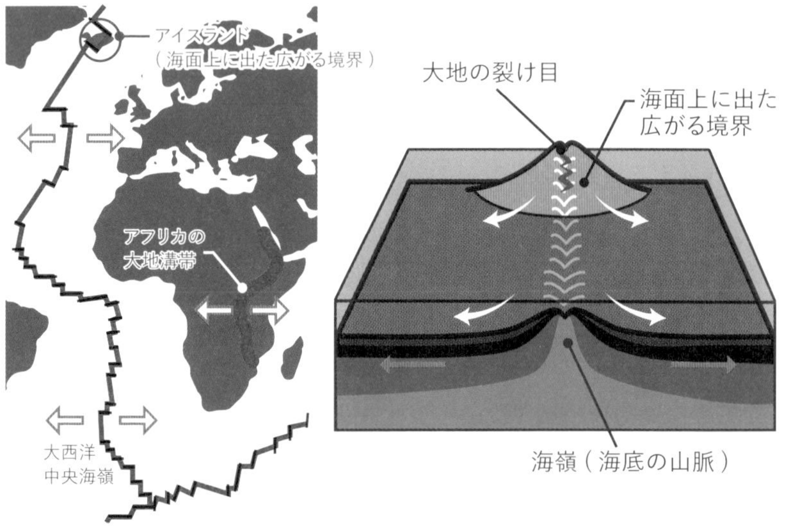

アイスランドは多くの氷河が存在する寒冷な国ですが、その一方で温泉や火山が多く、地熱発電も盛んな、「寒くて、熱い国」とも言えるのです。

また、安定地域の中ではありますが、アフリカに存在する**大地溝帯**の下ではマントルの上昇流が見られ、広がる境界がつくられつつあります。その境界はまだ明確ではありませんが、遠い未来には**ここから２つのプレートに分かれ、大地溝帯に海水が入り込み、アフリカは２つの大陸に分かれるとみられています。**

ずれる境界の代表例

もう１つの境界は、水平方向に延びる、**ずれる境界**です。代表的なものが、アメリカのカリフォルニア州に延びている**サンアンドレアス断層**です。**ずれる境界にも２つのプレートの間に大きな力がかかっているので、地震が多発する地域として知られます。**サンフランシスコ周辺では時折、大地震が発生し、ニュースなどで取り上げられます。

図 2-8　ずれる境界

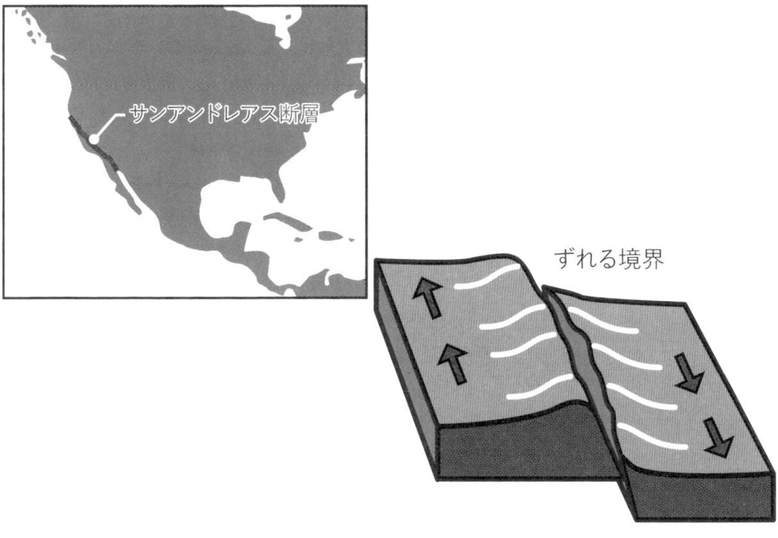

日本列島にも多い 変動帯の地震と火山

岩盤のひずみが一気に解放されて起きる地震

ここまで見てきたように、変動帯は地震や火山が多いところなので、**変動帯にある日本列島も、地震や火山が多い地域です。**また、時折、世界のニュースで大地震の発生が報じられますが、そうした大地震が発生した地名を注意深く見てみると、**メキシコやペルーやインドネシア、台湾などの変動帯での地震が多いことがわかります。**また、これらの地域には火山も多く存在しています。

地震は、プレートの沈み込みや衝突により、プレート内の岩盤にひずみがたまり、それが限界に達すると、一気に岩盤が壊れ、ひずみが解放されることによって起きる現象です。沈み込み帯で起こる地震や、ずれ動く可能性のある断層である**活断層**に沿って起こる地震などがあり、沈み込み帯で起こる地震はしばしば**津波**を伴います。

マグマが噴出してできる火山

火山は、**地下で溶けている岩石であるマグマが地表に噴出してできる地形**です。変動帯の中でも、沈み込み帯や広がる境界に多く分布していますが、中には、マントルの深いところから立ち上るマグマがプレートを突き抜けて噴出する**ホットスポット**にできる火山もあります（火山島であるハワイ諸島がホットスポットの代表例です）。

火山には様々な形があり、溶岩に粘り気があると**溶岩円頂丘**（ようがんえんちょうきゅう）（**溶岩ドーム**）といわれるぽっこりした形状の火山が見られます。沈み込み帯では、中程度の粘性のある溶岩に加え、様々な噴出物が積み重なり、富士山のような、円錐形の**成層火山**になる例が多くあります。また、溶岩の粘性が少ない場合には、溶岩が広域に流れて傾斜が緩やかな**楯状火山**（たてじょうかざん）となります。

火山が噴火する際には溶岩や火山灰、噴石が大量に放出され、火山ガスを噴出します。**噴出物が放出された山頂付近には空洞ができ、陥没してカルデラといわれる大きなくぼ地ができる場合があります。**熊本県にある阿蘇山のカルデラは南北25キロ、東西18キロと、非常に大規模なことで知られます。

図 2-9　ひずみと地震

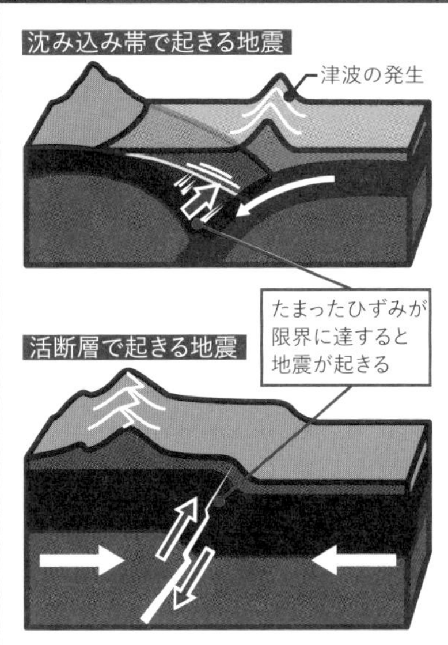

図 2-10　火山

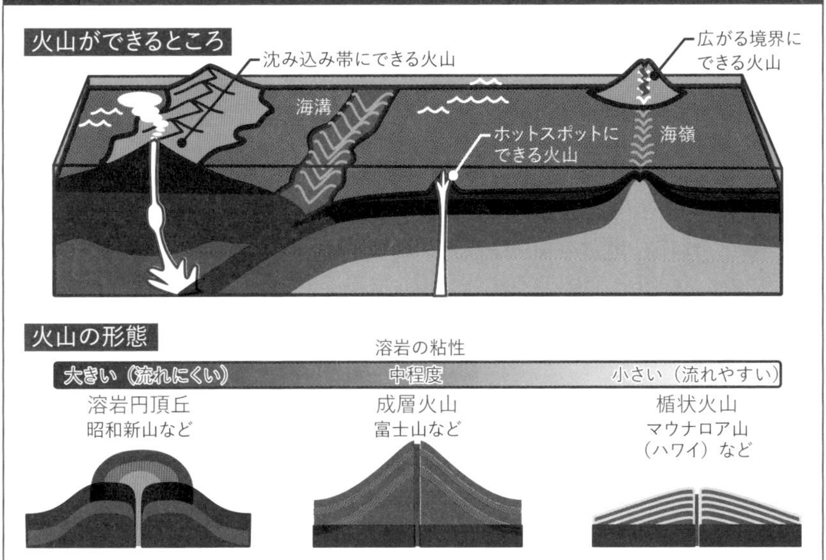

活発に大地が運動している新期造山帯

山や陸地をつくる造山運動

　このように、プレートの境界に位置する様々な変動帯を見てきましたが、このうち、狭まる境界では、新たに山脈や列島をつくりだす働きがあることを説明しました。

　このような、**山や新しい陸地をつくる運動を造山運動**といいます。造山運動が起きた時期を大きく３つに区分すると、先カンブリア時代という**今から５億4000万年より前という遠い昔に造山運動が起き、今ではすっかり「安定地域」になっている地域**を安定陸塊、**今から５億4000万年前から２億5000万年前の「古生代」といわれる時期に造山運動が起き**、現在では「安定地域」に属するとみなされる地域を古期造山帯、そして**２億5000万年前から現在にかけて、活発に造山運動が行われている地域**を新期造山帯と呼んでいます。

盛んに造山運動が行われている2つの造山帯

　新期造山帯の主要部は大きく２つに分けることができます。

　１つは**ヨーロッパのアルプス山脈からインド北部のヒマラヤ山脈を通り、マレー半島やインドネシアなど、東南アジアへと延びる**、「アルプス＝ヒマラヤ造山帯」です。

　もう１つは**南北アメリカのロッキー山脈やアンデス山脈、日本列島、フィリピンからニュージーランドへ延び、太平洋を囲むように分布する**「環太平洋造山帯」です。これらの地域は盛んに造山運動が行われており、高くけわしい山が多いなどの特徴があります。

図 2-11　新期造山帯・古期造山帯と安定陸塊

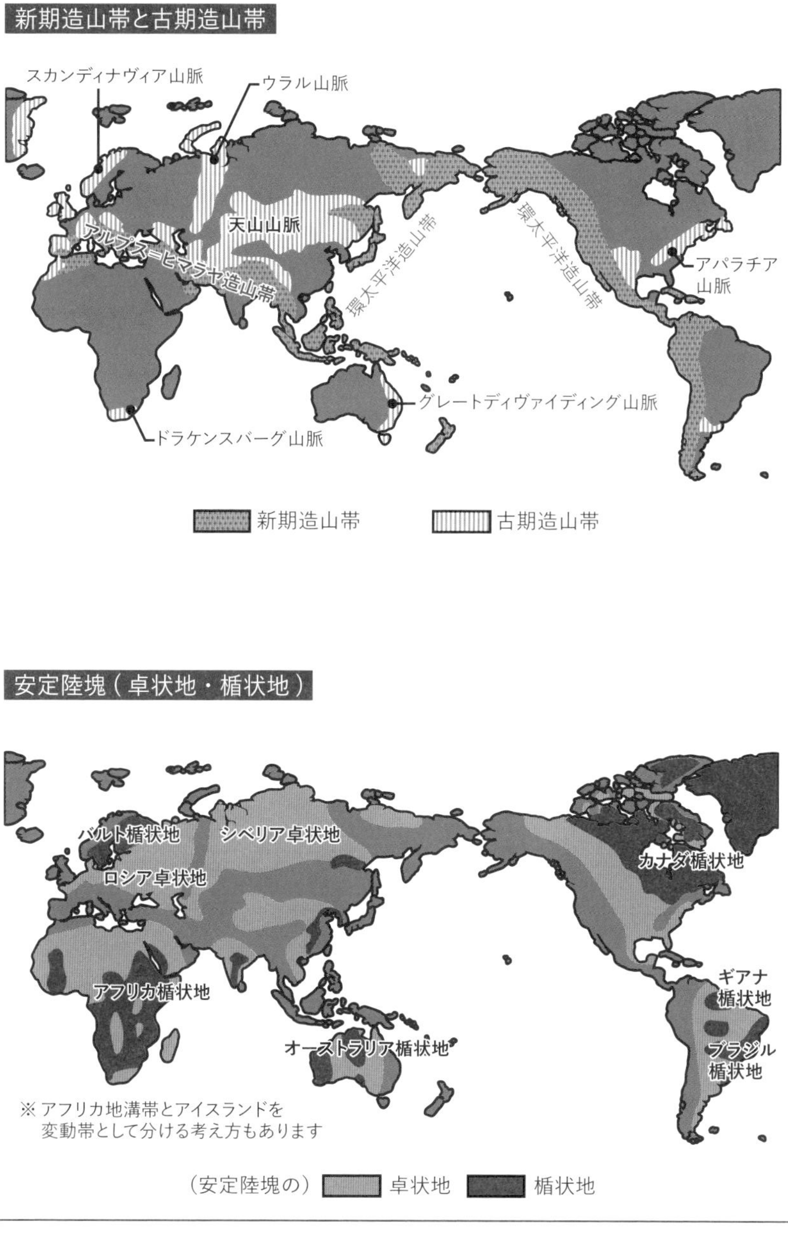

かつての造山運動の名残が残る古期造山帯

なだらかな山脈が多い古期造山帯

「変動帯」と「安定地域」という2つの区分でいえば、「**古期造山帯**」はすでに「安定地域」の中に数えられている地域ですが、造山運動の名残が今も残っている地域です。この地域は、約5億4000万年前から2億5000万年前という「古生代」のころには変動帯の狭まる境界に位置し、造山運動が行われていた地域でした。しかし、今ではすでに変動帯は遠くに移動しており、当時は高くけわしかった山脈も、**長い間の侵食によって今ではかなり削られてしまってなだらかな山脈となっています。**ロシアの**ウラル山脈**やアメリカの**アパラチア山脈**などがその代表例です。

しかし、比較的なだらかな古期造山帯の中でも、高くてけわしい山が存在している場合もあります。中国の**天山山脈**（テンシャン山脈）や**クンルン山脈**などが代表的です。これは、ヒマラヤ山脈ができた衝突の影響を受けて、再び山脈が押し上げられた（再隆起した）もので、**ヒマラヤ山脈の衝突の「しわ」が遠くまで及んでいる**、とみることができるでしょう。

図 2-12 ヒマラヤ山脈と再隆起した山脈

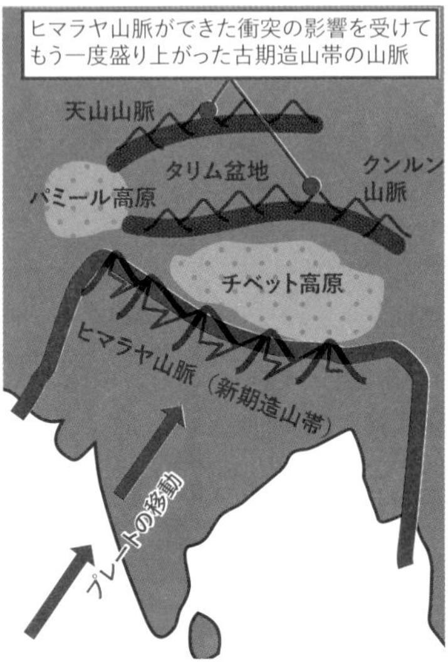

最も古い時代につくられた安定陸塊の陸地

最も古い時代の層が露出している楯状地

新期造山帯や古期造山帯よりも前、**5億4000万年より前の「先カンブリア時代」といわれる時代に造山運動をうけ、古生代以降、現在にいたるまですっかり安定地域となっている**、最も古い時代につくられた陸地を安定陸塊といいます。安定陸塊は大きく2つの地域に分類されています。

1つ目は、「**楯状地**（たてじょうち）」です。これは**今から5億4000万年より前の、最も古い地質の時代の地層がそのまま、広範囲に露出している地域です。**緩やかに起伏する地形が多く、昔の兵士が持つ「盾」を伏せたような形に似ているという意味で、「楯状地」と呼ばれます。先カンブリア時代の地面がそのまま露出を続けている場合や、次に説明する卓状地の堆積物が氷河などによって侵食され、はぎとられた場合などにつくられます。

こうした楯状地の地形を見ると、数億年という長い間の風雨によって地形は平坦になり、台地や平原となっています。こうしてできた、なだらかな地形を「**準平原**」といいます。準平原の中には、残丘と呼ばれる、硬い岩石が侵食から取り残された部分がある場合があります。オーストラリアにあるオーストラリア楯状地の**ウルル**（「エアーズロック」のことです）は残丘の代表例として知られます。

水平な地層が広がる卓状地

2つ目は「**卓状地**（たくじょうち）」です。安定地域ではプレート同士が衝突したり、引き裂かれたりという、短期間に起こる激しい地殻の変動はないものの、数億年規模で見てみると、緩やかに上昇したり、下降したりを繰り返しています。そのときに、浅い海底に沈んだところでは土砂が堆積し、再び地上に出ては地表が風雨に侵食されます。こうしたことを繰り返して**広い範囲にわたって水平な地層が堆積し、それが隆起して広大な平原や台地をつくっているものを「卓状地」といいます。**このような、水平な地層に沿った平野は**構造平野**と呼ばれます。

卓状地には時折、興味深い地形が現れます。その代表例が**ケスタ**と呼ばれる地形です。卓状地が緩やかに傾斜した場合に見られ、それが侵食された場合、硬い地層と軟らかい地層の侵食され方の違いにより、**緩やかな斜面と急な斜面が交互に現れる特徴的な地形**が出現します。パリ盆地のケスタが有名なものとして知られ、緩やかな斜面では小麦、急な斜面ではブドウが栽培されます。また、**パリ盆地**の外側からパリに向かうには、急な斜面を何度も登らなければならないため、パリのケスタの急斜面は、古くからパリを守る防衛線として利用されていました。また、ナイアガラの滝はケスタの急斜面を流れ落ちているものです。

図 2-13 安定陸塊の構造

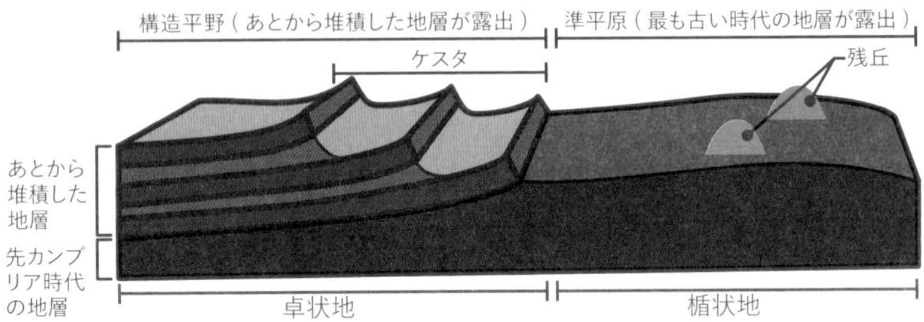

地球の内外から地形をつくる営力

内的営力と外的営力

ここまで大陸規模の「大地形」を見てきましたが、ここからは「扇状地」や「三角州」、海岸に延びる「砂州」などの、小規模な地形、すなわち「小地形」についてお話しします。

大地形、小地形にかかわらず、様々な地形をつくる力のことを「営力（えいりょく）」といいます。営力には地球の内側から地形をつくる「**内的営力**」と、地球の外側から地形をつくる「**外的営力**」の２種類があります。１つ目の「内側から地形をつくる」はたらきには、火山活動や地震、土地の隆起や沈降などの地殻変動があります。この、**内的営力は一般的に、地面を盛り上げたり、へこませたりする、地面を凸凹にする力**です。

一方、外的営力は雨や雪、風のはたらきにより、地面が削られたり、土砂でくぼみが埋められたりする力です。一時的には外的営力によって地形が凸凹になることもありますが、長い目でみれば、**外的営力によって山が削られ谷が埋まり、地形は次第に平坦になっていきます。**

図 2-14 外的営力・内的営力

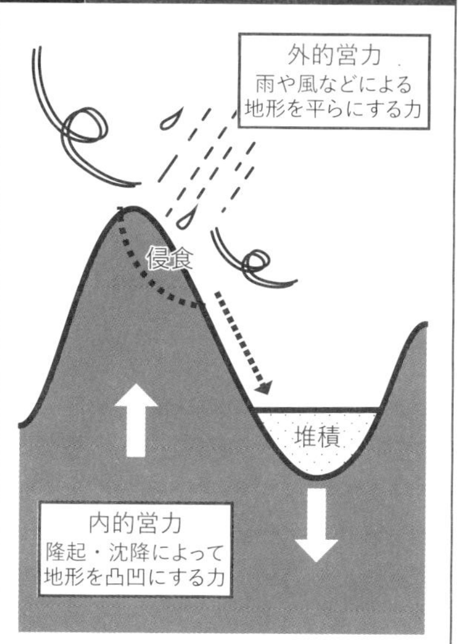
外的営力
雨や風などによる
地形を平らにする力
侵食
堆積
内的営力
隆起・沈降によって
地形を凸凹にする力

河川がつくる沖積平野

一定の順序でつくられる河川沿いの地形

個性的な小地形のうち、河川がつくる地形を紹介します。河川は上流では地面を削り、土砂を運んで、下流では土砂を堆積させる作用があります。それとともに、**上流から順に谷、扇状地、氾濫原、三角州という地形を生み出します。**

上流から見てみると、谷底平野から三角州へ一連の平野が広がりながら続いているように見えます。こうした河川の堆積のはたらきによる平野を**沖積平野**といいます。

図 2-15　河川がつくる地形

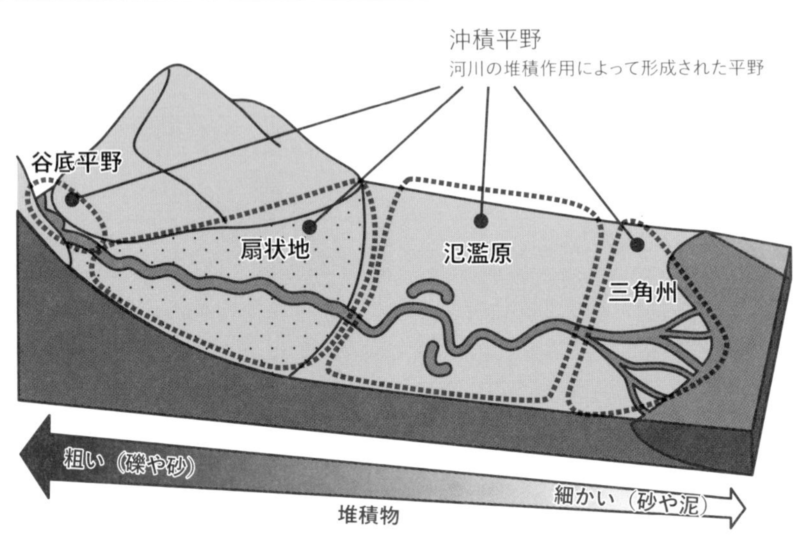

河川の上流によく見られる谷と河岸段丘

山あいに現れる谷と細い平野

河川は傾斜が大きくなると流れが速くなり、地面を削る侵食作用や土砂を運ぶ運搬作用が大きくなります。山地の川は傾斜が大きいため、こうした作用が強くはたらき、深い谷をつくります。

こうした、**川が削った谷は、横から見るとVの形をしている**ので、**V字谷**(ブイじこく)といいます。谷はどんどん削られて深くなりますので、山崩れや地すべりが起きやすくなります。崩れた土砂が川に入ると、水と土砂が一挙に流れ下り、土石流になるので、大雨に対しての警戒が特に必要な地域となります。

谷の途中で傾斜が緩やかになる場所や、河川の水量の減少によって堆積作用がはたらいた場合、谷が土砂で埋まり、細長い**谷底平野**(こくていへいや)が見られる場合があります。谷底平野には小規模な水田が見られることが多く、ドライブをしているときなどに、山あいの「道の駅」がこうした谷底平野によく設けられていることに気づくと思います。

図 2-16 V字谷と谷底平野

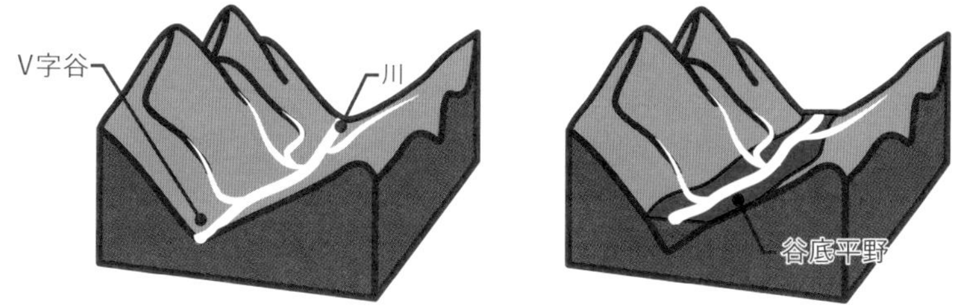

河川の両岸に現れる階段状の地形

一度形成された谷底平野をさらに川が削ると、どうなるでしょうか。このようなケースが発生するのは、谷底平野を含む土地が再び大きく隆起した場合などです。

この場合、それまで堆積作用が強くはたらいていた川の侵食力が復活し、地面を削ってより下のほうに侵食しようとします。

その後、再びそこに土砂が堆積して谷底平野ができ、また川の侵食が始まり……と、**侵食と堆積を交互に繰り返し、谷底平野と谷が交互にできると、その川の両岸には「河岸段丘」と呼ばれる、階段状の地形が生まれます。**平坦な面を**段丘面**、段丘面と段丘面の間の崖を**段丘崖**（だんきゅうがい）と呼びます。

日本の代表的な河岸段丘としては、およそ7段にもわたる見事な段丘が存在し、「日本一美しい河岸段丘」ともいわれる、群馬県沼田市付近の片品川沿いの河岸段丘が挙げられます。

図 2-17　河岸段丘

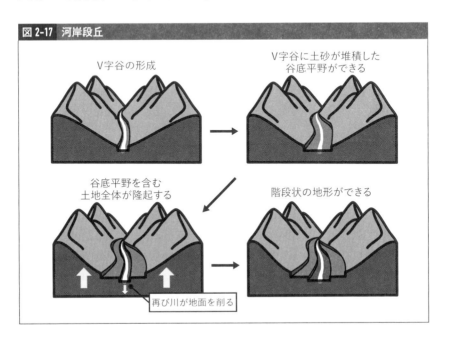

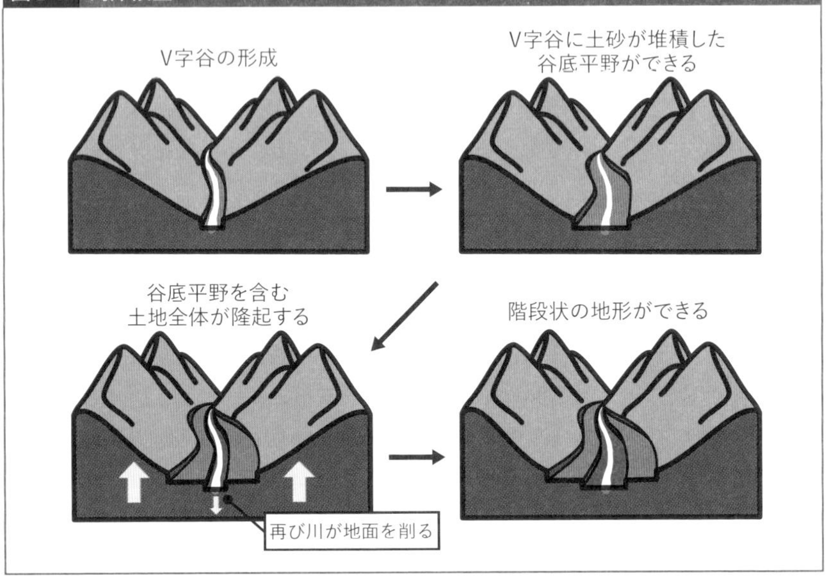
V字谷の形成
V字谷に土砂が堆積した
谷底平野ができる
谷底平野を含む
土地全体が隆起する
階段状の地形ができる
再び川が地面を削る

里山付近にたくさん見られる扇のような地形

谷の出口に現れる扇状地

谷から下流に目を移し、川が山地から平野に出るところに注目すると、平野で川の傾斜が緩やかになるため、河川の運搬力が低下し、それまで運んできた土砂がそこに堆積します。**谷の出口を中心に、扇の形に砂や礫（れき）が堆積する**ので、この地形は「**扇状地**」と呼ばれます。

山地と平野の境目は、里山付近にたくさんあるので、扇状地も至るところに見られ、目で見てわかるものも多く存在しています。知らず知らずのうちに目にしている扇状地も多いと思います。

図 2-18 扇状地の構造

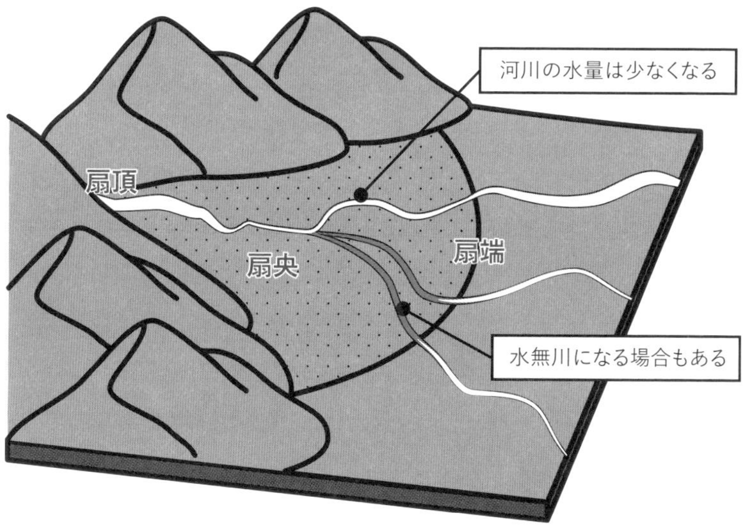
河川の水量は少なくなる
扇頂
扇央
扇端
水無川になる場合もある

扇状地の「扇」の形に注目すると、扇状地の上流に位置する「扇の要」に当たる部分を「**扇頂**」、扇の末端に当たる部分を「**扇端**」、その間の部分を「**扇央**」といいます。

扇状地の川は流量が減少する

扇状地では、粒の大きな礫や砂が堆積する（もっと粒の細かい砂や泥はさらに遠くまで運ばれ、氾濫原や三角州になります）ために、水が地中にしみこみやすくなっています。ある意味、水はけが「よすぎる」のです。

流れてきた河川の水はすぐにこの礫や砂の層にしみこみ（雨が降ってもすぐにしみこみます）、流れる水の量が減って細い川になります。一部は、水がすべて地中にしみこみ、「**水無川**」になってしまう場合もあります。

これらの場合、地面にしみこんだ水は地中を流れ（伏流といいます）、扇状地の末端、すなわち**扇端でわき水として現れます。**

トンネルの上を川が流れる不思議な地形

しかし、**雨が短期間に大量に降ると、水は地面にしみこみきれずに、地表を一気に水が流れ、川が氾濫します。**扇状地では、いざ氾濫が起きたというときに、その水が広がってしまわないように、普段は流量の少ない川の周りを高い堤防でブロックします。

そうすると、**堤防と堤防の間に次第に礫や砂が堆積し、川底が高くなることになります。堤防と堤防の間が埋まってしまうと、再び氾濫の危険性が高まるため、さらに堤防を高くします。**再び堤防の間が埋まり、堤防のかさあげが……と、繰り返されると、周囲の地面よりも、流れる川が高い位置にあるという**天井川**が形成されます。天井川の周辺では、道路や鉄道のトンネルが川の下を通るため、不思議な印象を与えます。

天井川が氾濫し、堤防が決壊してしまうと、天井川は周囲よりも高い場所にあるために被害が大きくなります。そのため、現在では新たに川を掘り直すところが多く、天井川はなくなっていく傾向にあります（まだ、日

図 2-19　扇状地の断面と天井川

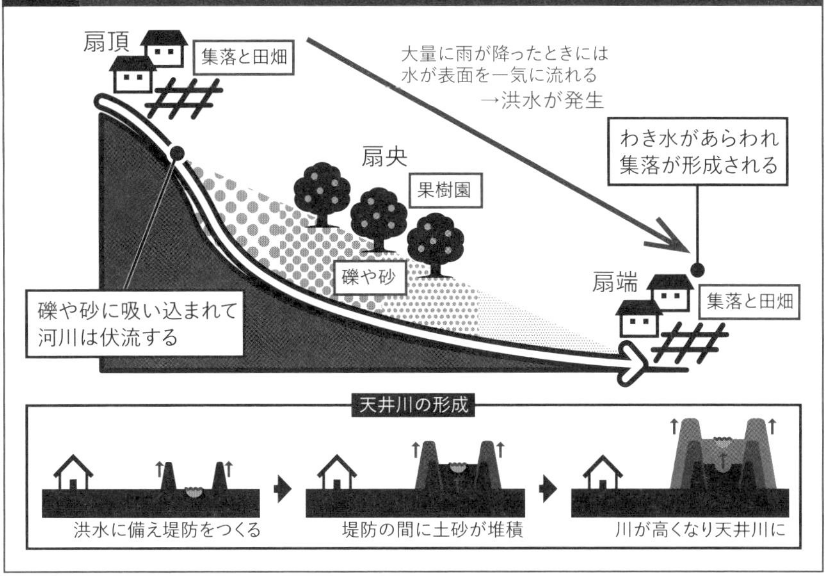

扇頂
集落と田畑
大量に雨が降ったときには
水が表面を一気に流れる
→洪水が発生
わき水があらわれ
集落が形成される
扇央
果樹園
礫や砂
扇端
集落と田畑
礫や砂に吸い込まれて
河川は伏流する
天井川の形成
洪水に備え堤防をつくる
堤防の間に土砂が堆積
川が高くなり天井川に

本国内には300か所以上の天井川が存在しています)。

畑や果樹園がつくられる扇状地

扇状地はある意味、水はけが「よすぎる」地域なので、**水田には向きません。水田をつくろうとしても、水が地面から抜けていってしまうのです。**そのため、**扇状地の土地利用の中心は水田ではなく、畑や果樹園となります。**日本では、古代から税の中心が米だったため、水田ができるところであれば、狭い土地でも傾斜地でも水田がつくられ、それが日本の農村の景観の特徴にもなっているのですが、例外的に扇状地では水田がつくりにくいため、畑や果樹園が伝統的につくられてきたのです。

ただ、扇頂に見られる谷の出口の細い土地と**わき水が現れる扇端では水が得やすいために、水田がつくられます。**水田の形成に伴い、扇状地の「扇の要」の扇頂には小規模な集落が、**「扇の末端」の扇端には帯状の集落がつくられます。**

大昔から洪水が繰り返されつくられてきた平野

洪水によってつくられた氾濫原

扇状地からさらに下流になると、川は**氾濫原**と呼ばれる平野に出てきます。「氾濫原」の名の通り、大昔から洪水が繰り返され、そのたびに土砂が広くばらまかれ、平野がつくられていきました。

谷や扇状地より傾斜は緩やかになっているため、氾濫原の川はより自由に流路を変えます。そのまま放っておくと、流れの速いカーブの外側は川岸が削られ、流れの緩やかなカーブの内側には土砂が堆積し、**氾濫原の川はＳ字状に蛇行することになります。**

図 2-20 氾濫原

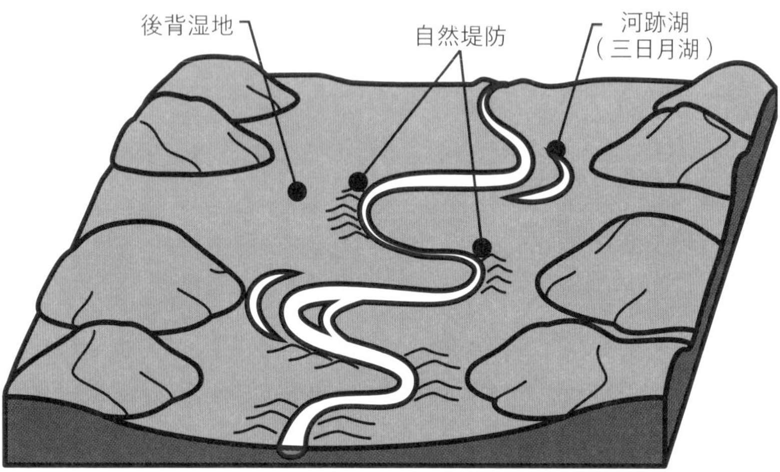

洪水が起きると、上流から運ばれた大量の土砂が、水とともに川からあふれ出します。そのとき、多くの土砂が川岸に帯状に堆積し、**自然堤防**と呼ばれる、高さ数メートルの高台をつくります。

自然堤防からさらに川から離れた標高が低い地点では、洪水の水がよどんで、細かい砂や泥が堆積します。こうしてできた低くて平たい土地を**後背湿地**（こうはいしっち）といいます。

氾濫原において、河川の蛇行が大きくなり、そこに洪水が起きると、それをきっかけに河川の流路がショートカットし、前の流路が取り残されることがあります。この取り残された流路にできた湖を「**河跡湖**」といいますが、その形状が三日月に似ているので、**三日月湖**ともいわれます。北海道の石狩平野では、大規模な三日月湖がいくつも見られます。

氾濫原に広がる水田風景

自然堤防は数メートルの高台にあるので、**洪水を避けるために集落が形成されます。**よく、洪水を報道する新聞の一面などに、水につかった氾濫原の写真が掲載されますが、そうした写真の中でも水につかっていない帯状の集落が見られます。これが、自然堤防上に形成された集落というわけです。また、自然堤防は砂地が多く、水はけがよいので、水田には向かず、畑として使われます。

一方で、後背湿地は水はけの悪い細かい砂や泥でできています。水はけが悪い、ということは田に水を張れば、土中に水が抜け出ることなく、稲に水を十分に与えることができます。そのため、**後背湿地は、おもに水田として利用されます。**

現在、都市の郊外などでは水田が住宅地に変わっているケースも多いのですが、もともと後背湿地であったため、洪水になれば水につかってしまいます。そういった土地に住んでいる人々は**ハザードマップ**（災害の程度を予測した地図）などを活用し、自分が住んでいる場所がどの程度洪水の危険性があるかを把握する必要があります。

河川のゴール地点にできる様々な形の三角州

河口にできる低平な地形

さらに下流を見てみると、河口付近ではさらに傾斜は緩やかになります。河川の運搬力はさらに低下して細かい砂や泥が堆積し、低平な**三角州**が形成されます。三角州には上流から養分のある泥が運ばれてきており、水はけも悪いため、大規模な水田が営まれる場合も多く、海と川の接点にあるので交通にも便利で、**古くから農地や人口密集地になってきました。**

ただ、海面から数メートルほどの低地であり、氾濫や高潮の影響なども受けやすい地形でもあります。氾濫原と同じように、ハザードマップなどで洪水の危険性を把握する必要があります。

川と海の力関係が三角州の形を変える

川にとって、海への出口にあたる三角州は、川と海の力の関係によって、様々にその姿を変えます。

川の運搬力と、海の力（沿岸を流れる海流や、波の力）が、ある種の「つり合い」が取れている場合には、河口から均等に土砂が堆積し、きれいな円弧状の三角州になります。こうした、**円弧状三角州**の代表例が、エジプトのナイル川河口のいわゆる「**ナイル・デルタ**」です。三角州の上流にあたるカイロから、アレクサンドリアにいたる三角州は古くから農業が営まれ、多くの古代遺跡が存在しています。

川の力が強ければ三角州は「鳥の足」の形に

川の運搬力が海の力に勝る場合は、鳥趾状三角州（ちょうしじょう）という、「鳥の足」のよ

うな非常に独特な形の三角州になります（とても「三角」州とはいえない形状です）。

海に入ってからも川の運搬力が続き、その周囲に土砂が積もるため（川が海に入っても、川の流れを保ったまま流れようとするため）、海に突き出た鳥の足のような形になるのです。こうした三角州の代表例として、アメリカ合衆国の**ミシシッピ川の河口**があります。

海の力が強ければ「ちょっと尖った」三角州に

川の力に対して、海の力が強い場合、川が運んできた土砂はすぐに海流や波にさらわれてしまい、なかなか三角州が成長しません。結果、堆積させることができるのは、河口の周辺に少しだけ、ということになります。**結果的に海に対して少し尖った形の三角州になります。**「尖った形の三角州」という意味で、この三角州を「**カスプ状三角州**」といいます。代表例として、イタリアのローマ付近、**テヴェレ川河口の三角州**があります。

図 2-21　様々な三角州

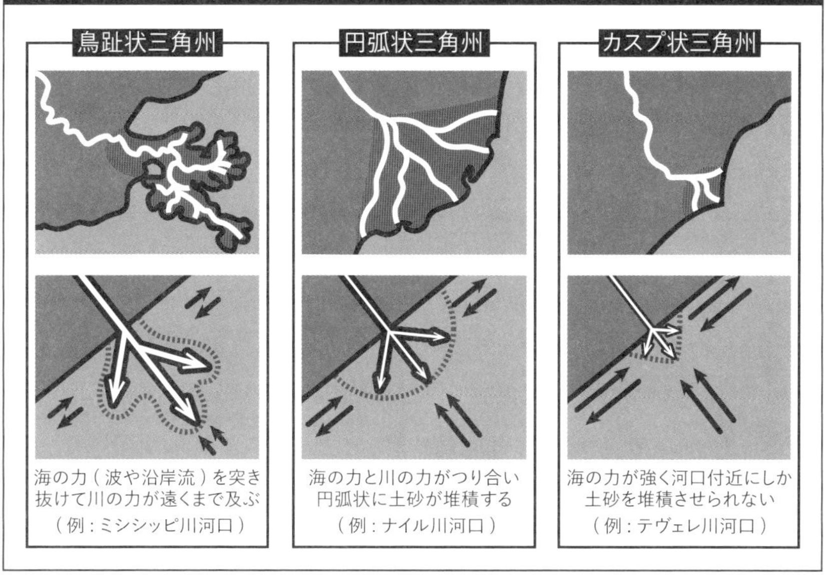

鳥趾状三角州
円弧状三角州
カスプ状三角州
海の力（波や沿岸流）を突き抜けて川の力が遠くまで及ぶ
（例：ミシシッピ川河口）
海の力と川の力がつり合い円弧状に土砂が堆積する
（例：ナイル川河口）
海の力が強く河口付近にしか土砂を堆積させられない
（例：テヴェレ川河口）

ニュータウンやゴルフ場、果樹園に利用される台地

関東近郊によく見られる台地

谷底平野から扇状地、氾濫原から三角州にかけての、沖積平野の周辺部には高さ数メートルから数十メートルの崖に囲まれた台地が分布しています。日本の台地は、かつて低地だった部分が隆起してできたものが多く、台地の上には平坦な面が広がっています。**台地上は水が得にくいために畑や果樹園、雑木林としての利用が多く、ニュータウンやゴルフ場の開発が進んでいるところも多くあります。**関東近郊には台地が多く、千葉県北部の**下総台地**、東京都西部の武蔵野台地などが、その代表例です。

図 2-22 台地

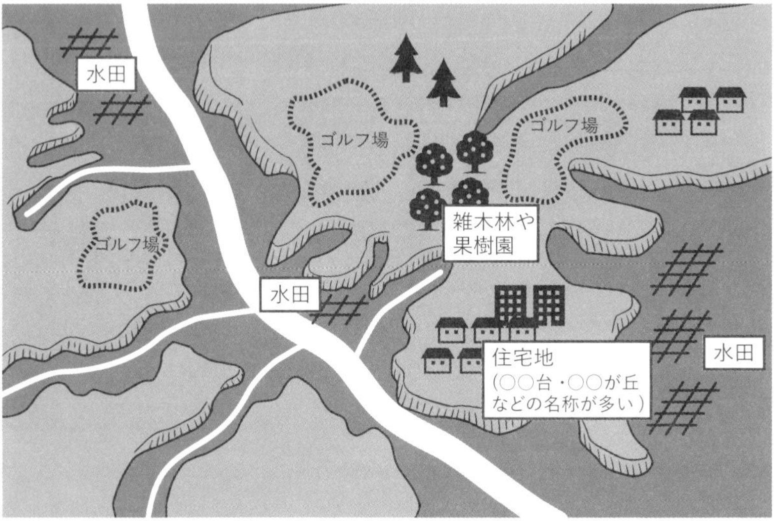

沿岸流と砂が形づくる風光明媚な海岸線

海岸の地形をつくる2つの要因

さて、川の流れに沿って谷から三角州まで下ってきました。そのまま視点を海に移して、海岸の地形を紹介します。海岸にできる地形には2つの要因があります。**1つは、沿岸に沿う水の流れである沿岸流によるもの、もう1つは海面の上昇や低下によるものです。**

波が打ち寄せて発生する沿岸流

海水の流れには、沖から海岸に向かう流れや、逆に海岸から沖に向かう流れなど、様々な方向の流れがありますが、多様な地形を生み出すのは岸に沿って流れる「**沿岸流**」といわれる流れです。

海岸に行くと、波が次々に押し寄せるところが見られますが、必ずしも波は海岸に垂直に打ち寄せるわけではありません。**波が海岸に対して、斜めに打ち寄せると、波のエネルギーが横にそれ、海岸に沿った沿岸流ができます。**この流れが、川が上流から運んできた土砂を押し流して地形をつくるのです。

図 2-23　沿岸流のでき方

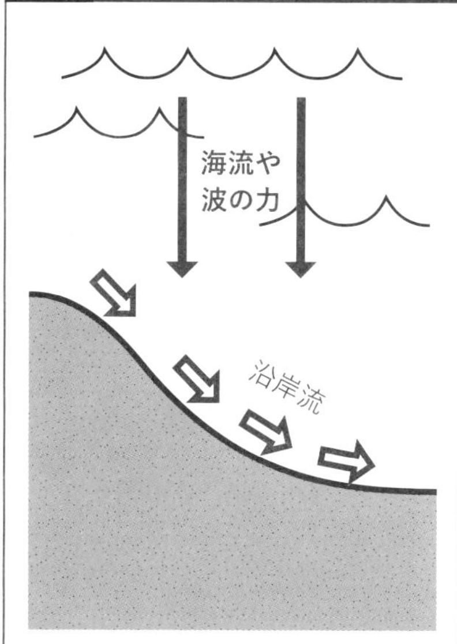

沿岸流がつくる地形① 砂州

沿岸流が土砂を押し流していく途中で、岬にぶつかったり、湾の入り口に差し掛かったりする場合、**沿岸流は陸地がなくなってもそのままの方向で流れようとして、岬や湾の入り口に土砂を堆積していきます。**

こうした砂の堆積が陸地と陸地をつなぐように延びると、砂州といわれる地形になります。代表例としては、京都府の**天橋立**や、鳥取県の弓ヶ浜があります。天橋立は「日本三景」の１つとして知られ、橋のような細くて長い、見事な砂州が見られます。

沿岸流がつくる地形② 潟湖

砂州が湾を仕切るように延び、その内側の入り江が湖になったものを**潟湖**（ラグーン）といいます。海水と淡水が混ざった「汽水湖」となる例も多く、穏やかな水面となり、しじみやカキの養殖が行われることが多くあ

図 2-24 砂州

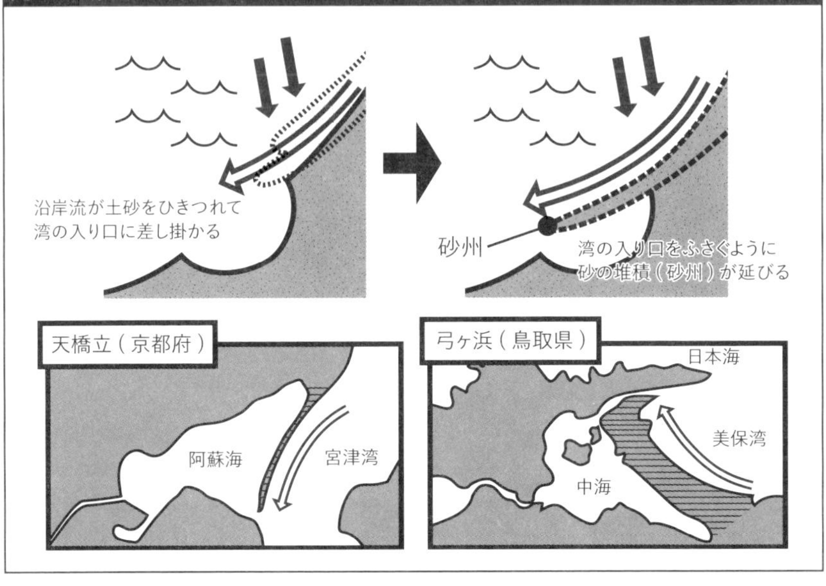

沿岸流が土砂をひきつれて
湾の入り口に差し掛かる
砂州
湾の入り口をふさぐように
砂の堆積（砂州）が延びる
天橋立（京都府）
阿蘇海
宮津湾
弓ヶ浜（鳥取県）
日本海
美保湾
中海

図 2-25　沿岸流がつくる海岸の地形

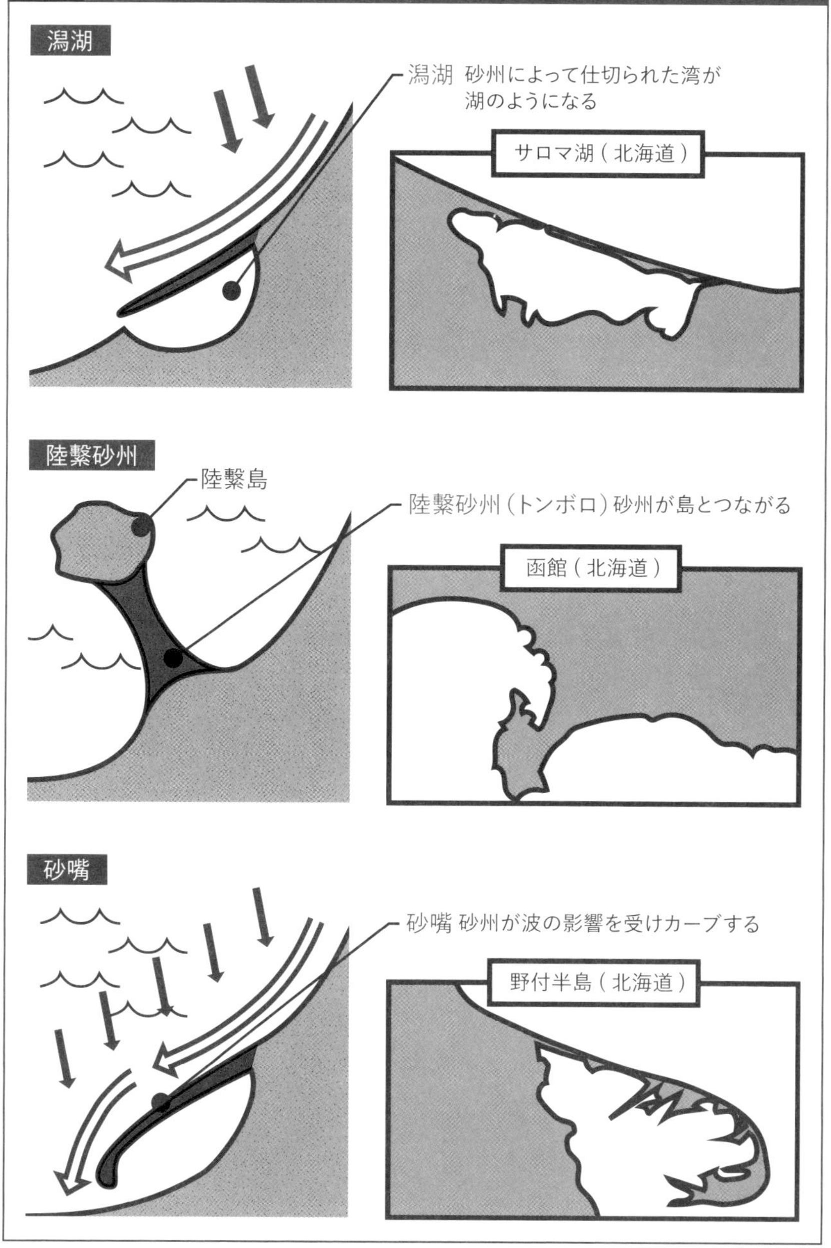
潟湖
潟湖 砂州によって仕切られた湾が
湖のようになる
サロマ湖（北海道）
陸繋砂州
陸繋島
陸繋砂州（トンボロ）砂州が島とつながる
函館（北海道）
砂嘴
砂嘴 砂州が波の影響を受けカーブする
野付半島（北海道）

ります。日本で３番目に大きい湖としても知られる北海道の**サロマ湖**は、長い砂州によって仕切られた潟湖の代表で、カキやホタテの養殖が行われています。

沿岸流がつくる地形③ 陸繋砂州と陸繋島

砂州が島と海岸をつなぐように延びた地形のことを、**陸繋砂州**といいます（イタリア語で「**トンボロ**」ともいわれます）。砂州によって海岸とつながった島を**陸繋島**といいます。代表的な陸繋砂州と陸繋島は北海道の**函館**です。函館は、陸繋島の函館山につながる砂州上に市街地があり、函館山の展望台に行くと、陸繋砂州上の市街地がまるで橋のように延びています。夜にはその砂州上の市街地がつくる「百万ドルの夜景」と呼ばれる見事な夜景を見ることができます。

沿岸流がつくる地形④ 砂嘴

砂州の一端が陸地から離れ、半島のように突き出た形になっているものを「**砂嘴**」といいます（「嘴」とは「くちばし」という意味です）。

砂嘴は陸から離れるように延びていきますが、波の影響を受けて陸側にカーブすることが多く、北海道の**野付半島**や静岡県の**三保の松原**付近の砂嘴が有名です。野付半島は28キロに及ぶ、釣り針状にカーブする日本最大の砂嘴で有名です。

風がつくる砂丘

海岸沿いにできる砂の堆積といえば、**海岸砂丘**もその１つに挙げられます。砂丘のできる要因は風によるものが大きく、川が上流から運んできた砂が海岸に打ち上げられ、さらに海から陸に吹く強い風に運ばれて内陸側に堆積し、小高い砂の山をつくったものです。**鳥取砂丘**は日本の代表的な砂丘で、観光名所としても知られています。

様々な表情を見せる海岸の地形

砂浜海岸と岩石海岸

海岸、とひと言でいっても、その表情は千差万別です。見渡す限りの砂浜の海岸があれば、ゴツゴツとした岩肌の海岸もあります。砂浜海岸では海水浴が楽しめ、岩の海岸では奇妙な形の岩を楽しめたり、磯釣りが楽しめたりします。このように、海岸にはおもに砂や細かい石が積もった**砂浜海岸**と、岩盤が露出している**岩石海岸**があります。

砂浜海岸は、付近の川が上流から運んできた砂が、波や沿岸流の力によって帯状に堆積したものです。日本の美しい砂浜海岸を表す言葉に「白砂青松」という言葉がありますが、**上流の川岸が（水害の防止という理由はありますが）コンクリートで覆われてしまうと、砂の供給が減少してしまいます。**そういう場合には逆に波に砂が持っていかれ、**砂浜がやせて景観が悪化するという問題**も発生しています。これに対し、堤防をつくって砂の流出を防いだり、砂を運んできて砂浜を復活させたりという取り組みも行われています。

海岸の地形を多様にする沈水と離水

土地の隆起や沈降、海面の上昇や下降によって、陸地が海面下に沈んだり、海面下の地面が海面上に姿を現したりすることがあります。

陸地だった場所が海面下に沈むことを**沈水**、海面下の地面が海面上に姿を現すことを**離水**といいます。この沈水や離水も、海岸の地形を多様にしている一因になっています。

次項からは、沈水海岸と離水海岸を紹介します。

複雑な海岸線をつくる沈水のはたらき

日本にも多く見られるリアス海岸

陸地が海面下に沈んでできる沈水海岸は、一般的に**陸地の起伏に水が入り込み、海岸線は複雑になります。**

特に、山肌がそのまま海に面しているようなところが沈水すると、谷に海水が入り込み、細長い入り江と岬が連続する、**リアス海岸**が見られます。このとき、谷に海水が入り込んだ細長い入り江は**おぼれ谷**と呼ばれます。

また、凸凹した地形が沈水すると、たくさんの島々が浮かぶ**多島海**という海が現れます。東北地方の**三陸海岸**、長崎県西部の**九十九島**（くじゅうくしま）など、日本

図 2-26　沈水とリアス海岸

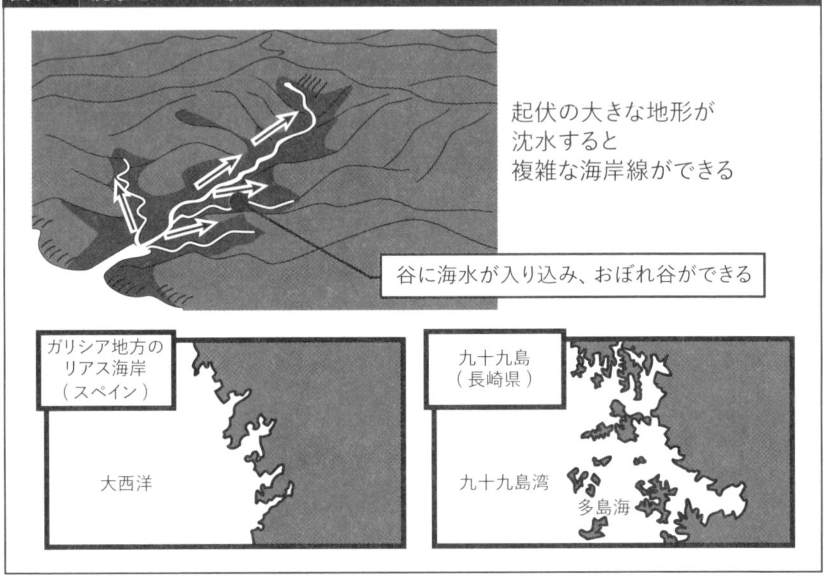

の海岸線には多くの複雑な沈水海岸の地形が存在しています。

リアス海岸の「リアス」とは、**スペイン語での「入り江」を示す「リア」という言葉の複数形の「リアス」が由来です。**その名の通り、スペインの北西部には典型的なリアス海岸が見られます。こうした海岸では水深が深く、波が穏やかで船が横付けしやすいため、古くから港として利用され、山肌からの養分が豊富に海に流れ込むため、牡蠣やわかめ、真珠などの養殖も盛んです。

しかしながら、複雑に入り組んだ地形のため、一般的には交通が不便で、集落から集落への移動には崖沿いに道路をつくるか、多数のトンネルを掘らなくてはなりません。また、リアス海岸に津波が押し寄せると、狭いところに波が集中するので、高い波になりやすいという面もあります。そのため、災害への備えがつねに必要になります。

美しい観光地になっているフィヨルド

ノルウェーの西海岸やニュージーランドの南島などの高緯度地帯では、氷河が削った細長い**U字谷**(ユーじこく)が沈水し、細長い入り江である**フィヨルド**が形成されます。中には数百メートルの幅に対し、長さ数十キロから百キロを超えるような細長いものもあり、深い崖と鏡のような水面のコントラストが美しい観光地となっています。ノルウェーの**ソグネフィヨルド**は長さ200キロにわたる世界最大のフィヨルドとして有名です。

図 2-27 フィヨルド

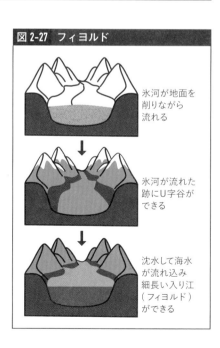

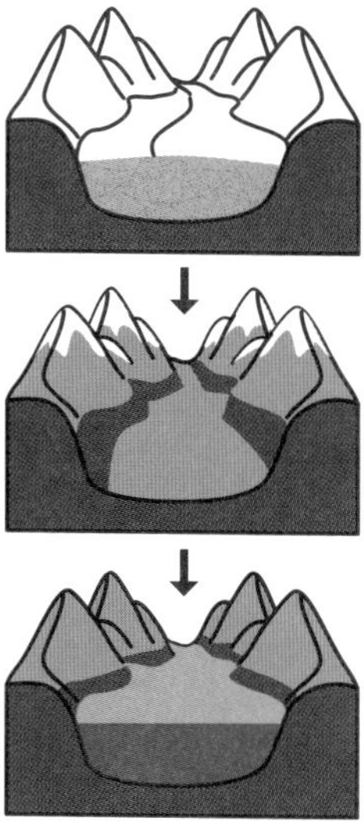

氷河が地面を削りながら流れる
氷河が流れた跡にU字谷ができる
沈水して海水が流れ込み細長い入り江（フィヨルド）ができる

ラッパ状の大きな入り江

リアス海岸やフィヨルドは、山肌がそのまま海に面した地形でよく見られるものですが、平野部に見られる沈水海岸について考えてみましょう。

平野では、**大きな川の河口が沈水し、ラッパ状の大きな入り江になることがあります。**これを、**エスチュアリー**（三角江）といいます。

高く険しい山地から流れ出す変動帯にある川では、川が大量に土砂を運ぶため、河口では土砂が盛んに堆積して三角州が発達しますが、**安定地域の大きな川では、傾斜が緩やかなため、運ばれる土砂が少なく、大きく開いた河口になります。**

それがさらに沈水すると、大きな「ラッパ状に開いた」河口となるのです。イギリスの**テムズ川**やフランスのセーヌ川、アルゼンチンやウルグアイの国境にある**ラプラタ川**の河口にはよく発達したエスチュアリーが見られ、古くから港として活用されています。

図 2-28 エスチュアリー

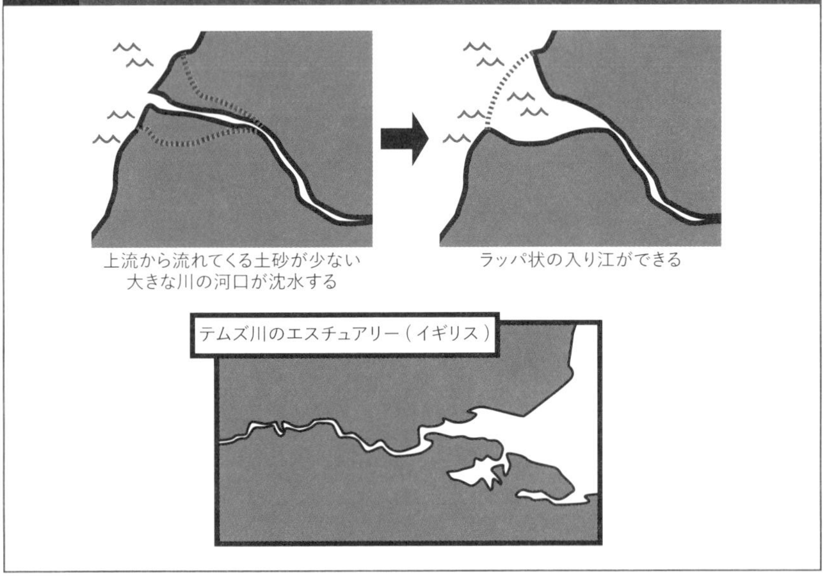

上流から流れてくる土砂が少ない
大きな川の河口が沈水する
ラッパ状の入り江ができる
テムズ川のエスチュアリー（イギリス）

直線的な海岸線となる離水のはたらき

まっすぐに延びる砂浜海岸

波が打ち寄せる波打ち際は、波の侵食作用によって陸地が削られるため、次第に凸凹が少なくなります。そのため、離水が起こると、削られて平坦になった波打ち際が海面上に姿を現すので、**一般的には岬と湾の出入りが少ない、直線的な海岸線となります。**

平野部が離水すると、海岸平野が拡大します。この場合、もともと直線的な砂浜海岸がさらに直線的になるわけなので、**まっすぐに砂浜海岸が延びるようになります。**というと、すぐに思い出す人も多いと思いますが、

図 2-29　砂浜海岸

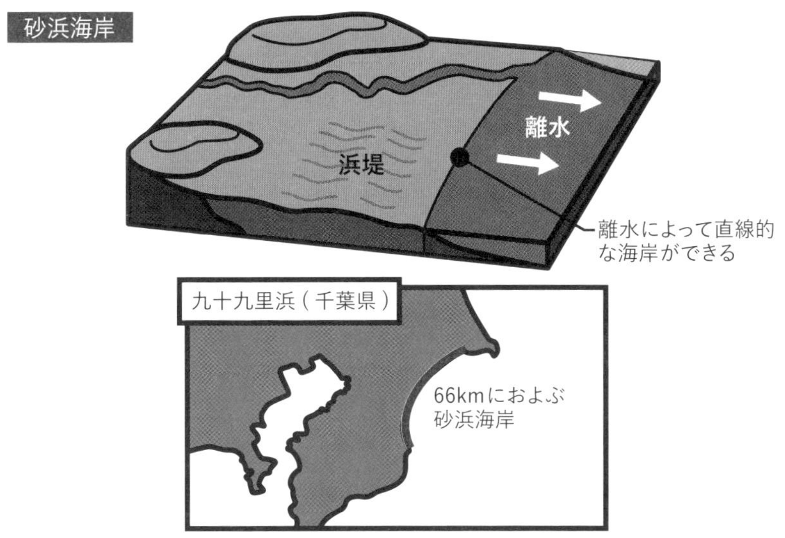
砂浜海岸
離水
浜堤
離水によって直線的な海岸ができる
九十九里浜（千葉県）
66kmにおよぶ砂浜海岸

千葉県の**九十九里浜**が、離水してできた海岸平野の代表です。

波によって陸に打ち上げられた砂が堆積すると、浜堤という、数十センチから数メートルの高地をつくります。砂浜海岸では離水につれて、海岸と並行に何筋もの浜堤が形成されることになります（一見、真っ平に思える海岸平野でも、歩きながら電信柱などに書いてある「ここは海抜○m」などの表示を見ていくと、浜堤の存在が感じられます）。水はけのよい浜堤の上は畑や住宅に、その間の低地は水田などに利用されています。

岩石海岸にできる階段状の地形

岩石海岸に波が打ち寄せると、波が海岸を侵食し、切り立った**海食崖**（かいしょくがい）ができる場合が多くあります。一方、波の下では平坦な面になることが多く、それが離水をすると、**階段状の地形になることがあります。**この、階段状の地形を「**海岸段丘**」といいます。高知県の**室戸岬**にはよく発達した海岸段丘が見られます。

図 2-30 海岸段丘

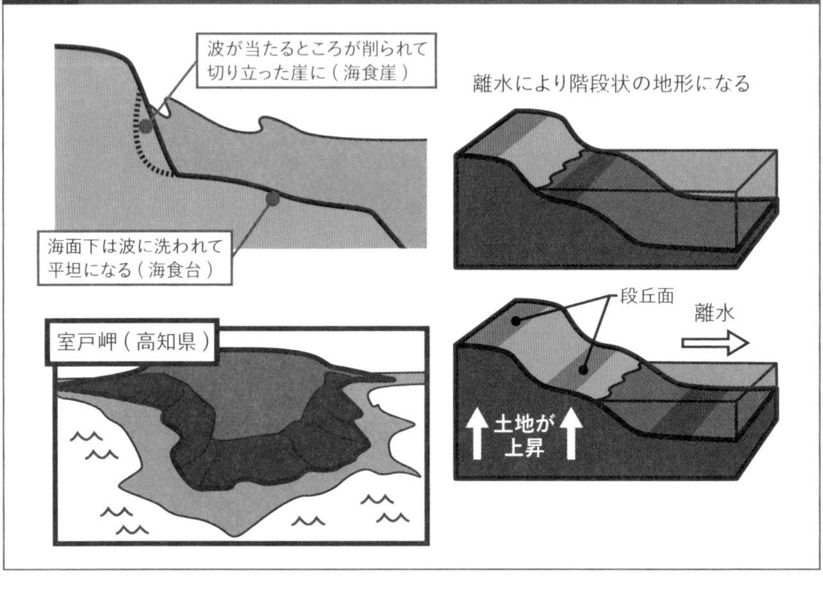

波が当たるところが削られて
切り立った崖に（海食崖）
海面下は波に洗われて
平坦になる（海食台）
離水により階段状の地形になる
段丘面
離水
土地が
上昇
室戸岬（高知県）

熱帯の浅い海でできる美しいサンゴ礁

地形をつくる造礁サンゴ

海の地形といえば、熱帯の浅い海で形成される**サンゴ礁**もあります。サンゴといえば、きれいな赤色の装飾品を想像する人も多いと思いますが、そちらのサンゴは深海に生息する「宝石サンゴ」のほうで、**地形をつくるのは、サンゴはサンゴでも、浅い海に生息する「造礁（ぞうしょう）サンゴ」といわれるものです。**

サンゴは動物の一種ではありますが、造礁サンゴは褐虫藻（かっちゅうそう）という藻の一種をその細胞内に共生させ、その光合成の栄養を成長に使うという植物的な特徴もあります。したがって、造礁サンゴは浅い海で成長し、太陽の光を求め、上方に成長するという特徴があります。

島をふちどってできた「裾礁」

サンゴ礁の形成過程には、大きく３つの段階があります。

造礁サンゴが成長するのは海岸付近の浅い海域なので、はじめにできるサンゴ礁は、陸地の周りの海岸沿いに、海岸をふちどるようにできるサンゴ礁です。

このように、**海岸をふちどるように成長したサンゴ礁を「裾礁（きょしょう）」といいます。**島をふちどる「裾」のようにサンゴが成長した、というわけです。

島から少し離れたところを取り囲む「堡礁」

この、裾礁を持つ島が沈水すると、どうなるでしょうか。島は水没しますが、サンゴ礁は上方に成長するので、**島とサンゴ礁の間隔があき、海岸**

からやや離れた沖合にサンゴ礁が存在する、ということになります。

空中から見ると、まるで、中央の島を守っている「バリア」のようにサンゴ礁が存在するので、これを「バリア・リーフ」といいます。

バリアを日本語に当てはめると、小規模な砦や城、または城を守る土手を指す「堡」という字になるので、バリア・リーフは「堡礁（ほしょう）」という言葉で表されます。オーストラリアの東岸には、大規模な堡礁が連なっており、**グレート・バリア・リーフ**（大堡礁）と呼ばれます。

サンゴ礁の輪ができる「環礁」

さらに沈降がすすみ、**島自体が水没してしまうと、サンゴ礁だけが輪っかのように残るようになります。**これが「環礁」です。**モルディブ**やマーシャル諸島などに大規模な環礁が見られます。

環礁は陸地が少なく、農業にも向かないので、漁業中心の生活が見られます。また、標高が低く、海面の水位の変化の影響を強く受けます。

図 2-31 サンゴ礁

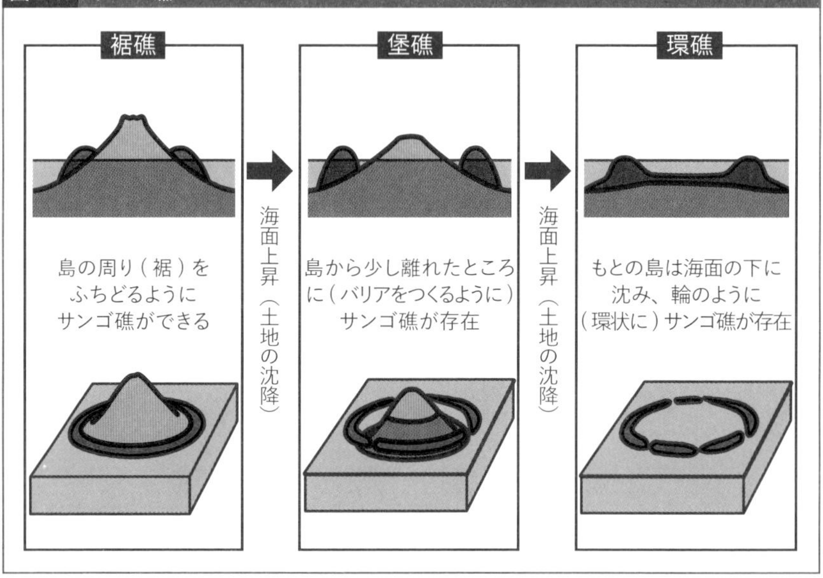

裾礁
島の周り（裾）を
ふちどるように
サンゴ礁ができる
海面上昇（土地の沈降）
堡礁
島から少し離れたところ
に（バリアをつくるように）
サンゴ礁が存在
海面上昇（土地の沈降）
環礁
もとの島は海面の下に
沈み、輪のように
（環状に）サンゴ礁が存在

強い力で地表を削る氷河が生み出した地形

氷河がつくる特徴的な地形

寒い地域では、積もった雪が夏でも溶け切らずに毎年積み重なり、厚い氷になります。厚い氷は自らの重みで傾斜を下っていきます。これを氷河といいます。氷河の地表を削る力は強力なため、数々の特徴的な地形をつくり出します。

山岳氷河の地形

標高が高く、寒冷な山でつくられる氷河を山岳氷河といいます。山頂付近の雪がたまりやすいところが氷河の出発点となるのですが、そこから**山地を下り始めるときに、スプーンでえぐるように山肌を氷河が削ります。**このように氷河が削った跡にできる、お椀のような形のくぼみを「**カール**」といいます。

日本にも多くのカールがあり、代表的なものに長野県の**千畳敷カール**や、涸沢カールがあります。また、**山頂には氷河によっていろいろな角度から削られた、尖った峰**である**ホーン（ホルン）**ができます。代表的なものに、スイスとイタリアの国境に位置する**マッターホルン**や、長野県と岐阜県の県境にある**槍ヶ岳**があります。「アルプス一万尺」の歌に、「小槍の上で」とありますが、この「小槍」も、槍ヶ岳の尖ったホーンの１つです（尖った先端は狭く、とても踊れるほどの面積はありません）。

ここから川のように氷河が下っていくと、谷を流れ下りながら谷底や谷の壁を深く削り、断面がＵ字型の**Ｕ字谷**をつくります。

削りとった岩くずや土砂は、氷河の末端で堆積します。こうした土砂の

図 2-32　氷河地形

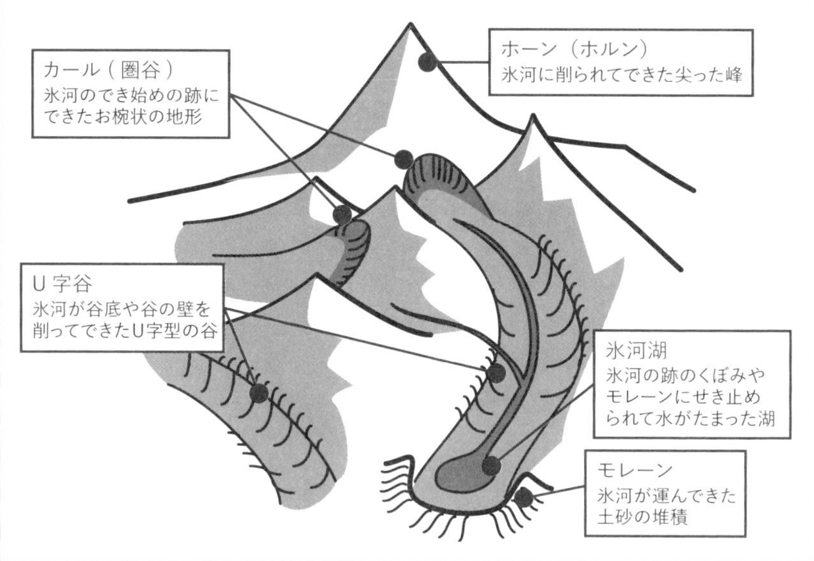

ホーン（ホルン）
氷河に削られてできた尖った峰
カール（圏谷）
氷河のでき始めの跡にできたお椀状の地形
U字谷
氷河が谷底や谷の壁を削ってできたU字型の谷
氷河湖
氷河の跡のくぼみやモレーンにせき止められて水がたまった湖
モレーン
氷河が運んできた土砂の堆積

小高い堆積を**モレーン**といいます。モレーンによって水がせき止められたところや、氷河がえぐったくぼみに水がたまると、氷河湖ができます。

大陸氷河がつくった地形

山から川のように下っていく「山岳氷河」に対して、大陸を覆うように存在する「**大陸氷河**」というものもあります（「**氷床**」ともいいます）。

大陸氷河は現在、南極大陸とグリーンランドにしかありませんが、地球全体が寒冷になっていた氷期という時代には、大陸氷河は今よりも広大な面積があり、北半球の広い部分が氷河に覆われていました。

氷床も、山岳氷河のようにモレーンや氷河湖をつくるはたらきがあります。ヨーロッパではかつての大陸氷河が削り取ったなだらかな地形の中にモレーンの名残である帯状の丘が点在する地形が見られます。また、アメリカやカナダの国境には大陸氷河が削った跡にできた**五大湖**があり、氷河湖の代表として知られています。

砂丘だけではない 砂漠の多様な地形

砂漠の大半が岩の砂漠

乾燥による地形の代表的なものは、砂漠です。砂漠といえば、どこまでも続く**砂砂漠**を連想する人も多いと思いますが、実際には岩盤が露出した、ゴツゴツとした**岩石砂漠**や石ころが広がる**礫砂漠**がほとんどで、砂砂漠は全体の２割ほどしかありません。

植物や水蒸気など地面を覆うものが少ない乾燥地域では、昼は地面に日光が直接当たって気温が上昇し、夜にはその熱がどんどん逃げて気温が低下します。この気温差によって岩盤の風化が進み、ボロボロになった岩が次第に細かくなり、砂となります。

また、乾燥によって樹木や草がほとんどない砂漠では、風がその表面を吹き抜けていくため、風の影響も強く受けます。風による運搬作用や、堆積作用により、砂が次第に集まり、大規模な砂丘ができるのです。

砂漠に降る雨と外来河川

砂漠にはほとんど雨が降りませんが、年に数回か、数年に１回という頻度で雨が降る場合があります（降る場合は大量の雨が一度に降ることが多く、サウジアラビアでは、洪水がよく発生しています。2022年にはパキスタンで大規模な洪水が発生しました）。そのときにだけ水が流れる「涸れ川」のことを「**ワジ**」といいます。

また、砂漠でも、エジプトの**ナイル川**のようにつねに水が流れている川もあります。このような場合、上流に降水量の多い地域があり、そこから砂漠に流れ込んでくる川が多く、こうした川を「**外来河川**」といいます。

図 2-33　乾燥地形

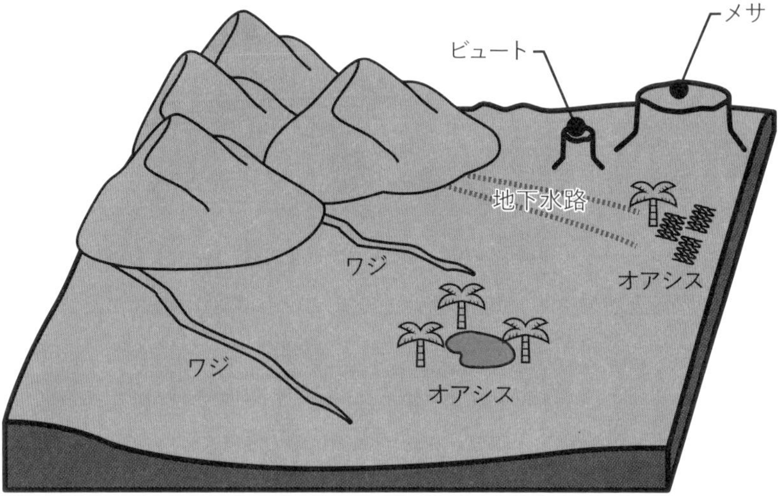

　このような外来河川のほとりや、わき水など、砂漠で常に水が得られるところを**オアシス**といい、人々の生活や農業の場になっています。

アメリカ西部によく見られるメサやビュート

　アメリカ合衆国西部の乾燥地域には、テーブルのような**メサ**という地形や、塔のような**ビュート**と呼ばれる地形がよく発達しています。特に有名なのが、ユタ州からアリゾナ州にかけて広がる**モニュメントバレー**という地域にあるメサやビュートです。

　これは、この地域がかつて雨季と乾季が繰り返されるサバナ気候であったころ、雨や乾燥によって岩石が風化し、取り残された部分がテーブル状や塔状になったものです（現在、この地域は砂漠気候です）。これも、乾燥がもたらした地形といえるでしょう。

　また、**モニュメントバレーのメサには水平な地層を見ることができます。このことにより、この地が安定陸塊の卓状地であることがわかります。**

石灰岩が水に溶けてできた穴ぼこだらけの地形

水に溶けやすい石灰岩

地形の最後に、カルスト地形について紹介します。カルスト地形は、石灰岩が水によって溶かされてできた特殊な地形です。

石灰岩の主成分は炭酸カルシウムで、大昔のサンゴ礁や貝殻の堆積物が地殻変動により陸上にあがったものです。石灰岩は酸性を帯びた水に溶けやすいという特徴があるので（いわゆる「酸性雨」というほど酸性が強いわけではなくても、雨水は二酸化炭素を含み、基本的には弱酸性を示します）、石灰岩が大規模に露出したところでは、自然と、石灰岩が水に溶かされてできる**カルスト地形**ができやすいのです。

カルスト地形のたくさんの「穴ぼこ」

カルスト地形の大きな特徴は、石灰岩が水に溶かされてできた穴が至る所にあり、「穴ぼこ」だらけということです。直径数メートルから数百メートル、数キロにも及ぶ穴が地表にたくさんあいているのです。

この穴は、規模によって違った名称がつけられています。最も小規模なものを**ドリーネ**といい、直径数メートルから数百メートルぐらいの規模の穴です。この、ドリーネがいくつもつながって大きな穴になったものを**ウバーレ**といいます。直径数百メートルの規模のものが多く、その底に集落が形成されることもあります。

さらにウバーレが大きくなったものが**ポリエ**といわれるものです。直径数キロから、数十キロに及ぶものもあり、端から端が見えないぐらいの規模になります。こうなると、もう「穴」とはいえない、「盆地」という規模になるので、ポリエは「溶食盆地」とも呼ばれます。

カルスト地形の代表的なものとして、山口県にある**秋吉台**があります。この場所に行くと、ドリーネがいたるところに見られ、「穴ぼこ」でいっぱいであるということが実感できると思います。

ウバーレやポリエのように、「穴」が大きくなり、穴と穴がつながって、逆に溶け残った部分が塔のように残ることもあります。これを、**タワーカルスト**といいます。特殊な景観が世界遺産に指定されている中国の**桂林**(けいりん)は、このようなタワーカルストの代表例です。

地下で石灰岩が溶かされてできた鍾乳洞

カルスト地形に雨が降ると、岩石の隙間に入り込み、岩を溶かしながらドリーネのような穴をつくります。雨はそのまま岩の隙間に吸い込まれ、地下で石灰岩を溶かして**鍾乳洞**をつくります。鍾乳洞の内部には、地下の川が流れているものが多くあります。

図 2-34 カルスト地形

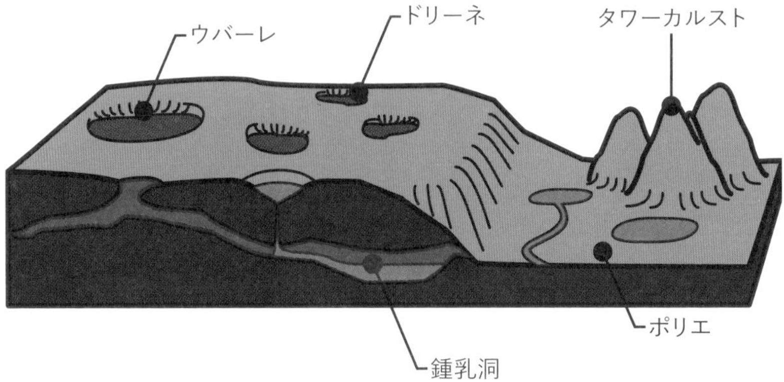

第3章

気候

第3章 気候 あらすじ

多くの分野に影響を与える地理学習の中核

第3章では、気候について取り上げます。

気候は農林水産業などの産業に大きな影響を与えており、また、衣食住など人々の生活文化や、人口の増減など社会の形成にも影響を与える、地理の学習の中核になる重要な分野です。

まず、気候の特徴ですが、緯度、海や陸の分布、海流、地形など様々な要因（気候因子）によって決まっています。低緯度であれば温暖、高緯度であれば寒冷になりますし、海に近ければ湿潤になり、海から離れれば乾燥する傾向があります。このような気候因子を丁寧に追うことが、気候の理解を深め、ひいては地理全体を理解することにつながるのです。

次に、気候因子を把握したら、いよいよ具体的な気候区分の話になります。本章の後半では「サバナ気候」や「地中海性気候」、「温暖湿潤気候」など、ドイツの気候学者ケッペンが考案した気候区分を１つずつ紹介し、それぞれの気候に存在する個性的な特徴を解説します。

第3章　私たちの暮らしと【気候】の関係図

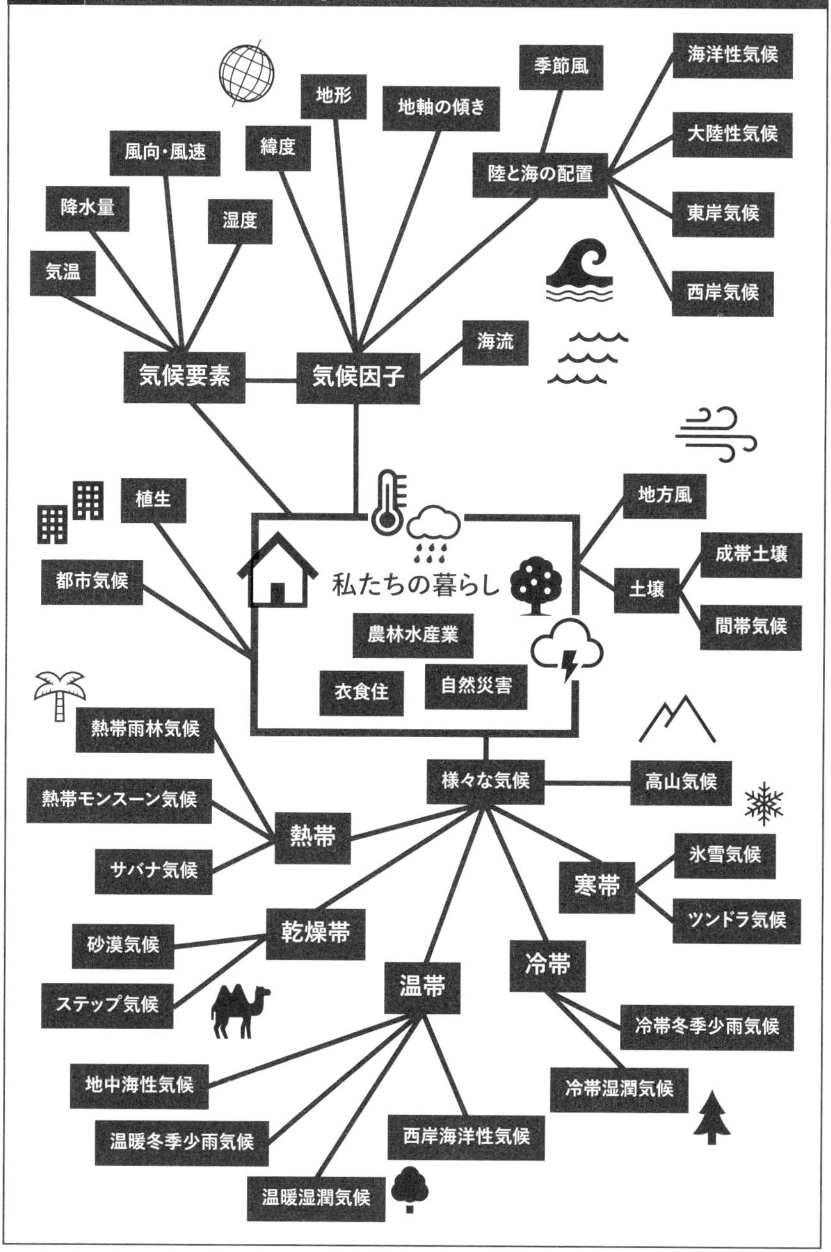

気候要素
- 気温
- 降水量
- 風向・風速
- 湿度

気候因子
- 緯度
- 地形
- 地軸の傾き
- 季節風
- 陸と海の配置
 - 海洋性気候
 - 大陸性気候
 - 東岸気候
 - 西岸気候
- 海流

私たちの暮らし
- 植生
- 都市気候
- 農林水産業
- 衣食住
- 自然災害
- 地方風
- 土壌
 - 成帯土壌
 - 間帯気候

様々な気候
- 高山気候
- 熱帯
 - 熱帯雨林気候
 - 熱帯モンスーン気候
 - サバナ気候
- 乾燥帯
 - 砂漠気候
 - ステップ気候
- 温帯
 - 地中海性気候
 - 温暖冬季少雨気候
 - 温暖湿潤気候
 - 西岸海洋性気候
- 冷帯
 - 冷帯冬季少雨気候
 - 冷帯湿潤気候
- 寒帯
 - 氷雪気候
 - ツンドラ気候

第1章 地理情報と地図

気候の特徴を示すデータとそれを変化させる要素

「気象」と「気候」

ここからは、気候の話を扱います。気候は農林水産業や、衣食住など人々の生活文化に大きな影響を与えています。また、ボーキサイトのように熱帯でよく採れる鉱産資源もあります。暮らしやすい地域は、人口密度が高い傾向にありますし、観光を考えると、やはり夏の地中海など、雨が降りにくい季節に旅行に行きたいと思うでしょう。

このように気候は、**農業・生活文化・人口・観光など地理の様々な項目とつながりがあるために、地理を理解するうえでは「本丸」ともいえる、最も重要な内容といえるでしょう。**

「気候」とは1つの地域で、**1年を周期として繰り返す、長期にわたる大気の状態のことをさします。**よく似た言葉に「気象」がありますが、気象は変化する日々の大気の状態を指す言葉です。「明日雨が降るかどうか」は気象の話、「この季節に雨が降りやすいかどうか」、という傾向は「気候」の話というわけです。

気候要素と気候因子

この気候の様子を示す色々な指標を「**気候要素**」といいます。気温や降水量、風向・風速、湿度など、様々な要素があります。

これらのパラメーターが、地域によって変動する要因を「**気候因子**」といいます。気候因子には緯度、標高、海流、海と陸の分布などがあります。**この様々な気候因子を理解することが、気候を理解するカギ、ひいては地理全体を理解するカギとなるのです。**

北極や南極が寒く赤道付近が暑い理由

気候に最も大きな影響を与えている緯度

気候因子の中でも、気候に最も大きな影響を与えているものは緯度です。北極や南極が寒く、赤道付近が暑いというのは常識のようなもので、誰でも知っていることでしょう。

では、北極や南極がなぜ寒いのか、赤道付近がなぜ暑いのか、その理由を考えてみたという人は意外と少ないのではないでしょうか。当たり前のように考えている、その理由をあえて考えたいと思います。

低緯度には太陽の熱が集中する

赤道付近のほうが暑いのは、「赤道のほうが極よりも太陽に近いから」と考える人も多いかもしれませんが、太陽は直径が地球の約109倍もあり、太陽と地球の距離は地球の直径の１万倍以上も離れています。その距離の違いはほぼ無視できるので、「赤道のほうが太陽に近い」というのは正しくありません。

高緯度と低緯度での気温の違いは、「太陽光線の受け取り方」が高緯度と低緯度で違うことから生じます。太陽光線は、図（P102の図3-1参照）のように、地球に対してほぼ平行にやってきますが、地球は球体なので、赤道付近では地面に対して垂直に、高緯度だと地面に対して斜めから光がさすことになります。同じ幅の太陽光線でも、斜めにさしこむ高緯度のほうが、より広い面積で太陽の熱を受けることになり、太陽の熱が分散されて気温は低くなります。逆に、低緯度のほうが、太陽の熱がより狭い面積に集中することになるために気温が上がる、ということなのです。

図 3-1　地球に当たる太陽光線

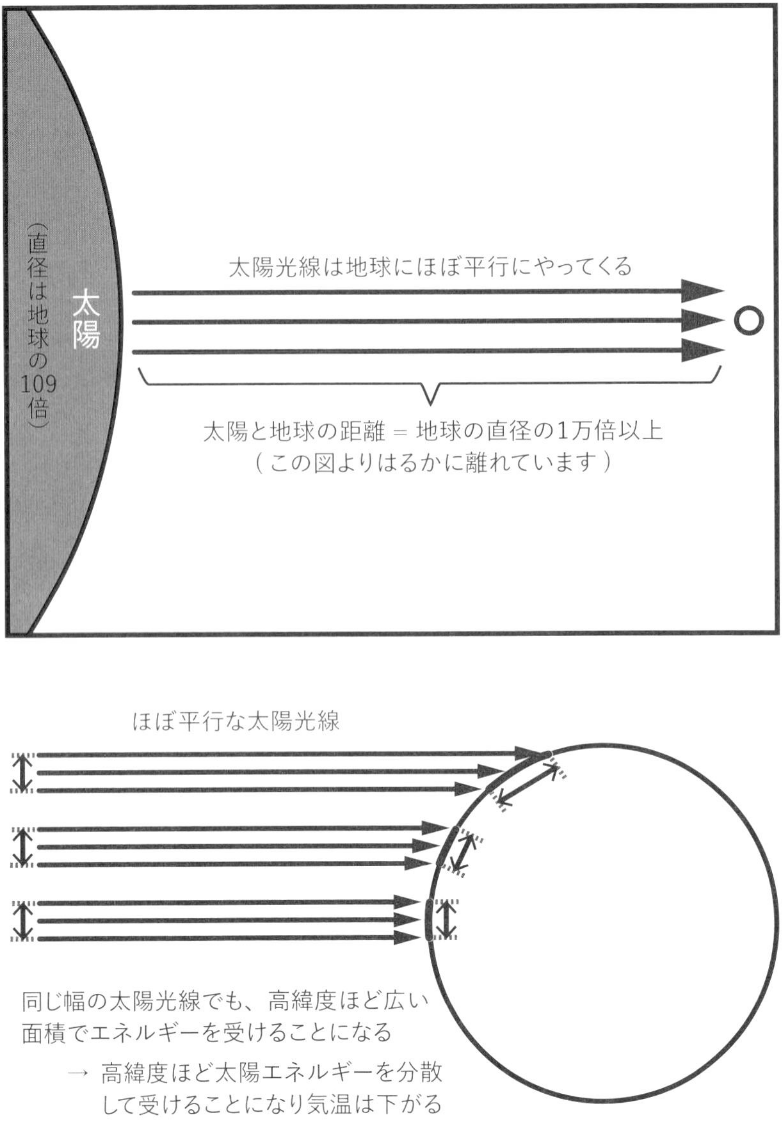
（直径は地球の109倍）
太陽
太陽光線は地球にほぼ平行にやってくる
太陽と地球の距離 = 地球の直径の1万倍以上
（この図よりはるかに離れています）
ほぼ平行な太陽光線
同じ幅の太陽光線でも、高緯度ほど広い
面積でエネルギーを受けることになる
→ 高緯度ほど太陽エネルギーを分散
して受けることになり気温は下がる

雨は上昇気流のあるところに降る

緯度は気温だけではなく、降水量も変化させています。雨が降る理由についても基礎的なことから考えてみましょう。

雨が降るということは、そこに上昇気流が発生しているということです。上空は地上より気温が低いため、暖かい空気が上昇すると、冷やされてそこに水滴が発生します。冷たい飲み物を入れたコップの外側に、周りの空気が冷やされてできた水滴がつくのと同じです（また、空気は気圧の低い上空で膨張することによっても、その温度が下がります）。

空気は暖められるとたくさんの水蒸気を含むことができますが、冷やされると少しの水蒸気しか含むことができません。そのため、**水蒸気を含む暖かい空気が空の高いところに持ち上げられて冷やされると、気体として含むことができる限界をこえた水蒸気が液体となり、水滴となって雲ができ、そして雨が降る**というわけです。

図 3-2　上昇気流と雨

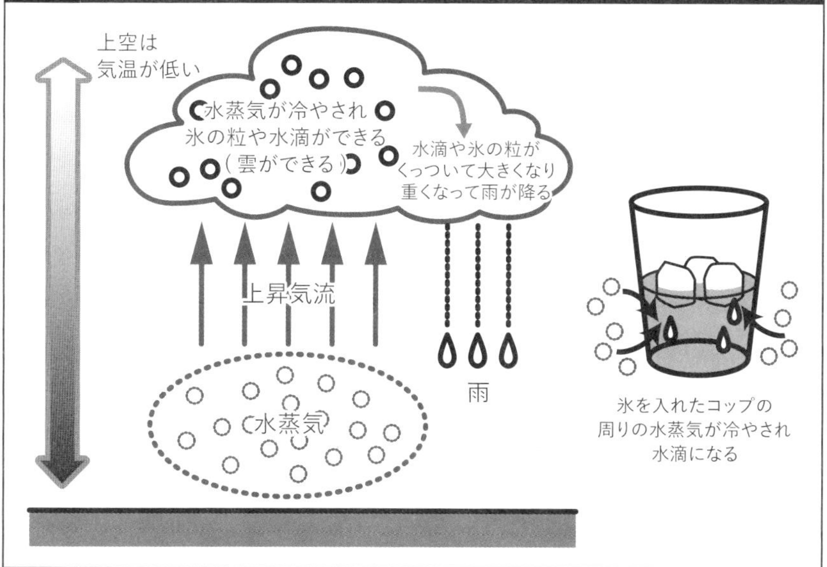

上昇気流が発生するところは「低気圧」になる

「上昇気流が発生しているところ」は、同時に「低気圧が発生しているところ」でもあります。空気の塊が上昇しているわけなので、地上の空気の密度は低くなります。**私たちを押さえつけている空気の圧力が低くなることから、低気圧といわれるわけです。**低気圧と聞くと、「雨が降りやすい」と考えますが、それは**上昇気流が発生しているために雨が降りやすくなっている**ということなのです。

一方の高気圧を考えてみましょう。高気圧は下降気流が発生しているということです。**空気の塊が下降し、私たちを押さえつけている空気の圧力が高くなることから、高気圧といわれるわけです。**下降気流が発生しているので、上空から下りてきた空気には水滴ができず、雨が降らないのです。高気圧と聞くと、「晴れになりやすい」と考えますが、それは**下降気流が発生しているために雨が降りにくくなっている**ということなのです。

図 3-3　低気圧と高気圧

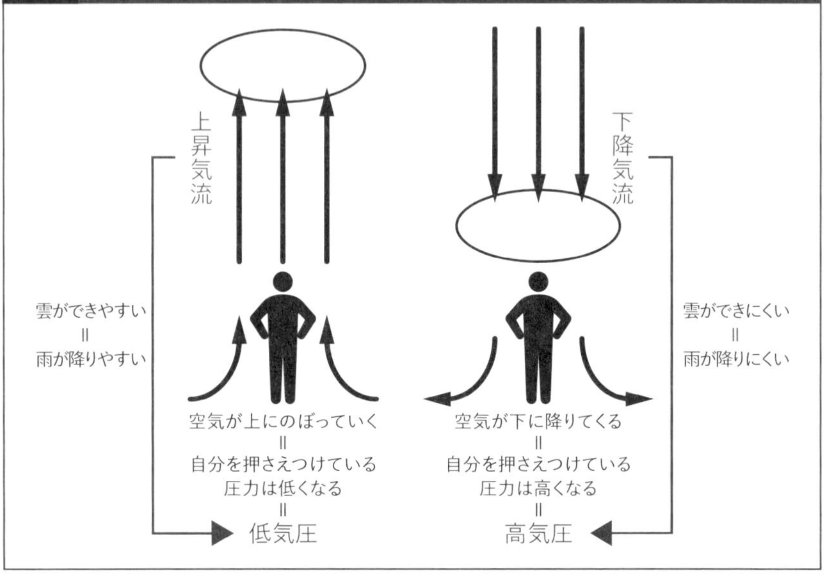

また、地上では、低気圧は周囲よりも気圧が低いために、周りから風が吹き込みます。高気圧は周囲よりも気圧が高くなっているために、その周りに風を吹き出します。

上昇気流が生まれる原因

「上昇気流＝低気圧＝雨」「下降気流＝高気圧＝晴れ」という図式が理解できたら、次に、どのようなときに上昇気流が発生するのかを考えてみましょう。

前提として、**「暖かい空気は上昇し、冷たい空気は下降する」**ことを再確認しましょう。空気が暖められると、膨張して密度が低くなります。体積あたりの空気の重量が軽くなるため、空気は上昇します（熱気球が上昇するのは、この原理を使っています）。逆に、空気が冷やされると、ぎゅっと収縮して密度が高くなります。体積あたりの空気の重量が重くなるため、空気は下降します。

図 3-4　上昇気流が発生する原因

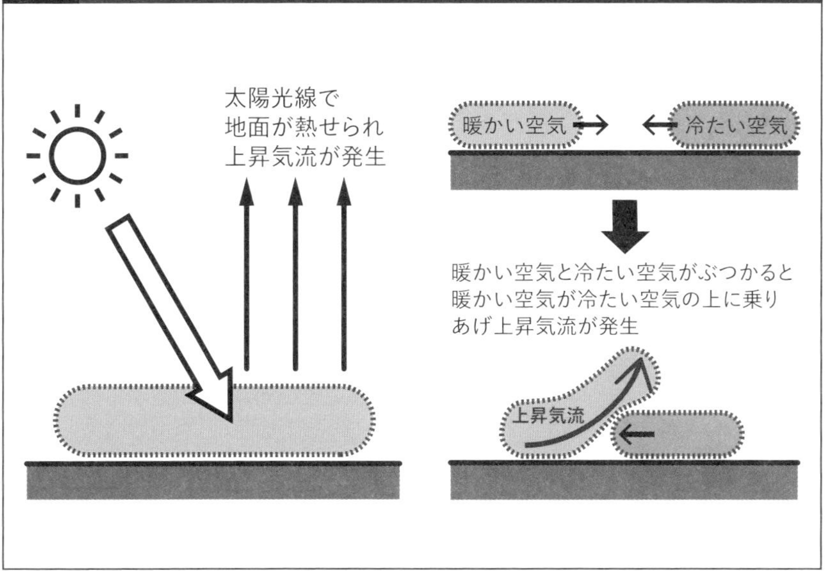
太陽光線で
地面が熱せられ
上昇気流が発生
暖かい空気
冷たい空気
暖かい空気と冷たい空気がぶつかると
暖かい空気が冷たい空気の上に乗り
あげ上昇気流が発生
上昇気流

上昇気流が発生する原因はいくつかありますが、１つは**地面が太陽光線によって加熱されるとき**です。加熱された地表の近くにある空気は膨張し、空気の密度が下がって軽くなります。そうすると、上昇気流が発生します。

上昇気流が起きる原因のもう１つは、**冷たい空気と暖かい空気がぶつかるとき**です。

冷たい空気が暖かい空気とぶつかると、「冷たい空気は密度が高く、体積あたりの重量は重い」「暖かい空気は密度が低く、体積あたりの重量は軽い」という性質の違いのため、**冷たい空気が暖かい空気の下にもぐりこみ、暖かい空気は押し上げられ、上昇気流が発生します**（ほかにも、山の斜面に風がぶつかり、風が山を上るときなどにも上昇気流が発生しますが、そのことについては後ほど説明します）。

「熱帯収束帯」と「亜熱帯高圧帯」

「緯度によって太陽光線の受け取り方が違うこと」と、「太陽光線で熱せられた部分は雨が降りやすいこと」「冷たい空気と暖かい空気がぶつかる部分で雨が降りやすいこと」を組み合わせることで、地球上に雨が多いゾーンと雨が少ないゾーンができることがわかります。

赤道付近の低緯度は太陽光線によってよく熱せられ、**地表面が暖まり、上昇気流が発生します。**加えて、よく熱せられた地面では地表の水も盛んに蒸発し、空気は多く水蒸気を含んでいます。水蒸気を多く含む空気が上昇するので、そこには雨が多く降ることになります。

こうした赤道付近の低気圧ゾーンを、「**熱帯収束帯**」または「**赤道低圧帯**」といいます（低気圧の地上部分では、風が低気圧に向かって吹き込むために「収束帯」というのです）。**雨の多い、赤道直下の熱帯雨林気候はこうしてできるのです。**

さて、その上昇した空気はどこにいくのでしょうか。

小学校の理科では水や空気の対流を学びます。上昇した空気は、温度を下げながら上空10～16キロのところまで到達します（さらにその上空は上にいくほど気温が上がり、対流が起こりにくい「成層圏」というゾーンになります)。この高度で空気は高緯度方向に移動しながらさらに温度が下がります。

やがて、緯度20〜30度付近になると下降気流に転じて地上に向かいます。**下降気流が発生しているので、緯度20〜30度は高気圧となり、雨が降りにくく乾燥します。**こうして緯度20〜30度には大規模な砂漠ができるのです。

このような、中緯度に見られる高気圧ゾーンを、「**亜熱帯高圧帯**」または「**中緯度高圧帯**」といいます。

高緯度近くの高圧帯・低圧帯

赤道付近を中心とした大きな対流について説明したので、次は極のほうに目を向けてみましょう。

極付近は非常に寒冷なので、上昇気流が発生しにくく、地表が冷やされて下降気流が発生し、高気圧になります。これを「**極高圧帯**」といいます。

「亜熱帯高圧帯」と「極高圧帯」に挟まれた地域はどうなるでしょうか。両方の高圧帯から吹いてくる風が、北緯50〜60度付近でぶつかることになります。極高圧帯から吹く風と亜熱帯高圧帯から吹く風には温度差があるので、両者がぶつかる地点には上昇気流が発生し、低気圧ができます。この、温度の異なる空気がぶつかる境界を「**寒帯前線**」といい、できた低気圧ゾーンを「**亜寒帯低圧帯**」といいます(実際には、偏西風の影響や陸地の分布の影響を受け、低気圧のできるゾーンにはかなり広い幅があります)。

まとめると、北極から南極まで、「極高圧帯」「亜寒帯低圧帯」「亜熱帯高圧帯」「熱帯収束帯」「亜熱帯高圧帯」「亜寒帯低圧帯」「極高圧帯」というように、地球には低気圧ゾーンと高気圧ゾーンが繰り返し現れ、**地球は雨が降りやすい地域と乾燥する地域で、「しましま」になっている、ということになるのです**(本書では、わかりやすくするために「雨ゾーン」「晴れゾーン」というように表現することがあります)。

図 3-5　収束帯（低圧帯）と高圧帯

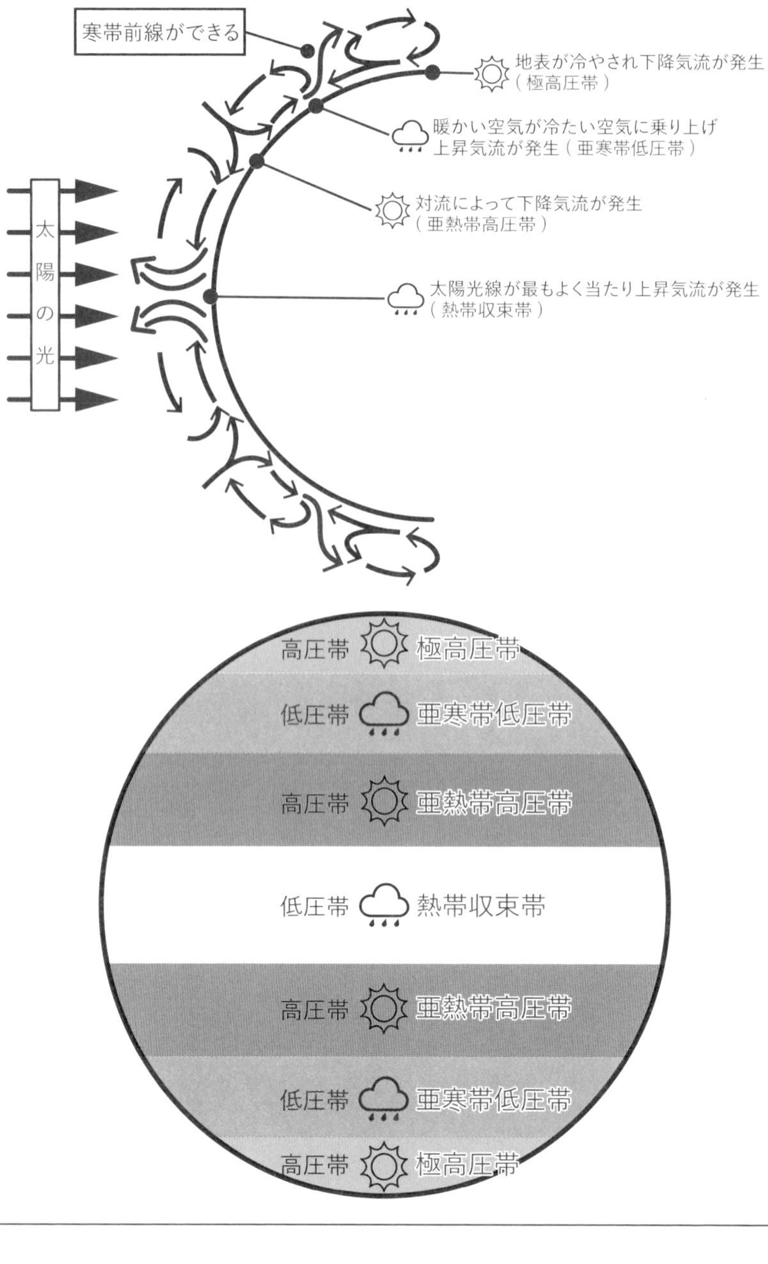

寒帯前線ができる
地表が冷やされ下降気流が発生
（極高圧帯）
暖かい空気が冷たい空気に乗り上げ
上昇気流が発生（亜寒帯低圧帯）
対流によって下降気流が発生
（亜熱帯高圧帯）
太陽光線が最もよく当たり上昇気流が発生
（熱帯収束帯）
太陽の光
高圧帯　極高圧帯
低圧帯　亜寒帯低圧帯
高圧帯　亜熱帯高圧帯
低圧帯　熱帯収束帯
高圧帯　亜熱帯高圧帯
低圧帯　亜寒帯低圧帯
高圧帯　極高圧帯

偏西風が西風になる理由

緯度がつくり出す北風と南風

緯度がもたらす気温、そして雨に続いて、風について考えてみましょう。

さきほどお話ししたように、地球上には交互に「高気圧ゾーン」と「低気圧ゾーン」が現れます。この圧力の差が地球上に風を生み出すことになるのです。つまり、圧力が高いところから低いところに物は動くことから、**地上の空気も高気圧側から低気圧側に移動します。この空気の移動が風というわけです。**高圧帯から低圧帯に吹く風を図にすると、下の図のように北風や南風が吹くことになると考えられます。

図 3-6 高圧帯から低圧帯に吹く風

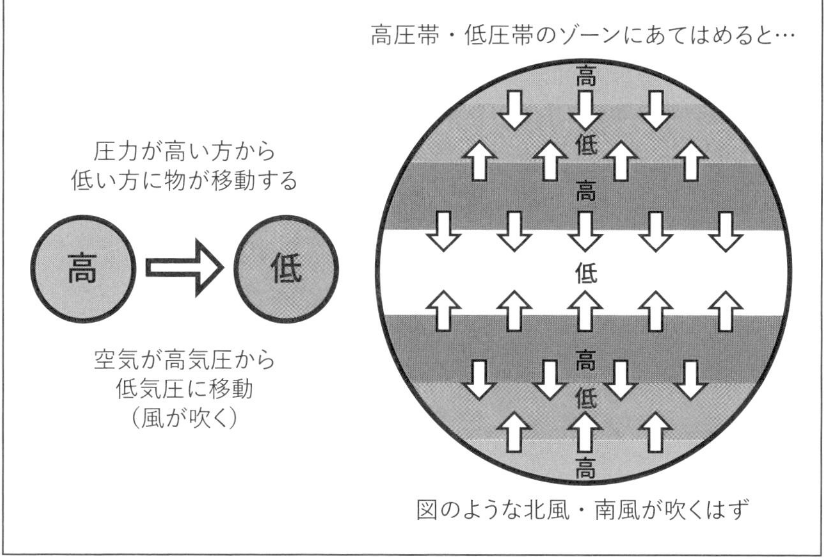
高圧帯・低圧帯のゾーンにあてはめると…
圧力が高い方から
低い方に物が移動する
高
低
空気が高気圧から
低気圧に移動
(風が吹く)
高
低
高
低
高
低
高
図のような北風・南風が吹くはず

回転体の上で物体が動くと「曲がる」

ところが、実際にはこの風は南北方向の風ではなく、地球の自転の影響を受けてカーブし、東西方向の風になるのです。この風をカーブさせる力を「コリオリの力」といいます。この力について考えてみましょう。

たとえば、回転する円盤の上で、物が運動する場合について、右図の［図①］のように、円盤上のＡ地点から、まっすぐに反対側のＢ地点に運動する物体を考えます。Ａ地点を出発した物体は、Ｂ地点に向かうのですが、円盤が回転しているので、実際に到着したときには［図②］のように、Ｂ’地点に到着するはずです（メリーゴーランドや、コーヒーカップなど、回転する物体の上に乗っていることを想像してみてください）。

これをＡ地点にいる人の目線で考えてみます。Ａにいる人から見ると、Ｂの方向に向かってまっすぐ移動したように思えた物体が、［図③］のように、当初の目的地であったＢ地点よりも、右寄りのＢ’の地点に到着したのです。Ａの人からすれば、**この物体が進行方向に対して右向きの力を受けたように見えます。**

この力は、［図④］のように、円盤上のどこの地点からも、同じように進行方向に対して右側に働くように見えます。これを「コリオリの力」、または「転向力」といいます。

これを、地球に当てはめてみると、［図⑤］のように見えるのです。北極方向から地球を見た場合を考えると、**北半球では、運動する物体はつねに進行方向に対して右向きの力を受けているように見えます**（逆に南半球は、進行方向に対して左向きの力となります）。

同じように、風も回転体の上の物体なので、北半球であれば進行方向に対して右向きの力を受けることになります。

そうすると、**高緯度側から低緯度側に吹く風は東寄りに（北半球では北風が北東風に）、低緯度側から高緯度側に吹く風は、西寄り（北半球では南風が南西風に）に曲がるように見えるのです。**

図 3-7　転向力（コリオリの力）

図①

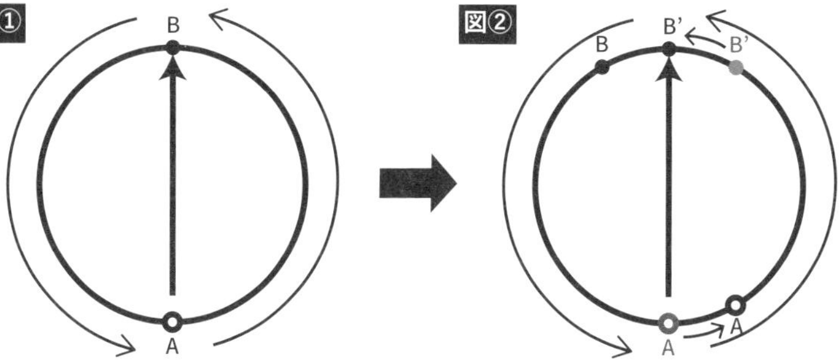

図②

反時計回りに回転する円盤上で A 地点を出発して B 地点に向かう物体を考える

A 地点にいる人は、B 地点に物体が到着すると思ったら、実際は B' 地点に到着してしまう

図③

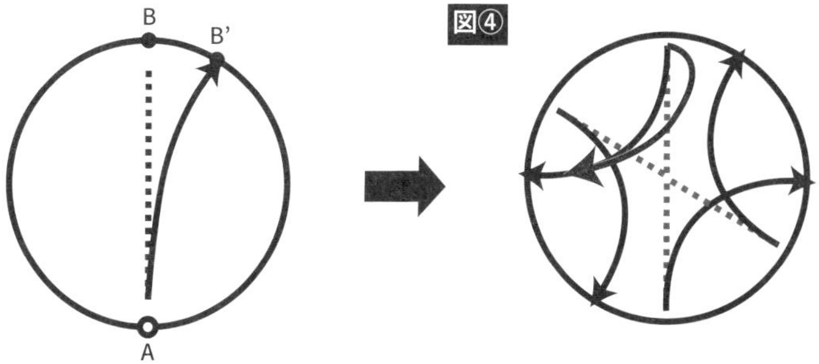

図④

A 目線で考えると、まっすぐ B に向かった物体が、右に寄った B' 地点に到着したように見える　→右向きの力を受けたように見える

円盤上どこの地点でも右向きの力を受ける（実際の出発点から見た軌道は色線のように見えますが、説明のために模式化しています）

図⑤

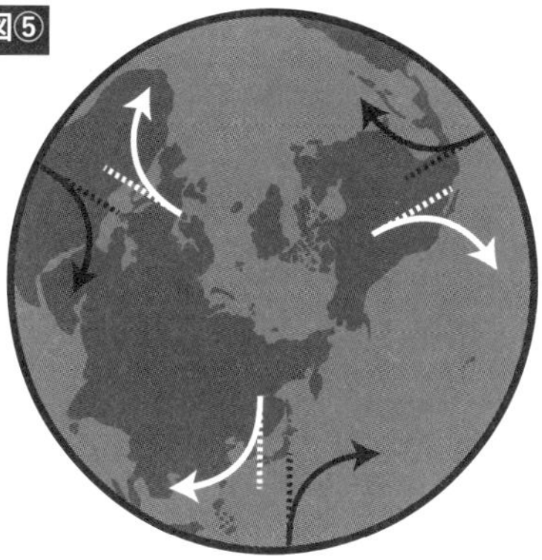

同様に、北極方面から地球を見た場合を考えると、北半球で運動する物体は常に右向きの力を受ける（南半球は左向き）

※ 実際はこれ以外の様々な力を受けるので、これよりは複雑ですが、力を受ける方向の説明として単純化しています

緯度によってつくられる気候の「基本形」

結果、亜熱帯高圧帯から熱帯収束帯に向かう風は、東から吹いてくる風（**貿易風**）になり、亜熱帯高圧帯から亜寒帯低圧帯に向かう風は、西から吹いてくる風（**偏西風**）になり、極高圧帯から亜寒帯低圧帯に向かう風は、東から吹いてくる風（**極偏東風**）になります。

古代の交易船や大航海時代の探検船などは、偏西風や貿易風を使ったりして、大きな海を東西に渡ったのです（たとえば、コロンブスはスペインから出港したら南下し、貿易風を使って新大陸に到達した後、北上して偏西風でヨーロッパに帰ってきました）。

緯度がつくる「高圧帯」と「低圧帯」（「晴れゾーン」と「雨ゾーン」）、そして貿易風、偏西風、極偏東風を組み合わせ、まとめると下のような図になります。**これが、緯度によってつくられる気候の「基本形」になります。**

図 3-8　貿易風と偏西風

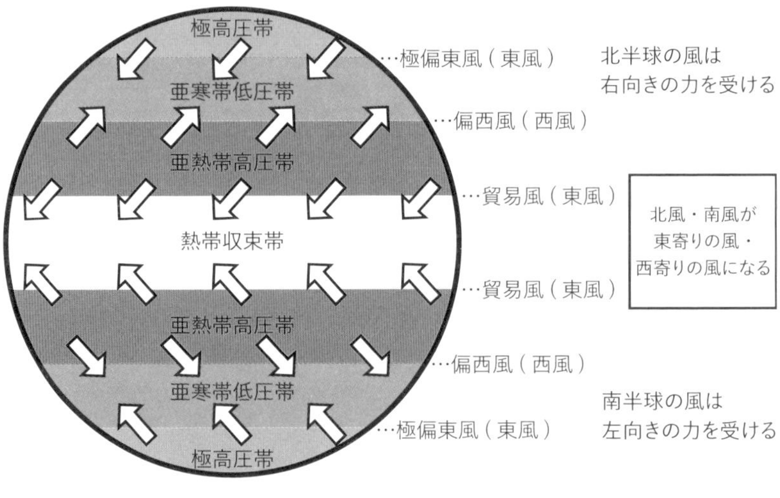

地軸の傾きがつくり出す季節の変化

太陽がよく当たる季節が「夏」

これまで、気温や降水量、風について見てきましたが、今度は「季節」について考えてみましょう。

文房具店や玩具店に行くと地球儀が売られていますが、その地球儀はいずれも、回転軸が垂直につけられているのではなく、傾いて取り付けられています。これは、**地球の自転の回転軸である地軸が、太陽の周りを回る公転面に対して、斜めに傾いていることを示しています。**23.4度という、地軸の傾きが、地球に季節の変化を与えているのです。

図 3-9 地軸の傾きと季節の変化

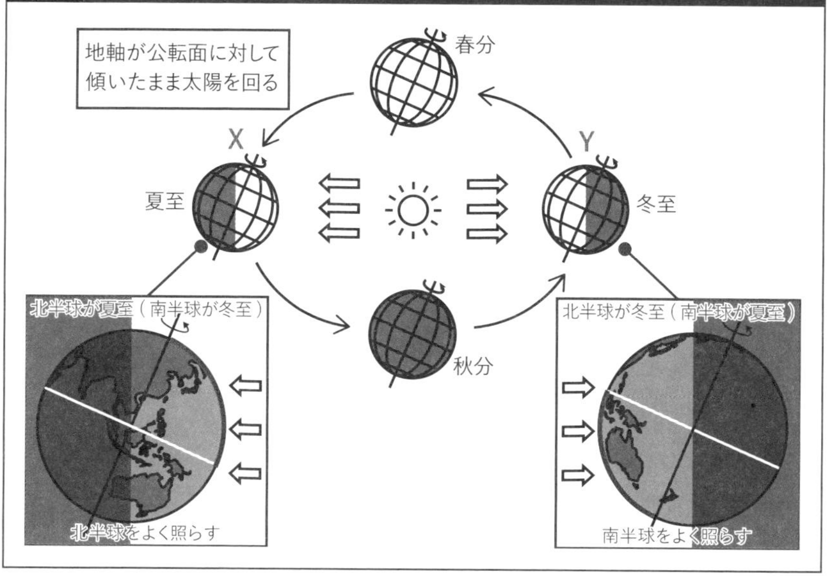

地軸が公転面に対して傾いたまま太陽を回る
春分
X
Y
夏至
冬至
秋分
北半球が夏至（南半球が冬至）
北半球をよく照らす
北半球が冬至（南半球が夏至）
南半球をよく照らす

前ページの図3-9を見てみると、**地軸が斜めに傾いたまま、地球は１年をかけて太陽の周りを回ります。**このことが地球に季節の変化をもたらすのですが、注意深く見ると、**図の左の「X」の位置に地球が来たとき、北半球に太陽エネルギーがよく当たり、図の右の「Y」の位置に来たとき、南半球に太陽エネルギーがよく当たっていることがわかります**（「X」の位置の状態が、北半球が夏、南半球が冬の状態になります）。

北半球が夏至のとき、正午に太陽の真下になるところが北緯23.4度の北回帰線、南半球が夏至のとき、正午に太陽の真下になるところが南緯23.4度の南回帰線です。北半球から見た場合、北回帰線は「夏至の赤道」、南回帰線は「冬至の赤道」というようなイメージができると思います。

高緯度ほど大きい昼夜の長さの「差」

地球は地軸を回転軸に１日１回転するため、世界の各地点は太陽に面しているほうの「日なた」のゾーンと、「日陰」のゾーンを通過することにな

図 3-10　白夜と極夜

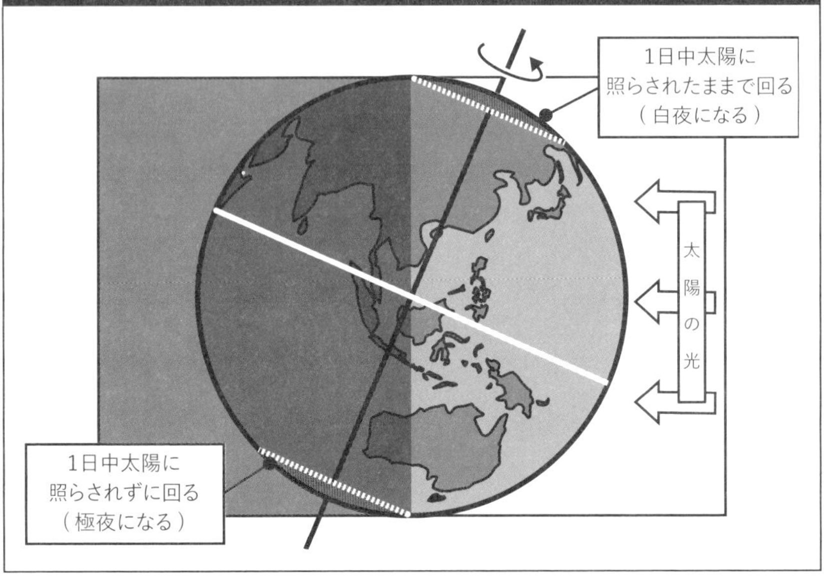

1日中太陽に
照らされたままで回る
（白夜になる）
太陽の光
1日中太陽に
照らされずに回る
（極夜になる）

り、昼と夜が訪れます。注目したいのは、**北緯66.6度と南緯66.6度よりも高緯度の地域です。この地域は、夏至に近い時期になると一日中太陽が沈まなかったり、冬至に近い時期になると１日中太陽が昇らなかったりする状況が発生します。**この、「１日中太陽が沈まない」こと（１日中昼間であること）を「**白夜**」、「１日中太陽が昇らない」こと（１日中夜であること）を「**極夜**」といいます。

さらに、夏や冬の、高緯度と低緯度の昼夜の長さの違いを考えてみましょう。**高緯度と低緯度を比較すると、高緯度のほうが低緯度よりも昼の長さと夜の長さの差が大きくなります。**そのため、冬はより寒冷となり、夏はより気温が上昇するため、高緯度地域は、１年における気温の差（**年較差**）が大きくなります。低緯度では、夏であっても冬であっても、昼と夜の長さはそう変わりません。したがって、年間の気温の変化はそれほど大きくありません。

このことは、低緯度に比べて、**中緯度や高緯度では季節の変化がはっき**

図 3-11　昼夜の長さの差

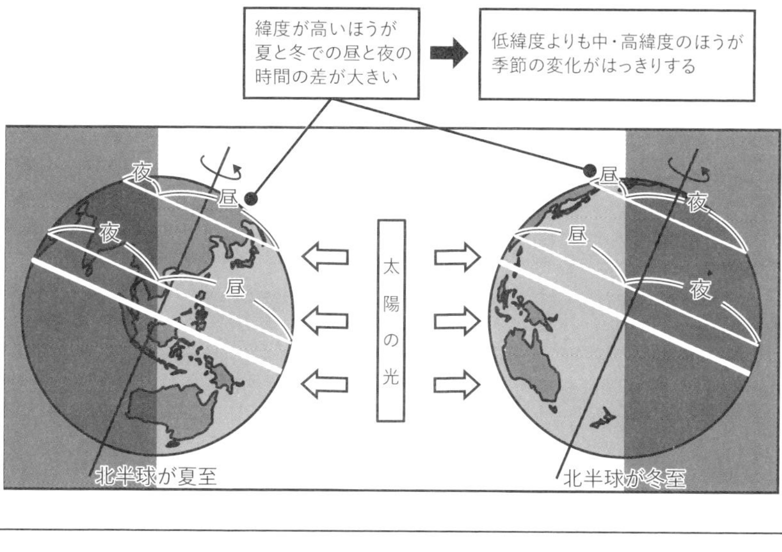

緯度が高いほうが
夏と冬での昼と夜の
時間の差が大きい
低緯度よりも中・高緯度のほうが
季節の変化がはっきりする
夜
昼
夜
昼
太陽の光
昼
夜
昼
夜
北半球が夏至
北半球が冬至

り現れることを意味しています。

地軸の傾きがつくるゾーンの「ずれ」

地軸が傾いていることによって季節が変化することは理解できたと思いますが、それに伴って、さきほど説明した「晴れゾーン」と「雨ゾーン」、つまり高圧帯と低圧帯も移動します。この、**ゾーンのずれが地球に様々な気候をつくり出すのです。**

北回帰線が夏至に太陽の真下になる「夏至の赤道」とみなせるならば、「熱帯収束帯」もそこに移動するとみなせます。逆に、「冬至の赤道」である南回帰線を太陽が照らすときには、熱帯収束帯がそちらに移動します。

熱帯収束帯が移動することに伴い、亜熱帯高圧帯、亜寒帯低圧帯もそれぞれ北側、南側に移動するので、**地球上の地点によっては、「夏は雨ゾーンだが、冬は晴れゾーン」という地点や、「夏は晴れゾーンだが冬は雨ゾーン」という地点が発生します**（夏と冬で、湿潤と乾燥が入れ替わる地点が存在するということです）。

赤道直下の付近は**1年中湿潤な「雨ゾーン」**なので、**熱帯雨林気候**になります。そして、その高緯度側には**夏は「雨ゾーン」冬は「晴れゾーン」**の部分ができます。これが、熱帯かつ、雨季と乾季がはっきり現れる「**サバナ気候**」です。続いて、さらに高緯度には**夏も冬も「晴れゾーン」**となる**砂漠気候**が現れます。

さらにその高緯度側には、**夏に「晴れゾーン」、冬に「雨ゾーン」**となる**地中海性気候**が出現します。その高緯度側は**夏も冬も「雨ゾーン」**となるので、**温暖湿潤気候**や**西岸海洋性気候**、**冷帯湿潤気候**など、湿潤な気候が登場します。さらに高緯度側には**夏に「雨ゾーン」、冬に「晴れゾーン」**となる**冷帯冬季少雨気候**、そして、極付近になると極高圧帯の影響が強く、非常に寒冷な**ツンドラ気候**や**氷雪気候**などの寒帯気候が現れます。このように、**地軸の傾きがつくるゾーンの「ずれ」が様々な気候をつくりだしている**のです。

図 3-12 ゾーンのずれがつくる気候

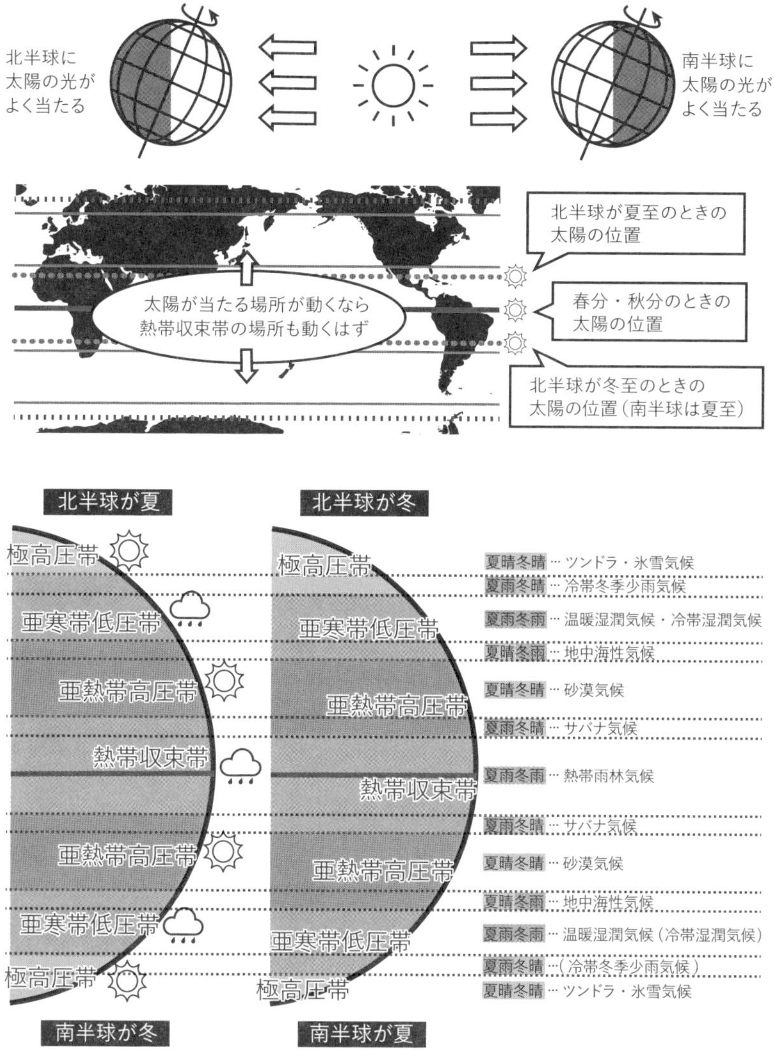

夏と冬で「晴れゾーン」「雨ゾーン」がずれる
→「1年中雨が降りやすい」ゾーンや
「夏は雨が降りやすいが、冬は乾燥する」ゾーンなどができる
※南半球には冷帯が存在しません

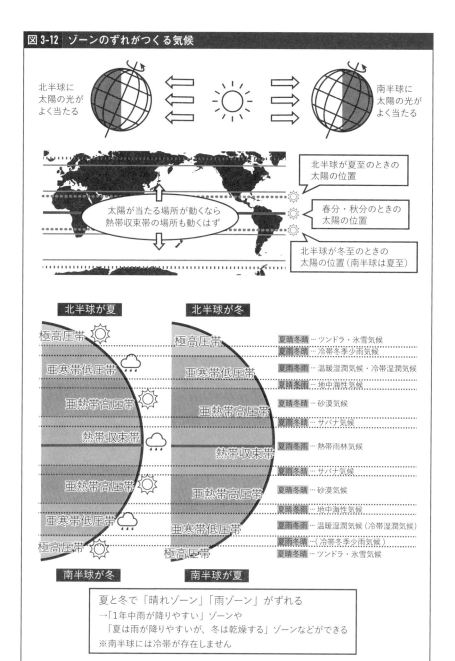

山の天気が変わりやすい理由

標高がもたらす気温と降水量

緯度がもたらす気候の変化に続き、標高の影響を考えてみましょう。高い山の上に登ると、標高が100メートル高くなるごとに平均約0.65度気温が下がります（これを気温の「逓減率（ていげんりつ）」といいます）。そのため、山を登ると山頂では風がひんやりと感じるのです。

その結果、標高が高い高原などでは、ふもとの気候の特徴は残しながらも気温が低くなるという状況が起こります（ふもとがサバナ気候の場合、夏に雨が多く冬に雨が降らないという特徴を残しつつ気温が下がり、熱帯から温帯にかわって「温暖冬季少雨気候」になる場合などがあります）。

また、風が山にぶつかると、山の斜面を風が駆け上がります。その場合は、**斜面を上る風は必ず上昇気流になるため、雲がつくられ、雨が降りやすくなります**（山頂付近では、四方八方どこから風が吹いても上昇気流が発生するため、「山の天気は変わりやすい」といわれるのです）。逆に、風下側では、雨が降った後の空気が駆け降りることになるため、乾燥します。

図 3-13　山と天気

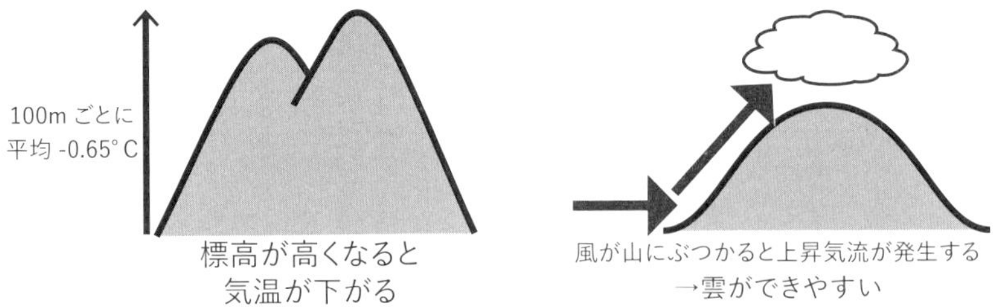
100m ごとに
平均 -0.65° C
標高が高くなると
気温が下がる
風が山にぶつかると上昇気流が発生する
→雲ができやすい

季節風を生み出す大陸と海洋の気温差

「熱しにくく冷めにくい」海の影響

標高に続き、気候に大きな影響を与えるのが大陸と海洋の配置です。水は様々な物質の中でも、かなり「熱しにくく冷めにくい」物質です。

そのため、陸と海を比較すると、陸は熱しやすく冷めやすい、海は熱しにくく冷めにくいという特徴があります（夏の砂浜は裸足で歩けないほど熱いのに、海に入ると水が冷たく感じることからも実感できると思います）。

季節風が発生する理由

地球規模に視野を広げて、大陸と海洋について考えてみましょう。夏場は大陸のほうが海洋よりも暖まりやすいため、上昇気流が発生しやすくなります。上昇気流が発生する、ということは低気圧が発生しているわけなので、**夏場は周囲の海洋から大陸に向かって風が吹き込みます。**

逆に、冬場は大陸のほうが寒冷になるので、下降気流が発生しやすくなり、高気圧になります。したがって、**冬は大陸から海洋に向かって風が吹くことになります。**

こうした季節によって大きく風向きが変化する風を**季節風**（モンスーン）といいます。モンスーンがはっきり現れるのが、東アジアや東南アジア、南アジアなどの地域です。

特に、夏のモンスーンは、インド洋や太平洋、南シナ海や東シナ海の上空で水蒸気をたっぷりと含んだ風になります。これが、大陸に上陸して雨を降らせるため、これらの地域の夏の降水量は非常に多くなります。

図 3-14　季節風（モンスーン）

大陸…熱しやすく冷めやすい
海洋…熱しにくく冷めにくい

＋

暖められた地表では
上昇気流が発生し低気圧となる

→夏は大陸が暖められ、低気圧になる
⇒夏は海洋から大陸に湿った風が吹く（夏のモンスーン）
→大陸や山脈にぶつかり大量の雨を降らせる

→冬は大陸が寒冷になり、高気圧になる
⇒冬は大陸から海洋に乾いた冷たい風が吹く（冬のモンスーン）

夏のモンスーン

暖められた大陸に上昇気流が発生
→低気圧となり海から風が吹き込む

冬のモンスーン

冷やされた大陸に下降気流が発生
→高気圧となり海へと風が吹き出す

海洋性気候と大陸性気候

大陸は「温まりやすく、冷めやすい」、海洋は「温まりにくく、冷めにくい」ので、当然、海に近い沿岸部は海洋の影響を受け、温まりにくく冷めにくいですし、海から遠く離れた大陸のど真ん中は温まりやすく冷めやすいです。また、海は大気に水蒸気を供給するので、海に近いほうが年間を通して降水量は多くなり、大陸の真ん中は総じて水蒸気の供給が乏しく、乾燥します。

したがって、**沿岸部では1年を通した気温の較差は小さく、湿潤であるという特徴があります。**これを「海洋性気候」といいます。

逆に、**大陸の内陸部では1年を通した気温の較差が大きく、乾燥します。**これを「大陸性気候」といいます。

西岸性気候と東岸性気候

今度は、風のはたらきと、大陸と海洋の配置を組み合わせてみましょう。偏西風が吹く中緯度のことを考えてみます。

偏西風は西から東へと吹くので、**大陸の西海岸では、海を渡ってくる風が大陸に上陸します。そのため、大陸の西海岸は海洋性気候の影響が強くなります。**大陸の西海岸では気温の年較差が小さく、1年中程よく湿潤です。これを「西岸気候」といいます。

逆に、**大陸の東海岸では、陸を吹き渡った風が海へと下りていきます。**大陸の東海岸では、大陸性の影響が強く、気温の年較差は比較的大きめになります。加えて、陸を吹き渡っていく間に偏西風の影響が弱まるため、モンスーンの影響がかなり強くはたらくようになります。気温の年較差が比較的大きいうえに、モンスーンの影響から夏は雨が多く、冬は大陸からの乾燥した風が吹くという、「夏は高温多湿、冬は乾燥寒冷」という、**夏と冬ではかなり極端な差が現れる気候になります。**これを「東岸気候」といいます。

図 3-15　大陸・海洋と気候

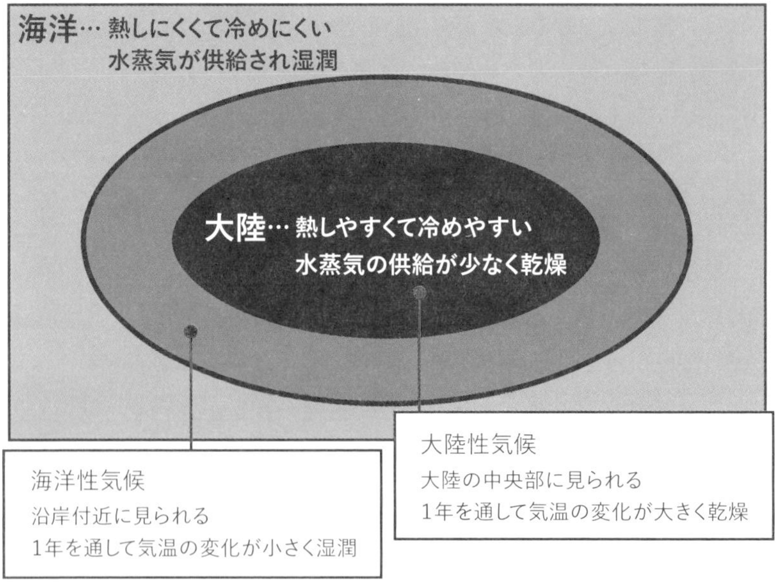

海洋… 熱しにくくて冷めにくい
水蒸気が供給され湿潤
大陸… 熱しやすくて冷めやすい
水蒸気の供給が少なく乾燥
海洋性気候
沿岸付近に見られる
1年を通して気温の変化が小さく湿潤
大陸性気候
大陸の中央部に見られる
1年を通して気温の変化が大きく乾燥

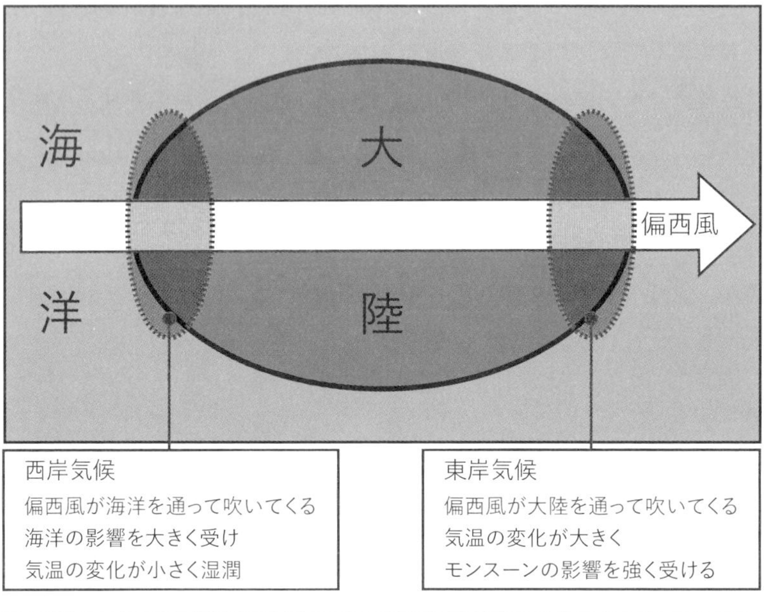

海
洋
大
陸
偏西風
西岸気候
偏西風が海洋を通って吹いてくる
海洋の影響を大きく受け
気温の変化が小さく湿潤
東岸気候
偏西風が大陸を通って吹いてくる
気温の変化が大きく
モンスーンの影響を強く受ける

地球を大規模に循環する海流のはたらき

風がつくる海流の循環

緯度がつくる偏西風や貿易風のお話はすでにしましたが、風と同じように海流も地球上を大規模に循環しています。海流は海面を吹く風に大きく影響を受けますので、**低緯度では貿易風に吹き流されて東から西へ、中緯度では偏西風に吹き流されて西から東へと流れます**（場所によってはモンスーンの影響を受けるなど、実際の動きは複雑です）。

寒流がつくる「海岸砂漠」

赤道付近の海流は太陽のエネルギーを受けて暖められ、大陸の東岸に沿って北に向かい、中緯度で西から東へと流れます。暖められた海水の流れですので、これを**暖流**といいます。中緯度で次第に温度を下げながら東に流れた海流は、今度は別の大陸の西岸にぶつかり、低緯度方向へ流れます。高緯度から低緯度へ流れる海流なので、今度は冷やされた海流となり、これを**寒流**といいます。

暖流が流れるところでは、上昇気流と水蒸気が発生しやすくなるため、その沿岸では雲が発生して雨が降ります。逆に、**寒流が流れるところでは上昇気流が起こりにくく、水蒸気が発生しにくいので、その沿岸は雨が降りにくく乾燥します。**そのため、寒流が流れる沿岸では砂漠がつくられることがあります。これを**海岸砂漠**といい、ベンゲラ海流に沿ったアフリカ大陸の**ナミブ砂漠**や、ペルー海流に沿った南アメリカ大陸の**アタカマ砂漠**などの例があります。これらの砂漠はもとから乾燥ゾーンの亜熱帯高圧帯にある上に、水蒸気の供給も乏しいので、きわめて乾燥します。

図 3-16　暖流と寒流

海流の模式図

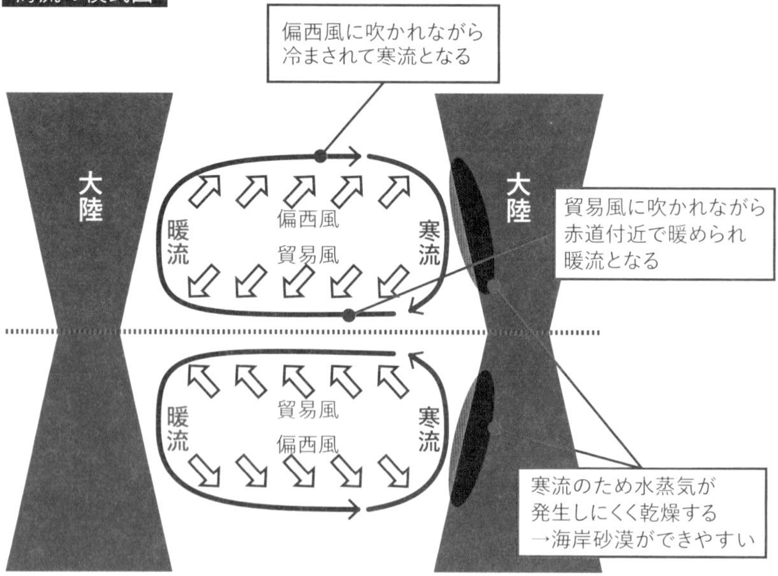

偏西風に吹かれながら
冷まされて寒流となる
大陸
大陸
暖流
流
偏西風
貿易風
寒流
貿易風に吹かれながら
赤道付近で暖められ
暖流となる
暖流
貿易風
偏西風
寒流
寒流のため水蒸気が
発生しにくく乾燥する
→海岸砂漠ができやすい

世界の海流

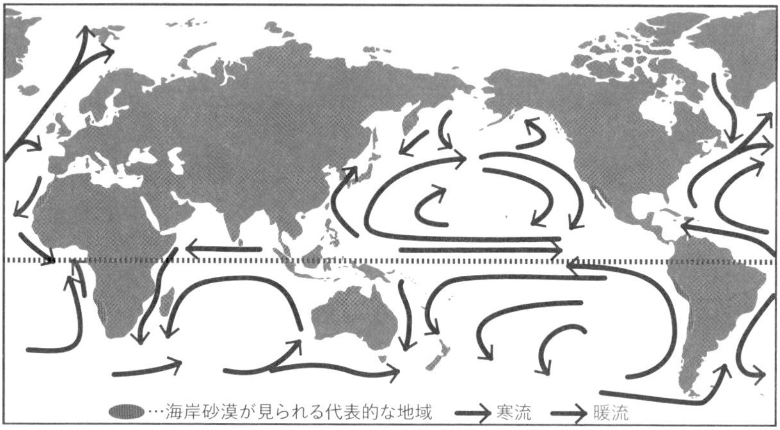

…海岸砂漠が見られる代表的な地域
寒流
暖流

世界の気候を分類したケッペンによる気候区分

ケッペンが考えた気候区分

ここからは「気候区分」の話になります。「気候」といえば、中学校で学習する「温暖湿潤気候」や「西岸海洋性気候」、「ツンドラ気候」などの言葉が思い浮かぶ人も多いかもしれません。

これらの区分は、ドイツの気候学者の**ケッペン**が考案した、いわゆる「**ケッペンの気候区分**」と呼ばれます。ケッペン以外にも、多くの気候の分け方を考案した人たちがいるのですが、最も一般的に使われているのが、このケッペンの気候区分です。

ケッペンは、気候を分類するのに、そこにある植物の状況（植生）について注目しました。ロシアに居住していたケッペンは、大学と実家がある北緯約45度のクリミア半島と北緯約60度のサンクトペテルブルクを往復するときに、生育する植物が次第に変化することに気づき、気候と植生に興味を抱いたといいます。そこで、**植生に大きな影響を与えている気温と降水量の２つの要素に着目し、気候の区分を考えたのです。**

ケッペンの気候区分は気温と降水量という２つの気候要素だけで比較的手軽に気候が分けられることと、植物の状況の違いによる分類のため、農産物の分布や食生活の違いなど、植物に関連した様々なことに結びつくという利点があるので、広く利用されるようになりました。

気候帯の大きな分類

ケッペンは、まず地球上の気候を大きく２つに分類しました。それが、「**無樹林気候**」と「**樹林気候**」です。

「無樹林気候」はその名の通り、樹木が育たない気候です。**樹木が育たない原因には「乾燥によって樹木が育たない」ことと「寒冷によって樹木が育たない」ことの２種類があります。**

乾燥によって樹木が育たない気候を**乾燥帯気候**（樹林気候と無樹林気候の境界となる降水量を「**乾燥限界**」と呼んでいます）、寒冷によって樹木が育たない気候を**寒帯気候**といいます。

気温による樹林気候の分類

「樹林気候」は、樹木が育つ気候です。この樹林気候は気温によって大きく３つに分類され、暖かい方から**熱帯気候**、**温帯気候**、**冷帯気候**といいます。おおむね、熱帯はヤシが生育できる気候、冷帯はエゾマツやトドマツ、カラマツなどの亜寒帯林が形成される気候、温帯はその間の気候ということになります。結果、**地球上には大きく５つの気候帯が存在することになります。**

図 3-17　5 つの気候帯

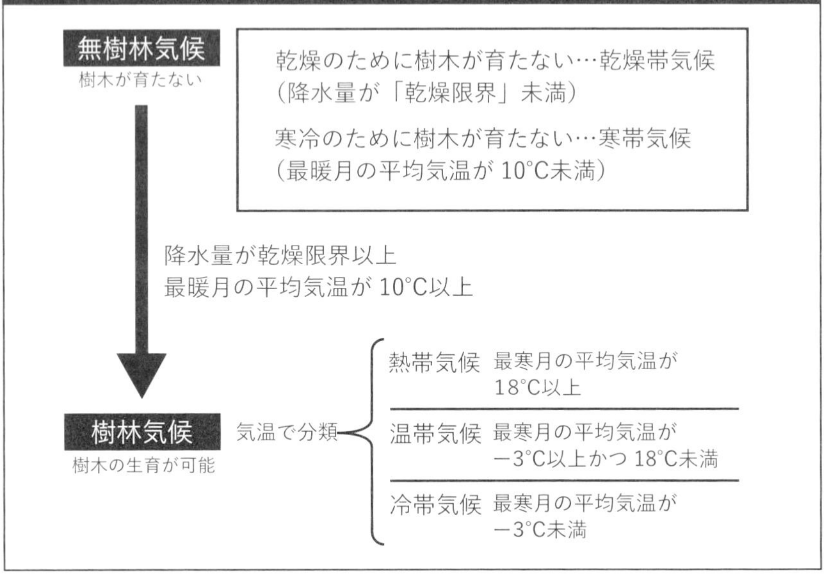

無樹林気候
樹木が育たない
乾燥のために樹木が育たない…乾燥帯気候
（降水量が「乾燥限界」未満）
寒冷のために樹木が育たない…寒帯気候
（最暖月の平均気温が 10°C未満）
降水量が乾燥限界以上
最暖月の平均気温が 10°C以上
樹林気候
樹木の生育が可能
気温で分類
熱帯気候　最寒月の平均気温が 18°C以上
温帯気候　最寒月の平均気温が −3°C以上かつ 18°C未満
冷帯気候　最寒月の平均気温が −3°C未満

地球上での5つの気候の順番

「乾燥帯・寒帯・熱帯・温帯・冷帯」の５つの気候帯を、低緯度から並べると、赤道から「熱帯・乾燥帯・温帯・冷帯・寒帯」の順に出現します。**これらの気候帯は「熱帯＝A、乾燥帯＝B、温帯＝C、冷帯＝D、寒帯＝E」というアルファベットが振られ、区別されています。**

ただ、南半球には冷帯にあたる地域に大陸がなく、海洋が広がっています。陸地があっても小さな島であり、海水が周りを取り囲んでいます。海水の最低気温はマイナス２度ほどなので、島はそれよりも低い気温にはなりません。したがって、**南半球には冷帯が存在しないことになります。**

このような、ケッペンの気候の区分に加えて、のちに標高の高い山の気候として、**高山気候**（H）が追加されました。高山気候は、気温だけ見ると寒帯や冷帯ですが、ふもとの気候の特徴も持っているため、冷帯や寒帯と区別する必要があるとして設定された気候です。

図 3-18　地球上に現れる気候帯

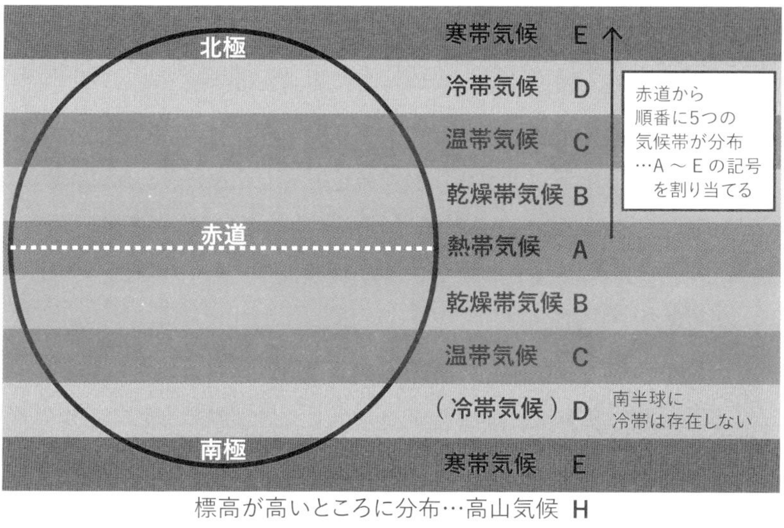

降水量や気温の傾向でさらに気候を分類

個性的な14の気候区分

ここでは、気候の大きな５つの分類法の下の、さらに細かい分類についてお話しします。

まず、**樹林気候の熱帯・温帯・冷帯は、夏に雨が多いのか、冬に雨が多いのか、それとも１年を通して降雨量にそれほど差はないのか、で分類します。**特に、熱帯については、雨季と乾季がはっきりと現れる場合と、乾季があっても弱い乾季の場合があるので、それも区別します。

アルファベットで表記する場合、冬に乾燥する場合は「w」、夏に乾燥する場合は「s」、１年を通して降水量に差がない場合は「f」の字をあてます。熱帯には、強い乾季がある場合は「w」の字をあて、弱い乾季がある場合は「m」の字をあてます。温帯の湿潤気候については、さらに細かい分類があります。その点については改めてお話しします。

続いて、**乾燥帯は、樹木が育つかどうかの限界である「乾燥限界」の、さらに半分未満しか雨が降らない、極端に乾燥した気候を「砂漠気候」として「W」の字を、降水量が乾燥限界の半分以上、乾燥限界未満の気候（樹木は育たないが、草は生える程度の雨が降る）を「ステップ気候」として「S」の字をあてます。**

寒帯については、**最暖月の平均気温が０度未満になる、極端に寒冷な地域を「氷雪気候」として「F」の字を、そして最暖月の平均気温が０度以上10度未満になる地域を「ツンドラ気候」として「T」の字をあてます。**

こうしてできた様々な気候が、次ページの図です。現在、これらの14の気候が一般的な気候区分として広く使用されています。

図 3-19　14の気候区分と代表的な植生

気候帯		気候区分		植生
熱帯気候	A	Af 熱帯雨林気候	熱帯（A）で、1年中湿潤である（f）	熱帯雨林 常緑広葉樹
		Am 熱帯モンスーン気候	熱帯（A）で、弱い乾季がある（m）	落葉広葉樹
		Aw サバナ気候	熱帯（A）で、冬季に乾燥する（w）	サバナ 草原にまばらな樹木
乾燥帯気候	B	BW 砂漠気候	乾燥帯（B）で、降水量が乾燥限界の半分未満	植生はほとんどない
		BS ステップ気候	乾燥帯（B）で、降水量が乾燥限界の半分以上	ステップ 丈の短い草原
温帯気候	C	Cs 地中海性気候	温帯（C）で、夏に乾燥する（s）	硬葉樹林 オリーブなど
		Cw 温暖冬季少雨気候	温帯（C）で、冬季に乾燥する（w）	照葉樹林 シイ・カシなど
		Cfa 温暖湿潤気候	温帯（C）で、1年中湿潤である（f）	混合林 多様な樹木
		Cfb 西岸海洋性気候	温帯（C）で、1年中湿潤である（f）	落葉広葉樹 ブナ・オークなど
冷帯気候	D	Df 冷帯湿潤気候	冷帯（D）で、1年中湿潤である（f）	常緑針葉樹 エゾマツなど
		Dw 冷帯冬季少雨気候	冷帯（D）で、冬季に乾燥する（w）	落葉針葉樹 カラマツなど
寒帯気候	E	ET ツンドラ気候	寒帯（E）で、最暖月平均気温が 0℃以上	ツンドラ コケ類など
		EF 氷雪気候	寒帯（E）で、最暖月平均気温が 0℃未満	植生はほとんどない
高山気候	H			

気候区分の根拠となった植生の違い

大まかな樹木の分類

ケッペンが気候を分類しようと思ったきっかけは、生育する植物の状況（植生）の違いに気づいたことでした。そのため、気候と植生は密接に関連しています。樹林気候における樹木には、大きく分けて**広葉樹**と**針葉樹**、そして、それぞれに落葉しないもの（常緑）と、落葉するものがあり、**常緑広葉樹**、**落葉広葉樹**、**常緑針葉樹**、**落葉針葉樹**の４種類に分かれます。

熱帯の植生

植物にとっての葉は、光合成を行って養分をつくり出す、企業に儲けをもたらす会社員のような存在です。

広葉樹における葉は、どんどん光合成をして養分をつくり出すエリート会社員のような存在です。

特に、熱帯雨林気候においては、１年中、豊富な降水量と強い日差しがあるために、葉は１年を通してバリバリ働くことができます。そのため、**熱帯雨林気候では常緑広葉樹が中心になります。**

しかし、熱帯モンスーン気候やサバナ気候には乾季があります。乾季は降水量が少ないため、十分に光合成ができません。企業に例えると、「閑散期」のようなもので、こういうときにエリート会社員に高額な給料を払い続けても、会社は損になるばかりです。

こういうときに、木々は葉をいったんクビにして、繁忙期に合わせて再雇用しようと考えるのです。つまり、**乾季にいったん葉を落とし、雨季に合わせて再び葉をつける、落葉広葉樹になるということです。**

温帯の植生

同じように、温帯も降水量と日差しが年間を通して十分にあれば、常緑広葉樹になります。しかし、熱帯に比べると、温帯は降水量や太陽エネルギーの量がやや少なめになります。企業に例えると「儲かってはいるけど、左うちわではない」という状況で、その中で儲けを出すために、企業は保険に入ったり、コストをおさえたりと、それなりの工夫をします。**温帯の常緑広葉樹は、照葉樹(しょうようじゅ)のように葉の表面を保護層で覆ったり、硬葉樹(こうようじゅ)のように葉を小型化して水分の蒸散をおさえたりするなどの工夫をするのです。**

さらに緯度が高くなると、冬場の太陽エネルギーが少なくなるので、**葉をいったん「クビ」にして閑散期のコストをおさえようとする落葉広葉樹が見られます。**落葉広葉樹は温暖湿潤気候に見られる混合林や、西岸海洋性気候に見られる落葉広葉樹林などに多く分布しています。

冷帯や無樹林気候の植生

さらに緯度が高くなると、寒冷、乾燥という植物にとっては過酷な気候となる冷帯になります。こうした悪条件下では、大企業のような、広葉樹のありかたではやっていけないので、**企業（樹木）の構造そのものを抜本的に見直さなければなりません。冷帯においては、葉の表面積を小さくして針状とし、内部構造なども広葉樹とは違う、針葉樹の林が広がります**（実際には、針葉樹のほうが先に地球上に存在し、広葉樹のほうが後から登場したとされます）。

この、針葉樹林も常緑のものと落葉するものに分かれます。**落葉針葉樹は冷帯の中でも、より寒冷、乾燥になるシーズンがあり、いったん葉を「クビ」にしてコストカットせざるを得ない時期があるということです。**

また、無樹林気候では、もとから樹木がなく、ステップ気候に分布する丈の短い草（ステップ）や、ツンドラ気候に分布するコケ類などの植物が生育します。砂漠気候や氷雪気候にはほとんど植生が見られません。

冬に寒くならないことが熱帯の基準

ヤシが生育できることが熱帯の条件

ここからは、低緯度側から高緯度に向かって、個性豊かな14の気候のプロフィールを紹介したいと思います。

まず、低緯度側に現れる気候が熱帯気候です。熱帯かどうかを判断する基準は、**最も寒い月の平均気温が、18度を下回らないということです。**これは、ヤシの生育条件と一致します。**ここで注目したいのは、熱帯の基準となるのが、「最も寒い月の平均」ということで、「最も暖かい月の平均」ではないことです。**たとえば、「1年中ずっと20度」の地域と、「冬季の平均気温は10度だが、夏は平均40度近くまで気温が上がる」という地域を比較すると、前者のほうが「涼しく」、後者のほうが「暑い」という印象を持つでしょうが、前者が熱帯で、後者は温帯に属することになります。あくまで、判断の基準は「夏が暑い」というわけではなく、「冬に寒くならない」ということです（とはいえ、赤道に近いので、熱帯の平均気温はおおむね高めになります）。

農業に向かない熱帯の赤い土「ラトソル」

熱帯には、特有の赤っぽい土が分布しています。これを**ラトソル**といいます（「オキシソル」といわれることもあります）。

熱帯には太陽光線が強く注ぎ、雨が多いことから植物がよく育ちます。植物が枯れたり、木が倒れたりするとそれを微生物が分解し、窒素やカリウム、マグネシウムなどの養分になるわけですが、熱帯では活発に微生物がはたらき、すぐに分解されて「栄養化」されます。

図 3-20　熱帯の分布と熱帯の分類

熱帯の分布

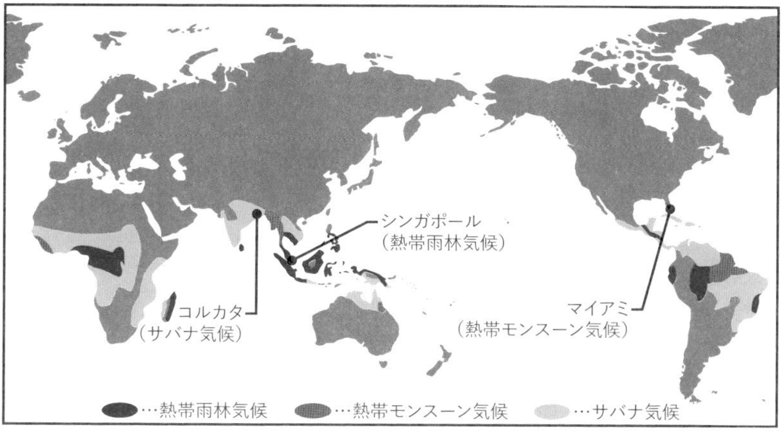

熱帯の分類

最寒月平均気温が 18°C以上

さらに
降水量で分類

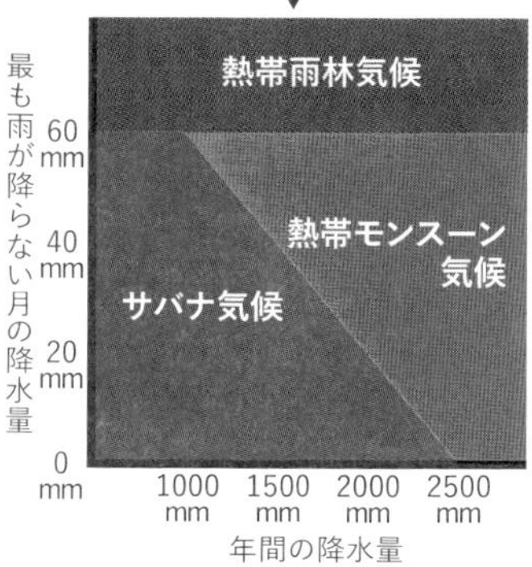

熱帯の特徴

ラトソルが分布
酸性でやせた赤土

海岸にマングローブが分布
根元が海水につかる植物

さらに雨が多いため、これらの養分は水に溶け込み、熱帯の植物がすぐに吸収しやすい状態になっています。熱帯の植物は盛んにこの養分を吸収し、成長のために使います。さらに、雨が多いことは、それらの養分を水に溶かし、川や海に流出しやすい状況もつくっています。**結果、「微生物がつくった養分はすぐに周りの植物に使われてしまい、加えて雨で養分が流出して土の中に養分が残りにくい」という状況が生まれます。**

代わりに、土の中には鉄やアルミニウムが残され、それが錆びて酸化鉄や酸化アルミニウムなどの酸化物や水酸化物ができます。酸化鉄のうち、いわゆる「赤さび」は古代から絵の具に使われるほどなので、**酸化鉄をよく含んだ土は赤みが強くなります。**熱帯のラトソルの赤みは、鉄さびの色ということなのです。

また、熱帯は雨が多く、土にしみこんだ酸性の雨水（雨には二酸化炭素がとけこみ、もともと酸性を示す「薄い炭酸水」として地表に降ってきます）や植物の根のはたらきによって、土が酸性になります。強い酸性の土壌は一般的には農業に適さないため、熱帯のラトソルは「農業には向かない、やせた赤っぽい酸性の土壌」ということになります。

熱帯は、傍から見ると太陽光線と水が豊富で、ジャングルなどの豊かな自然があるように思えますが、いざ農地にしようとすると、土に残された養分が乏しいためにうまくいかないのです。

海岸付近のマングローブの林

熱帯の地域の、海岸沿いには「**マングローブ**」と呼ばれる常緑樹の森林があります。「マングローブ」という植物があるのではなく、熱帯の淡水と海水が混じり合う海岸近くに生える、潮の満ち引きによって植物の根元が海水につかる植物をまとめてマングローブといいます。世界の熱帯の海岸線の約４分の１がマングローブ林といわれています。

マングローブの周囲には豊かな生態系があります。葉の周りの地面には落ちた葉を分解するプランクトンや微生物が存在し、水に浸かった根は小魚の隠れ場所になり、実は虫や鳥のエサになったり、サルや鹿、ヤギなどのエサになったりします。マングローブの林は「生命のゆりかご」ともいわれます。

マングローブは盛んに光合成をするので、二酸化炭素を吸収する力が大きく、枝が折れたり葉が落ちたりした場合、枝や葉の中の炭素が泥の中に取り込まれて土壌の中にそのまま蓄積されます。マングローブを含む環境は炭素が多く蓄積されるため、地球温暖化の抑制に大きな役割を果たしているとされます。また、マングローブは高潮や強風、津波などの被害を軽減するともいわれます。しかし近年、エビの養殖池（日本も多く輸入している「バナメイエビ」が代表的です）をつくるために大量に伐採され、環境破壊問題の１つになっています。

熱帯の3つの気候の分け方

熱帯は、降水量によって**熱帯雨林気候**、**熱帯モンスーン気候**、**サバナ気候**に分けられます。熱帯雨林気候は乾季がないことが特徴です。熱帯雨林気候の条件は、**年間の最少降雨の月の平均降水量が60ミリ以上**です。東京の１月の平均降水量がおおむね60ミリなので、それ以上は年中降っていることになります。

熱帯モンスーン気候とサバナ気候は、「雨季と乾季」がある気候ですが、**熱帯モンスーン気候は弱い乾季があり、サバナ気候は強い乾季があります。**どれだけの乾季が「強い」乾季かというと、年間を通した全体的な降水量とのバランスによって異なります。もともと雨の量が多い地域では、雨がほとんど降らない月があっても「全体的には湿潤」とみなされ、強い乾季とは認定されずに熱帯モンスーン気候になります。

逆に、年間を通した雨の量が少ない地域では、それなりに降る最少降雨月があっても、「全体的に乾燥した中で、その中で雨が少ないほうの月」として、強い乾季として認定され、サバナ気候になります。

生い茂る熱帯雨林や野生生物の宝庫

熱帯雨林気候（Af）

ここからは、熱帯に含まれる３つの気候を、順番に紹介します。

まず**熱帯雨林気候**は赤道付近に存在し、気候の名称に「雨」が入っていることからもわかるように、熱帯収束帯の影響を強く受けて１年中降雨が多い気候です。一般的には赤道に近づくほど季節の変化がはっきりしませんので、熱帯雨林気候は１年を通して、夏と冬というような気温の差がほとんどなく、年中高温多湿です。

熱帯雨林といわれる、背の高い常緑広葉樹の密林が生い茂り、昆虫やそれを食べる動物も多く、「生物種の宝庫」ともいわれる多様性があります。アジアではマレー半島からインドネシア、中部太平洋の島々、アフリカではコンゴ川流域、および南アメリカのアマゾン川上流域などに見られ、アマゾン川流域の熱帯雨林は「セルバ」といわれます。

1年を通して豊富な降水量

熱帯は低緯度にあるため、１年を通して平均気温の差は小さめです。そして、**熱帯収束帯の影響を強く受けて低気圧が発生しやすく、また、地面が熱せられて盛んに地表の水が蒸発し、空気には水蒸気がたっぷり含まれるので降水量が多くなります**（熱帯雨林気候の条件として、最も雨が少ない月でも60ミリの降水量があること、というものがあるので、年間でいえば最低でも720ミリはあることになります。実際の熱帯雨林気候は、2000ミリ前後が一般的な年間降水量です）。

特に日中は太陽の高度が高く、強い日差しが照りつけるので、午前中か

図 3-21 熱帯雨林気候のプロフィール

熱帯雨林気候

Af

熱帯　1年中湿潤

熱帯雨林気候のキーワード

- 熱帯雨林
- 常緑広葉樹
- ラワン材
- スコール
- 焼畑
- キャッサバ
- アブラヤシ

成因

熱帯収束帯（雨ゾーン）が季節によって移動

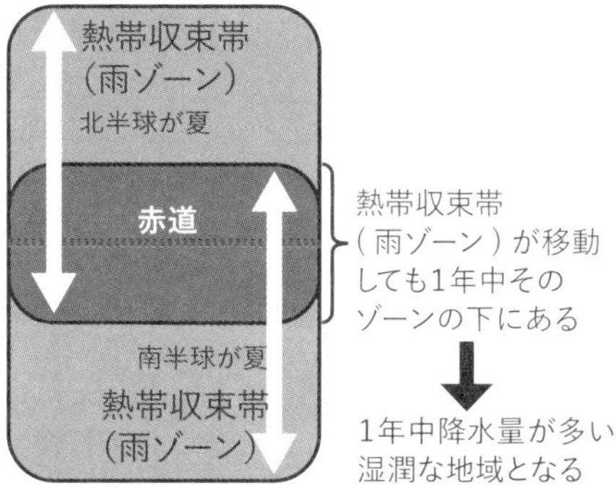

熱帯雨林気候の雨温図（シンガポール）

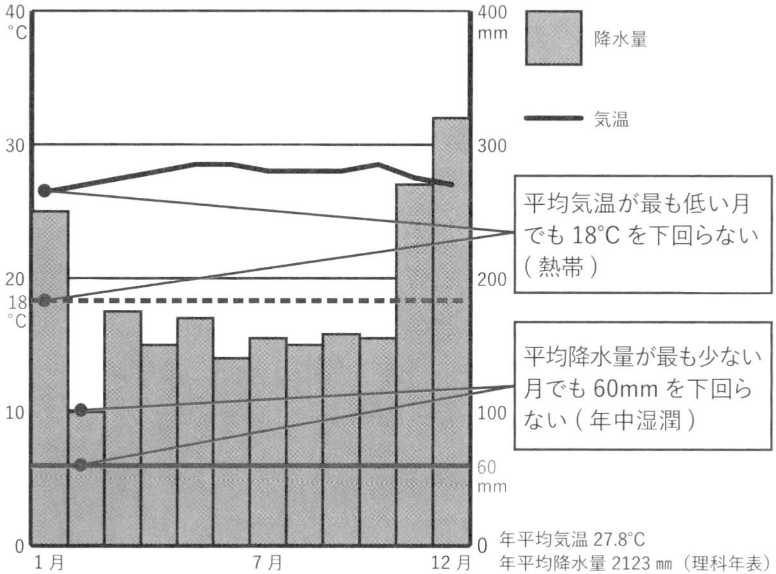

年平均気温 27.8°C
年平均降水量 2123 ㎜（理科年表）

らじっくり暖められてきた地面の温度が、昼下がりを迎えるころにピークになり、一気に上昇気流を発生させます。この急激な上昇気流により、滝のような強いにわか雨が降ります。このような雨を**スコール**といいます。スコールのときには、急な上昇気流によって発生した低気圧に風が吹き込むため、風も強くなります。スコールは短時間に集中して降り、すぐに降りやみますので、傘をもたずに外出し、そのあたりの軒先で雨宿りして雨をやりすごすという光景もよく見られます。

年較差に比べて大きな日較差

スコールの後は地面の温度も下がり、その後に日没を迎えますので、夜は比較的涼しく感じます。**一般的に１年間を通した平均気温の差（年較差）よりも１日の中での気温の差（日較差）が大きく**、年較差は３度くらいしかないのに、日較差は10度以上あることも多いです。

熱帯雨林気候の暮らし

熱帯雨林気候では、湿気がとても多く、気温も高くなるので、風通しをよくした高床式の家がよく見られます。土壌はやせた赤色の酸性土壌である**ラトソル**が広く分布しています。

土地がやせていて農業には向かないので、山林や原野を伐採して火をつけて焼き、その灰を肥料としてイモ類や豆類を栽培する**焼畑**が行われます。イモ類の一種である**キャッサバ**が主要な作物です。

また、天然ゴムやアブラヤシ、カカオなど高温多湿の条件でよく育つ商品作物もありますので、それらの商品作物を生産する**プランテーション**農業もよく行われます。

林業では、「**ラワン材**」の原料となる、常緑広葉樹のフタバガキ科の木材が伐採・利用されます。ホームセンターなどでよく見かける木材や家具に使われる木材ですが、熱帯雨林の過剰な伐採が環境破壊を招いてしまうとして、近年では森林の保護や輸出の制限を行う国も多くあります。

熱帯モンスーン気候（Am）

熱帯モンスーン気候は、弱い乾季のある熱帯雨林気候ともいわれ、1年を通して湿潤な熱帯雨林気候と明確な乾季のあるサバナ気候の中間に位置します。

熱帯モンスーン気候はインドシナ半島・アフリカ西部の海岸部・アマゾン川下流域に見られます。また、アメリカ合衆国屈指のリゾート地として知られる、アメリカ南部のフロリダ半島の都市であるマイアミも熱帯モンスーン気候に位置しています（どれだけの乾季が「弱い」乾季かというと、「最少雨月降水量が、100ミリから年平均降水量の25分の1を引いた残り以上あり、かつ60ミリ未満」という少し複雑な計算式を使います。おおむね最少雨月降水量は20ミリから60ミリの間になります）。

熱帯モンスーン気候に弱い乾季が現れる理由としては、**海洋から大陸に向かう多湿な夏のモンスーンと、大陸から海洋に向かう乾燥した冬のモンスーンの影響を受け降水量が変化することや、熱帯収束帯の影響を強く受けながらも、亜熱帯高圧帯の影響も受ける時期があり、降水量が少なくなる時期が発生する**ことなどがあります。

アマゾン川の下流域は赤道直下にありながらも、７月の南東の風はブラジル高原の風下側にあたり、乾季になります（アマゾン川の上流部はギアナ高地・ブラジル高原・アンデス山脈に囲まれた盆地になっており、どの方向から風が吹いても山地に風がぶつかって上昇気流が発生しやすくなり、熱帯雨林気候になります）。

熱帯モンスーン気候の植生

熱帯雨林では「常緑広葉樹」が樹木の中心でしたが、**熱帯モンスーン気候は乾季があるため、「落葉広葉樹」が樹木の中心になります。**葉を広げたままでは葉から水分がどんどん蒸発してしまうため、植物は葉を落とすことで乾燥に耐えようとするのです。

図 3-22 熱帯モンスーン気候のプロフィール

熱帯モンスーン気候

Am

熱帯「中間」の気候
（熱帯雨林とサバナの中間）

熱帯モンスーン気候のキーワード

落葉広葉樹　スコール
稲作　二期作
チーク材　サトウキビ
バナナ　茶
プランテーション

成因

熱帯雨林気候に近いところにありながら

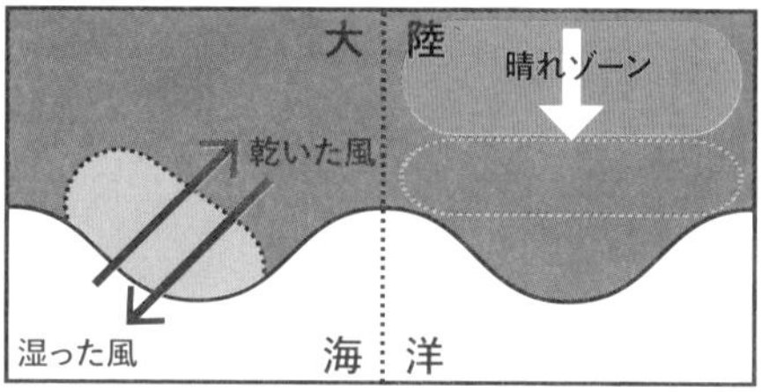

①モンスーン（季節風）の影響を受ける
　海からの湿った夏の風
　大陸からの乾燥した冬の風
　⇒夏と冬の降水量に差ができる

②冬に亜熱帯高圧帯（晴れゾーン）が近づく
　⇒弱い乾季が現れる

熱帯モンスーン気候の雨温図（マイアミ）

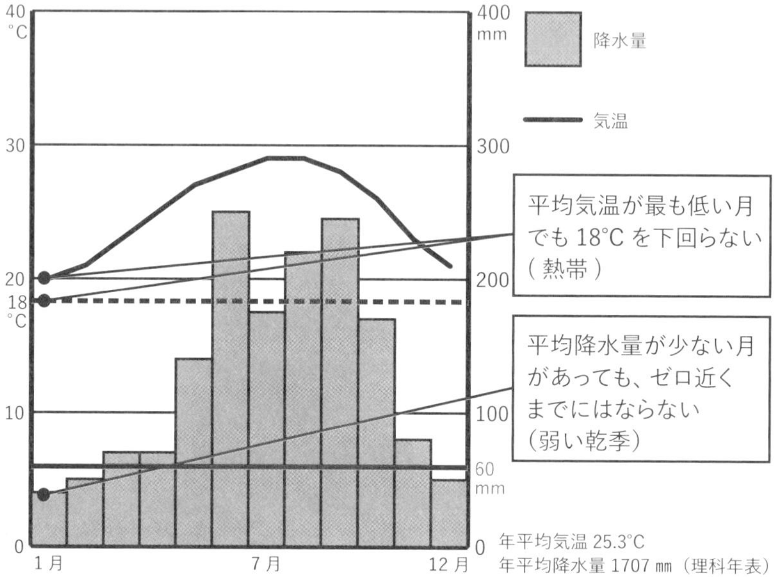

年平均気温 25.3°C
年平均降水量 1707 ㎜（理科年表）

熱帯モンスーン気候の暮らし

熱帯モンスーン気候も、熱帯雨林気候と同じように高温多湿なので、衣食住など人々の暮らしは熱帯雨林気候の暮らしとよく似ています。スコールもよく降ります。

農業に目を向けると、アジアの熱帯モンスーン地域では、稲作がよく行われます。**高温多雨のもとでよく育つ稲と熱帯モンスーン気候は相性がいいのです。**雨季に貯水をして乾季に利用するという乾季作と組み合わせ、１年で米を２回生産する**二期作**や、米を３回生産する**三期作**もよく行われます。乾季は日照時間が長く、洪水が起きないので肥料が流出しにくいというメリットがあるため、近年では乾季作が増加しています。

林業では、「木の宝石」とも呼ばれる高級な木材の「**チーク材**」が生産されます。チーク材になる落葉広葉樹は、乾季に葉を落として成長を止めるために年輪が形成され、硬くて耐久性のある木材になります。

サトウキビ・バナナ・コーヒー・茶などの生産も盛んで、プランテーション農業がよく行われます。嗜好品がよく生産される気候というイメージがあります。

サバナ気候（Aw）

サバナ気候は熱帯雨林気候よりもやや高緯度に位置し、熱帯雨林気候をとりまくように存在します。「サバナ」という言葉は、この気候に見られる植生のことです（「サバンナ」ともいわれますが、教科書などでは「サバナ」といわれるのが一般的です）。おもにアフリカや南アメリカの低緯度地域、インドやインドシナ半島、ブラジル高原などに分布します。ブラジル高原のサバナは**カンポセラード**と呼ばれます。

サバナ気候では、**熱帯収束帯の影響で雨が多い雨季と亜熱帯高圧帯の影響で乾燥する乾季が交互に訪れます。**乾季の乾燥はかなり強いため（計算式による基準はあるのですが、最少雨月降水量はほぼゼロに近いぐらいま

図3-23 サバナ気候のプロフィール

サバナ気候

Aw

熱帯　冬に乾燥する

サバナ気候のキーワード

- サバナ
- まばらな樹木
- アカシア
- 稲作
- 綿花
- 草原
- バオバブ
- 野生生物
- コーヒー

成因（図は北半球）

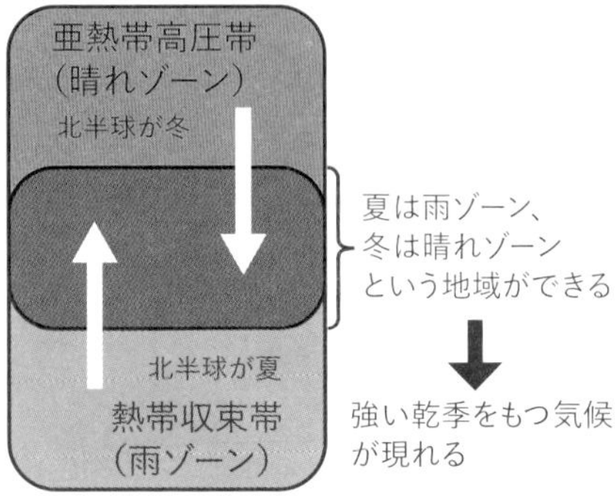

サバナ気候の雨温図（コルカタ）

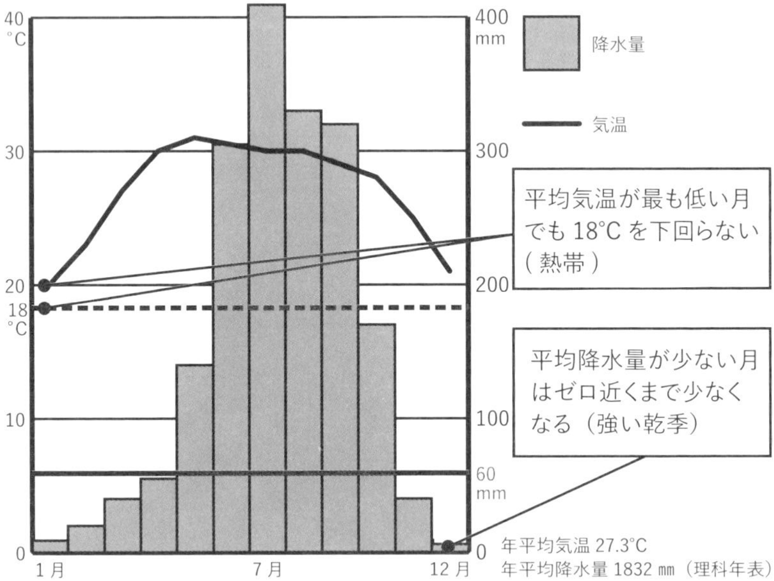

で乾燥します)、熱帯雨林のような密林は形成されず、**バオバブ**や**アカシア**など、乾燥に強い樹木が、草原の中にまばらに生える「サバナ」といわれる植生になります。

「野生の王国」サバナの動物たち

サバナという言葉から連想するのは、群れをなす草食動物と、それを追う肉食動物などの野生生物が生息する、アフリカのサバナでしょう。

強い乾季のあるサバナでは、雨季に生えた草が、乾季になるに従い枯れていきます。水場にあった水もなくなっていくので、**草が生えている場所や水場を求めて草食動物が大移動を行い、肉食動物が群れから脱落した草食動物を襲うというような、ダイナミックな生態が見られます。**

こうしたサバナには自然保護区が設けられ、その生態が観光資源となっている国々も多くあります。世界遺産に指定されているタンザニア北部のセレンゲティ国立公園はその代表で、300万頭もの野生動物の生態が見られる広大なサバナが有名です。

サバナ気候の暮らし

サバナに見られる草はもともとイネ科の植物が多く、したがって、**サバナ気候は稲作に適しています。**乾季は非常に乾燥しているので、雨季の到来を待ち、稲作を開始する光景が見られます。米どころとして知られるベトナムやタイなどのサバナはもちろん、近年ではアフリカの風土にあった稲の栽培も広がり、アフリカでの米の生産量も増えてきています。

また、サバナ気候の分布を見てみると、ブラジル、コロンビア、ベトナム、エチオピアと、**代表的なコーヒーの産地の多くがサバナ気候に位置していることがわかります。**また、綿花は生育のときには高温多雨、収穫のときには乾燥している気候が向いているので、サバナ気候のもとでよく生産されます。草原が広がっているということは、そのまま牧草地になるということなので、牛やヤギなどの牧畜もよく行われます。

世界の陸地の4分の1を占める広大な乾燥帯

中緯度地域に広がる広大な乾燥帯

熱帯よりも高緯度に目を向けると、**世界の陸地面積の４分の１以上という広大な乾燥帯が広がっています。**乾燥帯には砂漠気候（BW）とステップ気候（BS）があります。

乾燥帯は、おおむね緯度20度から30度ぐらいの緯度帯や、内陸などにあります。20度から30度の緯度帯は１年中、亜熱帯高圧帯の影響を受け、降水量が少ない地域です。また、内陸は海から離れていて、水蒸気の供給が少ないために乾燥します。

蒸発量が降水量を上回る地域

もちろん、乾燥帯は降水量が少ない場所ということですが、それに加えて重要な要素が、**蒸発する水分量が降水量を上回っているということです。**したがって、降水量とともに、蒸発量に影響を与えている気温も考慮して乾燥帯かどうかを判断します。

どれだけ乾燥すると、「乾燥帯」とみなすかといえば、「乾燥して樹木が育たない」という限界の降水量のことを「**乾燥限界**」といいます。

目安としては年間の降水量がおおむね500ミリ未満であれば乾燥限界未満といえますが、平均気温そのものが高い場合や、気温が高い夏季に雨が多い場合には、水分の蒸発量が多いために乾燥限界のハードルが上がり、年間の降水量が500ミリ以上でも乾燥帯のところがあります。逆に、年間の平均気温が低い場合や、冬季に雨が多い場合には、少量の雨でも乾かないために、乾燥限界の基準は500ミリよりも下がります。

図 3-24 乾燥帯の分布と乾燥帯の分類

乾燥帯の分布

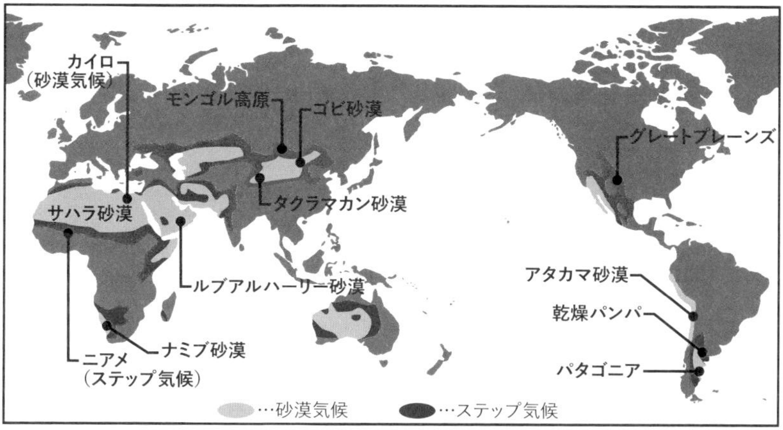

乾燥帯の分類

① 雨が降るシーズンで分類
- 夏に乾燥型（冬の降水量が夏の3倍以上）
- 1年中湿潤型
- 冬に乾燥型（夏の降水量が冬の 10 倍以上）

↓

② 年平均気温から乾燥限界を算出
- 夏に乾燥型
  年平均気温（℃）×20＝乾燥限界（㎜）
- 1年中湿潤型
  年平均気温（℃）×20＋140＝ 乾燥限界（㎜）
- 冬に乾燥型
  年平均気温（℃）×20＋280＝ 乾燥限界（㎜）

夏に雨が多い地域は どんどん蒸発するため 雨が多めでも 「乾燥」扱いになります

↓

③ 降水量が乾燥限界の
- 半分未満 ⇒砂漠気候（BW）
- 半分以上 ⇒ステップ気候（BS）

※分類法の概要を紹介するための例示であり、暗記する必要があるものではありません

草が生えない砂漠気候と草が生えるステップ気候

砂漠気候（BW）

降水量が乾燥限界の半分に満たず、蒸発量が多いため、極度の乾燥状態になり、植物がほとんど育たない気候のことを砂漠気候といいます。砂漠気候のほとんどが年間降水量250ミリ未満の地域です。

砂漠というと、一面砂の世界を想像しますが、実際には「岩石砂漠」と呼ばれる、岩肌が露出している砂漠や石ころが広がる「礫砂漠」が多く、「砂砂漠」は砂漠の中の２割にすぎません。

植物や水蒸気、雲などは「布団」のように地球を覆ってくれるものですが、砂漠にはそのような存在がないため、昼間は太陽光線が直接地面に降り注ぎ、夜は熱がどんどん逃げていってしまうため、**１日の温度差である日較差は非常に大きくなります。**夜は氷点下、日中は40度ということも、珍しいことではありません。

砂漠気候が成立する4つのパターン

砂漠気候の成立するパターンは４つあります。１つ目は、**１年中亜熱帯高圧帯の影響が強く、雨が降らないパターン**です。この代表例が世界最大の砂漠である**サハラ砂漠**や、アラビア半島の**ルブアルハーリー砂漠**などです。

２つ目は、**内陸にあるため海からの水分が供給されにくい場所にできる砂漠**です。世界最大の大陸であるユーラシア大陸の中央部に成立しやすく、**ゴビ砂漠**やタクラマカン砂漠がその代表例です。

３つ目は、**寒流の流れる沿岸部にできる海岸砂漠**です。寒流が流れる海岸付近では、寒流が供給する冷たい空気の層ができ、その上空が比較的暖かい空気の層になります。上空のほうが暖かいために上昇気流が発生せず、降雨がほとんどない砂漠気候になります。アフリカの**ナミブ砂漠**や、南アメリカ大陸の**アタカマ砂漠**などが代表例です。

４つ目は、**大規模な山脈の風下側に砂漠ができる**場合です。湿った空気が山脈をこえる場合、風上側の斜面を上るときに強制的に上昇気流が発生し、雨が降ります。山頂をこえ、斜面を下るときにはすでに雨が降ったあとの乾燥した空気となっており、しかも斜面を下っているので下降気流となります。こうして降水量が少なくなり、砂漠になるのです。このパターンには、アルゼンチン南部の**パタゴニア**があります。

砂漠と水

砂漠に暮らす人々も、生きていくのには水が必要ですので、どうやって水を得るかというのは非常に重要な問題です。人々はおもに砂漠の水場で

図 3-25　砂漠ができる４つのパターン

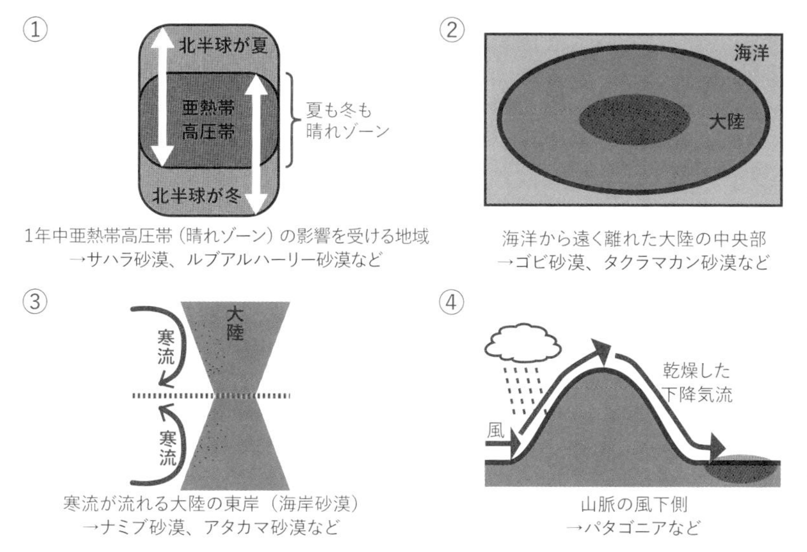

①
北半球が夏
亜熱帯
高圧帯
夏も冬も
晴れゾーン
北半球が冬
1年中亜熱帯高圧帯（晴れゾーン）の影響を受ける地域
→サハラ砂漠、ルブアルハーリー砂漠など
②
海洋
大陸
海洋から遠く離れた大陸の中央部
→ゴビ砂漠、タクラマカン砂漠など
③
大陸
寒流
寒流
寒流が流れる大陸の東岸（海岸砂漠）
→ナミブ砂漠、アタカマ砂漠など
④
乾燥した
下降気流
風
山脈の風下側
→パタゴニアなど

図 3-26　砂漠気候のプロフィール

砂漠気候

BW

乾燥帯　ドイツ語の「砂漠」の頭文字

砂漠気候のキーワード

オアシス	外来河川
地下水路	ワジ
土壌の塩性化	ナツメヤシ

成因

①1年中亜熱帯高圧帯の影響下にある

②水蒸気の供給が少ない大陸の中央部

③寒流が流れる大陸東岸

④山脈の風下側

砂漠気候の雨温図（カイロ）

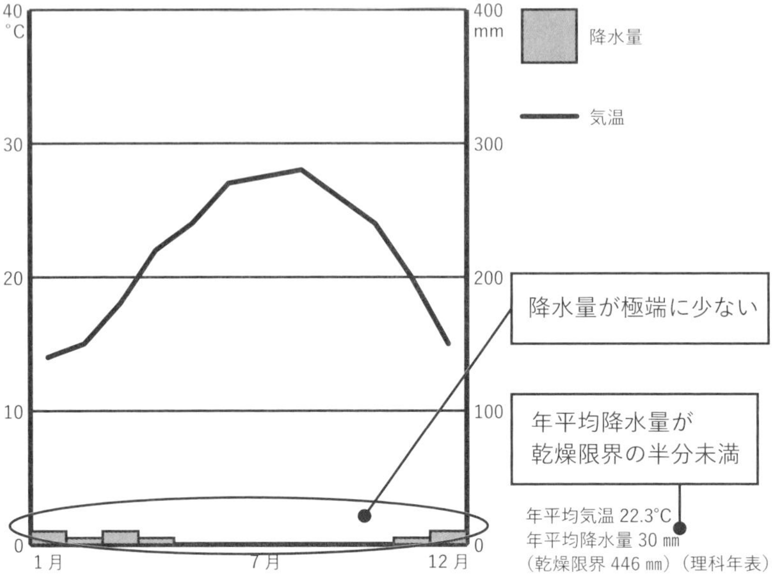

年平均気温 22.3°C
年平均降水量 30 ㎜
（乾燥限界 446 ㎜）（理科年表）

ある**オアシス**の周辺に暮らし、そこでナツメヤシや小麦などの小規模な農業を営み、交易の拠点とします。オアシスには地下水や湧き水、また、砂漠の外の湿潤な地域から砂漠に流れ込んでくる外来河川などがあります。また、遠くの山麓から水をひく**地下水路**も、古くから使われてきました。近年では海水を工場で淡水化して使うことも増えています。

また、水の蒸発が盛んなため、地中の塩分がどんどん地表付近に引っ張り出されて土が「塩をふいて」しまうことがあります。農業を行うと、より多くの水を使うため、農業用水に含まれる塩分も加わり、土壌の**塩性化**が一気に進んでしまいます。

砂漠に降る雨と「砂漠の川」

砂漠にはめったに雨が降らないのですが、ごくまれに雨が降る、ということもあります。砂漠の雨は、太陽光線で熱せられたところに強力な上昇気流が発生するため、短時間に大量の雨が一気に降ることが特徴です。

砂漠には「**ワジ**」といわれる涸れた川の跡が何本もあり、普段は交易路などに利用されるのですが、雨が降った場合にはそのワジに大量に水が流れ込み、川となります。それまで水がなかった川が短時間に姿を現し、洪水になるため、急に水に囲まれ、「砂漠でおぼれて死んでしまう」という話も、笑い話ではありません。

ステップ気候（BS）

ステップ気候は、おもに砂漠気候の周辺に分布しています。中央アジアやモンゴル高原、北アメリカ大陸の**グレートプレーンズ**といわれる平原、アルゼンチンの**乾燥パンパ**といわれる草原地帯などが代表例です。

降水量は砂漠気候よりも多いものの、樹木が育つというほどには至らず、**ステップ**といわれる丈の短い草原が広がっています。一般的に**砂漠よりも低緯度のほうは夏の雨ゾーンが近づくので夏に、高緯度のほうは冬の雨ゾーンが近づくため冬に、少しだけ雨が降る**ことになります。

図 3-27 ステップ気候のプロフィール

ステップ気候

BS

B：乾燥帯　S：ドイツ語の「ステップ」の頭文字

ステップ気候のキーワード

ステップ　丈の短い草原
遊牧　サヘル
砂漠化　黒土
小麦　チェルノーゼム
プレーリー土

成因（北半球の例）

砂漠の周辺にできることが多い

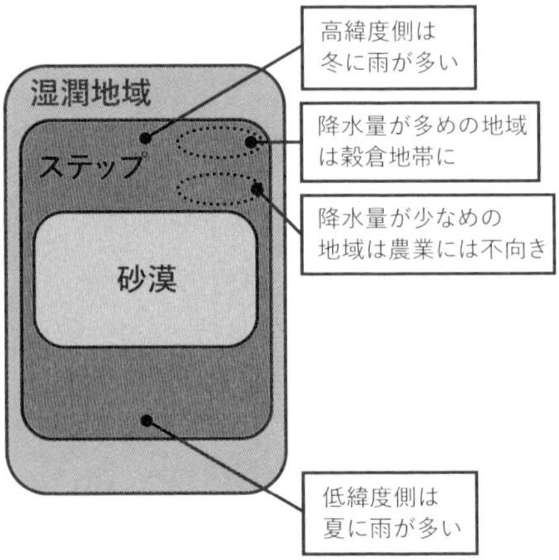

湿潤地域
ステップ
砂漠
高緯度側は
冬に雨が多い
降水量が多めの地域
は穀倉地帯に
降水量が少なめの
地域は農業には不向き
低緯度側は
夏に雨が多い

ステップ気候の雨温図（ニアメ）

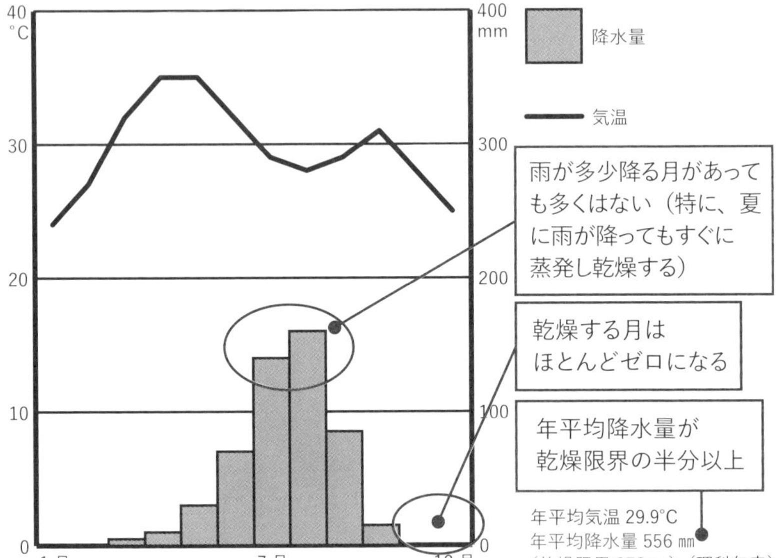

40
°C
30
20
10
0
400
mm
300
200
100
0
1月
7月
12月
降水量
気温
雨が多少降る月があっても多くはない（特に、夏に雨が降ってもすぐに蒸発し乾燥する）
乾燥する月は
ほとんどゼロになる
年平均降水量が
乾燥限界の半分以上

年平均気温 29.9°C
年平均降水量 556 ㎜
（乾燥限界 878 ㎜）（理科年表）

農業に向かない乾燥したステップ

ステップ気候にも、雨が少なく**砂漠に近い乾燥したステップと、どちらかといえば湿潤なステップがあります。**ステップ気候の中でも降水量の少ない地域には、砂漠の土に近い「**半砂漠土**」と呼ばれる土や、**栗色土**と呼ばれる土壌が広がっています。この土はやせていて、農業には向きません。

このような、農業に向かない土壌で、**過剰な家畜の放牧をしたり、地下水を利用した耕作が行われると、一気に砂漠化が進む地域**となります。こうした**過放牧**や**過耕作**で砂漠化が進行している代表的な地域に、アフリカのサハラ砂漠の周辺部である、**サヘル**といわれる地域があります。

湿潤なステップは世界の穀倉地帯に

一方で、ステップ気候の中でも**降水量が多めの地域は、うって変わって農業に適した、肥えた黒土が広がっています。**適度な湿度と温度がありますので、草が生えては枯れ、それが微生物によって分解されて黒っぽい腐植土になります（カラカラに乾燥すると枯草は腐ることができず、適度な湿気と温度があれば、枯草は腐ることができる、ということです）。

さらに、土壌が流されるほどまでには雨が降らないので、養分が何年も蓄えられており、**「雨が少ないが、草が分解されるぐらいは降り、その土が雨水で流れ出さない」**という絶妙なバランスがとられて、よく肥えた土になるのです。その代表例がウクライナから南ロシア周辺に広がる**チェルノーゼム**や北アメリカ大陸に広がる**プレーリー土**と呼ばれる黒土です。**これらの地域は、大規模に小麦が栽培される、世界的な穀倉地帯です。**

ステップでの遊牧民の暮らし

ステップ気候では、水や草を求めて移動しながら羊や牛、ラクダなどの家畜を飼う**遊牧**が営まれているところが多くあります。モンゴル高原では移動に適した**ゲル**というテントで暮らすのが、伝統的な生活様式です。

多くの人口が暮らす生活しやすい気候

温帯気候の4つの区分

温帯はおおむね30度から50度程度の緯度帯に位置しています。この緯度帯では低緯度の暖かい空気と高緯度の冷たい空気が混ざりあい、おおむね、湿潤な地域となります。四季の変化がはっきりするのも、温帯の特徴です。**温和で農業にも適していて暮らしやすいため、多くの人口がこの温帯に暮らしています。**温帯を分類すると、夏季少雨型が**地中海性気候**、冬季少雨型が**温暖冬季少雨気候**となり、そして、年中湿潤な気候を最も暖かい月の平均気温で分けて、**温暖湿潤気候**と**西岸海洋性気候**となります。

図 3-28 温帯の分類

温帯の分類方法

(降水量が「乾燥限界」以上であることを前提とし、)

① 気温により「温帯」であるかどうかを見る
- 最暖月の平均気温が 10°C以上である
- 最寒月の平均気温が 18°C未満(熱帯未満)、−3°C以上(冷帯以上)

② 夏と冬にどちらが乾燥するかを見る
- 夏に乾燥型(冬の降水量が夏の3倍以上)→地中海性気候(Cs)
- 1年中湿潤型→③へ
- 冬に乾燥型(夏の降水量が冬の 10 倍以上)→温暖冬季少雨気候(Cw)

③ 1年中湿潤型の場合、最暖月の平均気温を見る
- 最暖月の平均気温が 22°C以上→温暖湿潤気候(Cfa)
- 最暖月の平均気温が 22°C未満→西岸海洋性気候(Cfb)

※分類法の概要を紹介するための例示であり、暗記する必要があるものではありません

「冬雨型」と「夏雨型」対照的な2つの気候

「レアキャラ」の地中海性気候（Cs）

はじめに、温帯の中でもやや低緯度側に見られる、地中海性気候と温暖冬季少雨気候のお話をしたいと思います。

地中海気候は、**高校で学習する気候の中では唯一、記号の二文字目に小文字の「s」がつく、「夏に乾燥し、冬に雨が多い」気候です。**冬の最多雨月の降水量が、夏の最少雨月の降水量の3倍以上というのが、その条件です。普通、雨が多い季節といえば夏なのですが（地面が熱せられて上昇気流が発生しやすいことと、水分が蒸発して空気中に水分を含みやすいから

図3-29 地中海性気候と温暖冬季少雨気候の分布

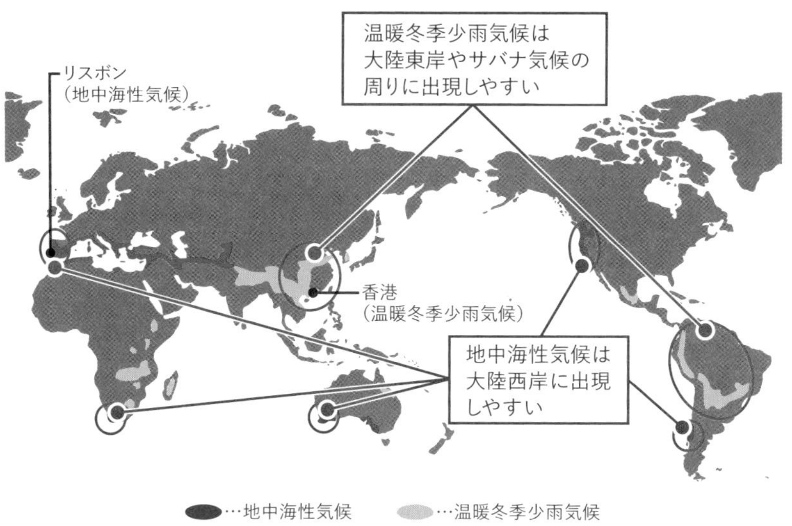
温暖冬季少雨気候は
大陸東岸やサバナ気候の
周りに出現しやすい
リスボン
（地中海性気候）
香港
（温暖冬季少雨気候）
地中海性気候は
大陸西岸に出現
しやすい
…地中海性気候
…温暖冬季少雨気候

図 3-30　地中海性気候のプロフィール

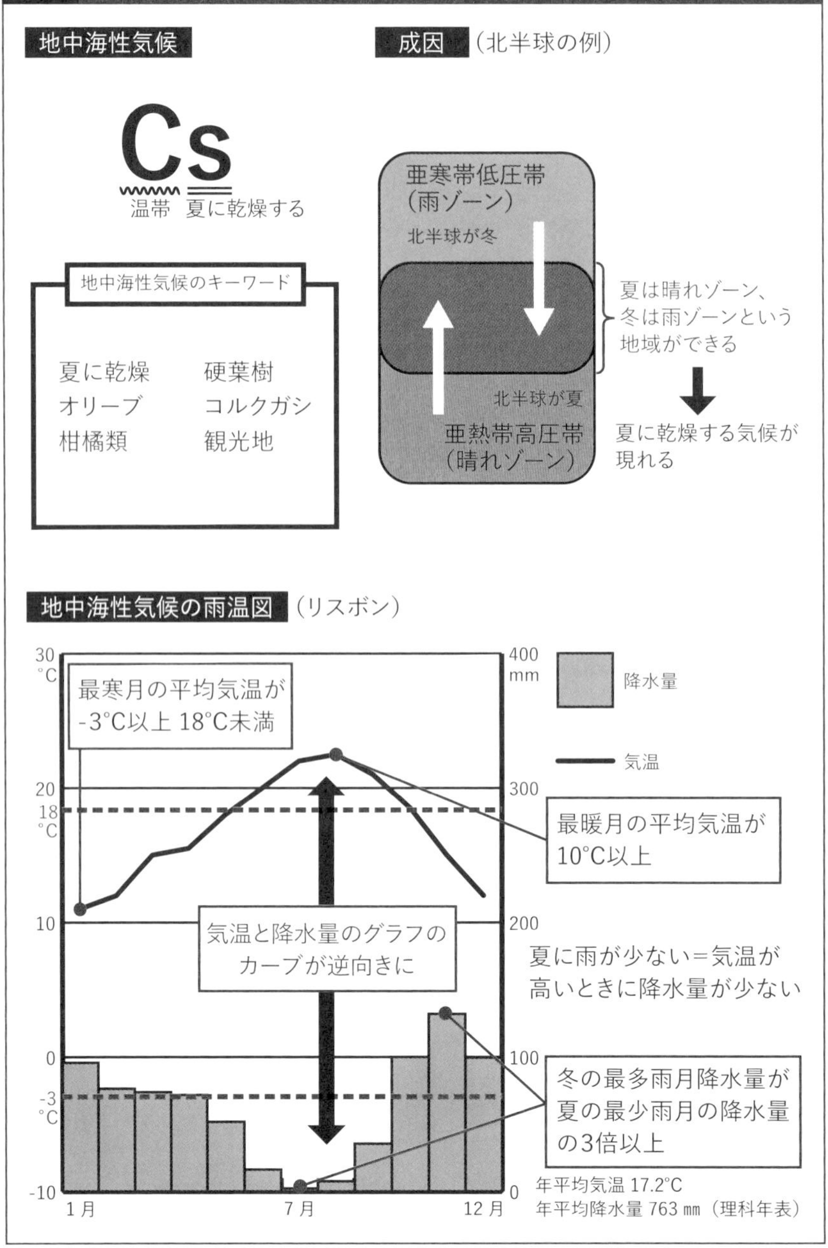

地中海性気候
Cs
温帯　夏に乾燥する
地中海性気候のキーワード
夏に乾燥　硬葉樹
オリーブ　コルクガシ
柑橘類　観光地
成因（北半球の例）
亜寒帯低圧帯（雨ゾーン）
北半球が冬
夏は晴れゾーン、冬は雨ゾーンという地域ができる
北半球が夏
亜熱帯高圧帯（晴れゾーン）
夏に乾燥する気候が現れる
地中海性気候の雨温図（リスボン）
30 °C
20
18 °C
10
0
-3 °C
-10
400 mm
300
200
100
0
1月
7月
12月
降水量
気温
最寒月の平均気温が-3°C以上 18°C未満
最暖月の平均気温が10°C以上
気温と降水量のグラフのカーブが逆向きに
夏に雨が少ない＝気温が高いときに降水量が少ない
冬の最多雨月降水量が夏の最少雨月の降水量の3倍以上
年平均気温 17.2°C
年平均降水量 763 mm（理科年表）

です）、この地中海性気候では「晴れゾーン」の亜熱帯高圧帯が夏にかかって雨が少ないという、気候の中でも珍しい、「レアキャラ」的な存在です。

地中海性気候は、おおむね、ステップ気候の高緯度側、大陸の西岸の緯度30度から45度に位置することが多いです。南北アメリカ大陸の西岸、南アフリカのケープタウン付近、オーストラリアのパース付近と、**地図で見ると、大陸西岸のよく似た地域に分布するのがよくわかります。**大陸の東部ではモンスーンの影響が強くなるために、夏に雨が多くなる傾向がありますので地中海気候は成立しません。

地中海性気候の植生と暮らし

地中海性気候は気温が高い夏の降水量が少ないため、夏は乾燥します。冬の降水量が多いといっても、それほど多いわけではありません。そのため、**比較的乾燥に強い植物が生育します。**

そのような植物の代表が硬葉樹（こうようじゅ）と呼ばれる、小型で厚みのある葉をつける植物です。**葉を小さくして葉の表面からの蒸発をおさえ、表面を厚い保護層で覆っているため、葉が硬いのが特徴です。**オリーブやコルクガシ、南半球に生育するユーカリなどが代表例です。また、比較的乾燥に強いオレンジやレモンなどの柑橘類の栽培も盛んです（「バレンシアオレンジ」の「バレンシア」や「シチリアレモン」の「シチリア」などは地中海沿岸の地名です）。また、**夏に乾燥する、ということは暖かいときに天気がよいということですので、保養地や観光地として適しています。**高温で乾燥する夏に火災が発生することが多いというのも特徴です。

温暖冬季少雨気候（Cw）

地中海性気候とは対照的に、温暖冬季少雨気候は**「温帯の夏に雨が多く、冬に雨が少ない」**というパターンです。夏の最多雨月の降水量が、冬の最少雨月の降水量の10倍以上というのが、その条件です。

この気候は、大陸の西岸に見られる地中海性気候とは逆に、大陸の東海

図 3-31 温暖冬季少雨気候のプロフィール

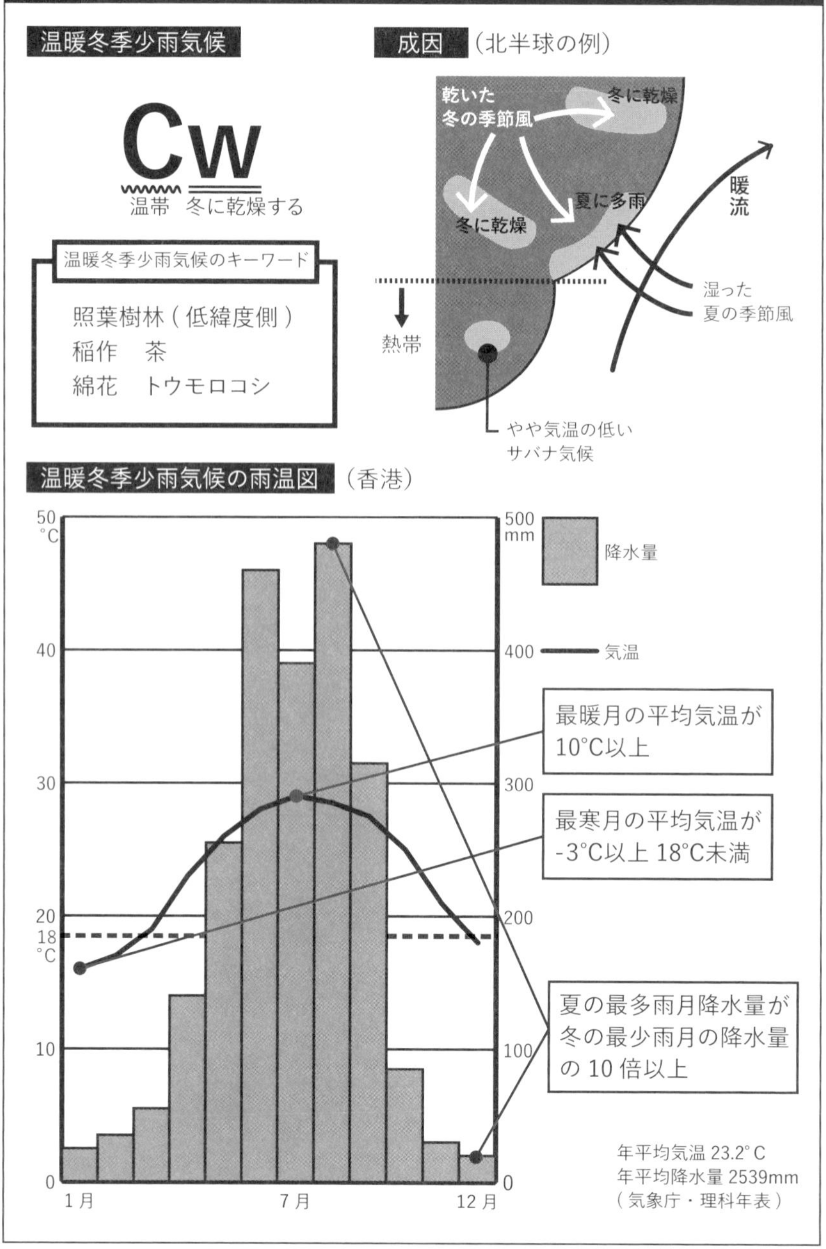

温暖冬季少雨気候
Cw
温帯 冬に乾燥する
温暖冬季少雨気候のキーワード
照葉樹林（低緯度側）
稲作 茶
綿花 トウモロコシ
成因（北半球の例）
乾いた冬の季節風
冬に乾燥
冬に乾燥
夏に多雨
暖流
湿った夏の季節風
熱帯
やや気温の低いサバナ気候
温暖冬季少雨気候の雨温図（香港）
50 °C
40
30
20
18 °C
10
0
500 mm
400
300
200
100
0
降水量
気温
最暖月の平均気温が10°C以上
最寒月の平均気温が-3°C以上 18°C未満
夏の最多雨月降水量が冬の最少雨月の降水量の 10 倍以上
1 月
7 月
12 月
年平均気温 23.2° C
年平均降水量 2539mm
（気象庁・理科年表）

岸に多く見られます。温暖冬季少雨気候には、「夏に雨が多い」タイプと「冬に雨が少ない」タイプの、２つのタイプがあります。

「夏に雨が多い」型は、大陸の南東の沿岸によく見られます。大陸の東岸近くを暖流が流れていることと、夏の海洋から大陸へのモンスーンの影響を強く受けることから、大陸の東南沿岸は夏に雨が非常に多くなり、冬の降水量との差が大きくなるのです。**「冬に雨が少ない」型**は、中国の北部や内陸部に見られます。冬に極高圧帯の影響が強くなることと、大陸からの乾いたモンスーンが吹いてくることから冬季が強く乾燥するのです。また、本来はサバナ気候の緯度帯ですが、標高が高く、最寒月の平均気温が18℃を割り込む、**「温帯のサバナ気候」**といえるものもあります。

温暖冬季少雨気候の植生と暮らし

温暖冬季少雨気候における特徴的な植生としては、**照葉樹林**という常緑の広葉樹林があります。「照」という字が入っているように、葉の表面に光沢のある保護層があり、テカテカしているように見えます。シイやクスなどが代表例です。

温暖冬季少雨気候では、夏に降水量が多いので、樹木は葉を大きくして盛んに光合成しようとします（地中海性気候の硬葉樹は、夏に葉を大きくしたくても、夏の強い乾燥を防ぐため、葉を小さくしなければならないというシビアさがあります）。しかし、冬季の雨が少ないので、乾燥への備えもしたいところです。そこで、**葉を光沢のある保護層で覆い、冬季の乾燥から身を守るのです**（高緯度側の温暖冬季少雨気候帯は、落葉広葉樹が中心です）。落ち葉や枯れ葉が少ないために、温暖冬季少雨気候の土地はそこまで肥えているというわけではありませんが、温度が高いときに雨が多いというのは農業には適しているため、米や茶の栽培が盛んです。サバナ気候と似た傾向のため、綿花栽培も盛んです。南北アメリカ大陸やアフリカ大陸ではトウモロコシの栽培も盛んです。

温暖で過ごしやすい 多くの人口を抱える気候

温暖湿潤気候（Cfa）

続いて、温帯の中でも高緯度寄りに位置することが多い、**温暖湿潤気候**と**西岸海洋性気候**について紹介したいと思います。

温暖湿潤気候は、北海道を除く日本列島の大部分が位置している気候帯ですので、なじみが深いのではないかと思います。夏と冬の降水量の差が大きくなく（夏の降水量が冬の10倍ではなく、冬の降水量が夏の３倍というわけでもない）、一番暑い月の平均気温が22度以上、という場合に成立する気候です。

図 3-32 温暖湿潤気候と西岸海洋性気候の分布

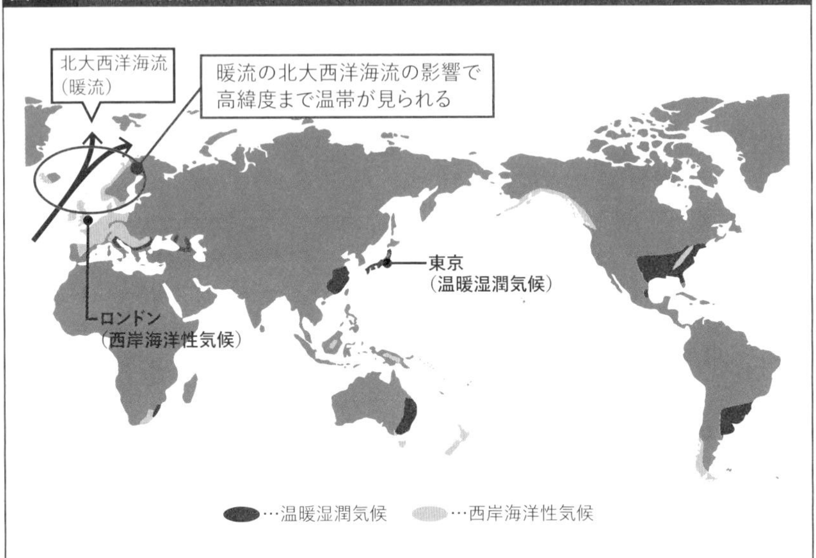

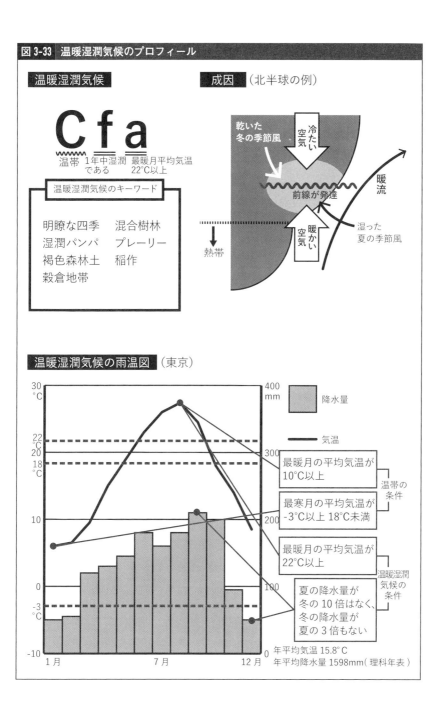

図 3-33　温暖湿潤気候のプロフィール

温暖湿潤気候

Cfa

C：温帯　f：1年中湿潤である　a：最暖月平均気温22°C以上

温暖湿潤気候のキーワード

明瞭な四季　混合樹林
湿潤パンパ　プレーリー
褐色森林土　稲作
穀倉地帯

成因（北半球の例）

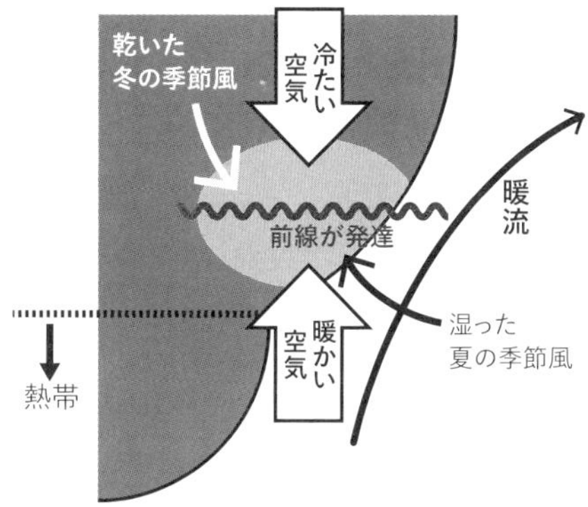

温暖湿潤気候の雨温図（東京）

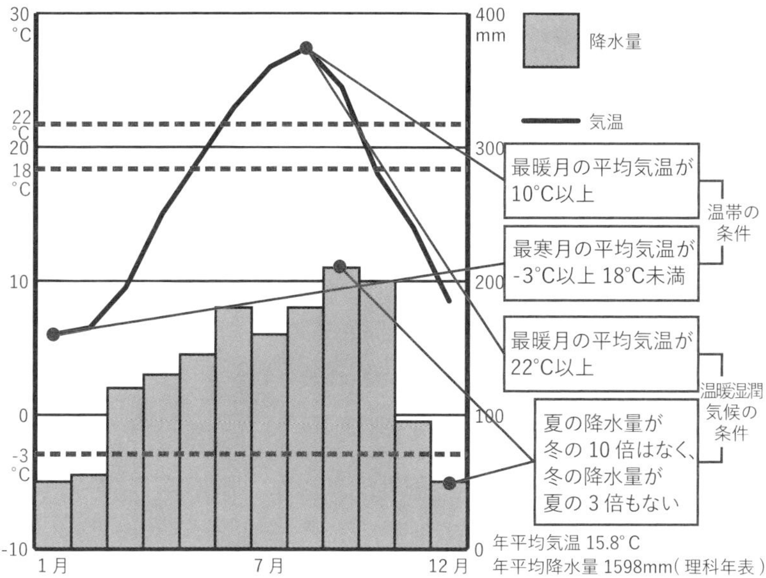

年平均気温 15.8° C
年平均降水量 1598mm（理科年表）

温暖湿潤気候はおおむね緯度25～40度の大陸東岸に位置します。この**緯度帯では低緯度からの暖かい空気と高緯度の冷たい空気がまじりあい、前線がよく発達するので、１年中湿潤です。**加えて、モンスーンの影響が比較的強い大陸の東岸のため、夏は海から大陸に吹くモンスーンの影響で非常に高温多湿となります。冬は大陸からの冷たい乾いたモンスーンが吹くため、低温になりやや乾燥する（しかしながら、温暖冬季少雨気候ほど乾燥は強くありません）ことになります。

バラエティに富んだ植生

こうした特徴のため、温暖湿潤気候は、四季が最もはっきり現れる気候だといわれます。

変化に富んだ気温と降水量のため、温暖湿潤気候では植生もバラエティ豊かになります。常緑広葉樹、落葉広葉樹、針葉樹などが混在する、**混合林**と呼ばれる森林が広がります。

大陸の内部ではやや乾燥し、丈の長い草原が広がる地帯となります。北アメリカ大陸ではこの草原を**プレーリー**、南アメリカ南東部では**湿潤パンパ**といいます。

温暖湿潤気候の暮らし

温暖湿潤気候には温暖かつある程度の降水があるため、落葉や枯草は腐植土になり、**褐色森林土**と呼ばれる、**農業に適した豊かな土壌が広がっています。**そのため、この気候は人口を養う力が強く、中国の東南部、日本、北アメリカの東部など、温暖湿潤気候の地域は世界的にも人口密度が高い地域となっています。年間の降水量が1000ミリを超えるアジアでは稲作、アメリカ合衆国の北東部ではトウモロコシ、アルゼンチンの湿潤パンパでは小麦などが栽培され、世界的な穀倉地帯として知られています。

温暖で多湿、というのは「物が腐敗しやすい」ともいえるのですが、醤油や味噌、納豆などの発酵食品の製造に適していることでもあります。

日本の多様な食文化は、温暖で湿潤な気候がなせるわざなのです。

西岸海洋性気候(Cfb)

西岸海洋性気候を簡単にいえば、「西ヨーロッパの気候」です。イギリスやフランス、ドイツの西部などが西岸海洋性気候帯に位置しています。

温暖湿潤気候が大陸東岸に見られるのとは対照的に、西岸海洋性気候は大陸西岸によく見られます。この気候は**偏西風の影響を強く受け、西に広がっている海の「熱しにくく、冷めにくい」「年中、それなりに湿潤」という特徴をダイレクトに受けている典型的な海洋性気候**です。夏と冬の降水量の差はそれほど大きくなく、最も暑い月でも平均気温は22度を超えません。

特に北ヨーロッパでは暖流の北大西洋海流が高緯度まで流れてくるため、北緯60度以上という、北極圏近くのかなりの高緯度まで西岸海洋性気候が広がっています。

西岸海洋性気候の植生と暮らし

西岸海洋性気候は温暖湿潤気候よりも気温が低めですので、植生においてはブナやオークなどの**落葉広葉樹**、そして**針葉樹**が中心となります。ヨーロッパを舞台とした哀愁漂う映画などには、黄や赤に色づいた並木道などがよく似合いますが、こうした景観は西岸海洋性気候の落葉広葉樹がもたらしているものなのです。

年中それなりに温暖で、降水量がおおむね500ミリから1000ミリの間であるという気象条件は、小麦栽培に最適です。**ヨーロッパでは小麦の栽培と肉牛や豚の飼育を組み合わせる混合農業が古くから行われてきました**(小麦でつくったパンや、ハム、ソーセージ類などの食生活が想像できます)。さらに緯度が高くなると、もっと涼しくなり、穀物栽培には適さなくなりますので、牧草地が広がり、酪農が行われるようになります。

図 3-34 西岸海洋性気候のプロフィール

西岸海洋性気候

Cfb

C：温帯　f：1年中湿潤である　b：最暖月平均気温22°C未満

※さらに最暖月平均気温が低い
Cfc 気候もあります

西岸海洋性気候のキーワード

西ヨーロッパ　落葉広葉樹
針葉樹　小麦
混合農業　酪農

成因（北半球の例）

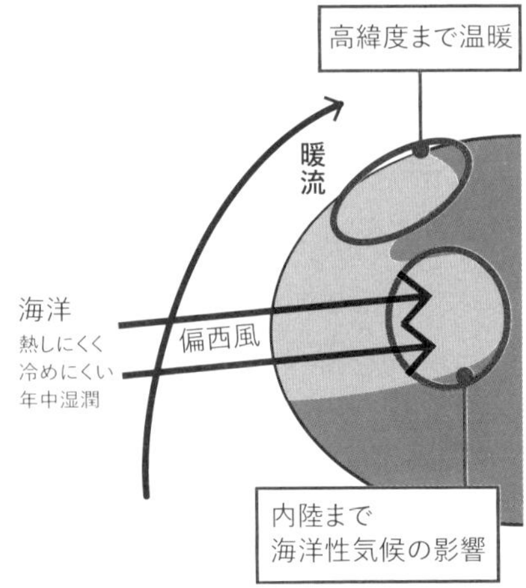

西岸海洋性気候の雨温図（ロンドン）

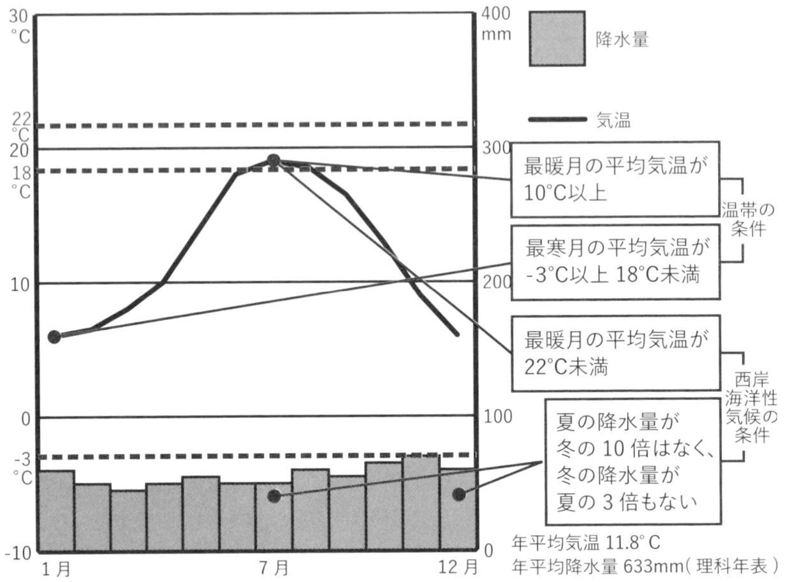

年平均気温 11.8°C
年平均降水量 633mm（理科年表）

長く寒い冬と短い夏の寒暖差が大きな気候

北半球だけに存在する冷帯気候

「亜寒帯」ともいわれる冷帯は北半球だけに存在しており、樹木が育つ気候としては最も寒冷な地域の気候です。夏には樹木が育つ10度を超える気温になりますが、冬にはマイナス３度を下回り地面が凍結します。

冷帯は高緯度に位置しているため、夏と冬の日照時間は大いに異なります。そのため、冬は寒冷ですが、夏はそれなりに気温が上がり、**気温の年較差が大きい**のが特徴です。

冷帯の植生と土壌

冷帯では、低温のために地面から蒸発して出ていく水分の量が少ないので、内陸でも比較的湿潤です。しかし、冬季の降水は雪であり、地面が凍結してしまうので植物にとってはいつでも水が得られるというわけではありません。冷帯の樹木はこうした寒冷や乾燥に耐えるための機能を備えた、針葉樹が中心となります。

また、寒冷な冷帯では微生物のはたらきが活発ではありません。落ちた葉や枯草はそのまま分解されずに厚く堆積し、層をつくります。この層には強い酸性を示す成分があるため、この層を通過した水は強い酸性を帯び、その下の土壌の鉄やアルミニウムを溶かしながら、さらに下方に染み出していきます。溶け残るのは、白っぽい石英分の多い砂、ということになります。この、**冷帯を代表する灰白色の土壌**を「**ポドゾル**」といいます。ポドゾルは養分に乏しく、強い酸性なので農業には向きません。

図 3-35 冷帯の分布

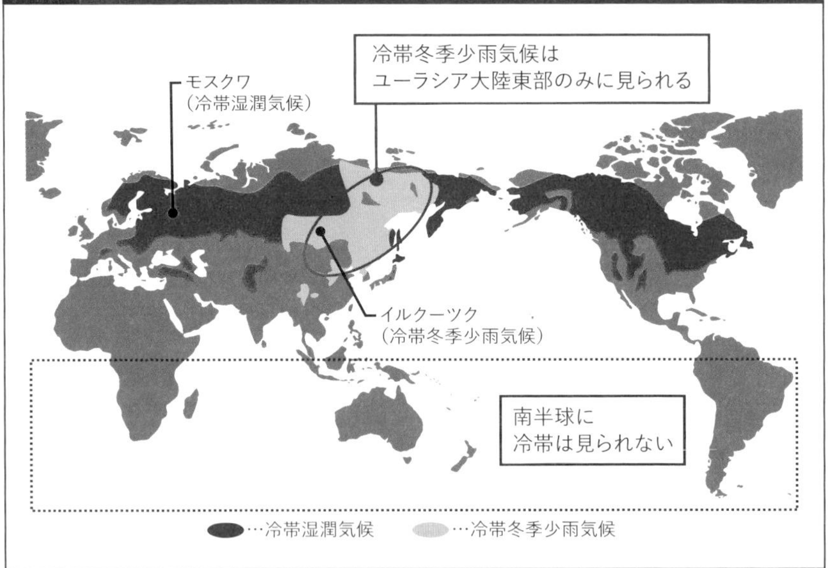

寒冷地ならではの様々な現象

冷帯では、冬季が非常に寒冷であることから起きる様々な現象があります。積雪は春まで溶けずに残る根雪となり、**雪どけのシーズンにはそれが一斉に溶けて川に流れ込むために、川の流量が一気に増大する**という**融雪洪水**が発生します。

さらに緯度が高くなると極高圧帯の影響が強くなり、積雪自体も少なくなります。ある意味、熱を遮断する「布団」のような存在である雪がなくなるため、寒さは地中深くまで及び、「**永久凍土**」と呼ばれる、年間を通して凍結した土壌となります。この上に直接建物を建てると、室内の熱が永久凍土を溶かしてしまい、建物が傾くおそれがあります。

この、**建物の倒壊を防ぐため、冷帯では高床式の家が見られます。**柱を地中深くまで打ち込み、その上に地面から浮かせて建物を建てて床と地面の間に空間をつくり、建物が傾くのを防ぐのです。

人類が定住している地の最低気温は−67.8度

冷帯湿潤気候（Df）

冷帯湿潤気候はユーラシア大陸や北アメリカ大陸の北部に広く分布する気候です。日本では北海道がこの気候帯に属しています。亜寒帯低圧帯の影響で、１年を通して降水があり湿潤です。

この気候帯の**北部では、エゾマツなどの常緑針葉樹が密集した、タイガと呼ばれる広大な森林が広がっています。**南部の夏では比較的高温となり（アメリカのシカゴの夏の気温は、温帯であるフランスのパリの夏の気温よりも高いぐらいです）、落葉広葉樹も混じる混合樹林となります。農業も可能なので、小麦やライ麦の栽培や混合農業、酪農などが行われます。

冷帯冬季少雨気候（Dw）

冷帯冬季少雨気候は、ユーラシア大陸の東部に見られます。ユーラシア大陸の冬には大陸性の高気圧が発生し、その東側は強い影響を受けます。そのため、この気候帯は冬季に非常に乾燥します。

湿潤であれば、雲や雪が「布団」のように地面を覆い、ある程度の気温が保たれますが、冷帯冬季少雨気候においてはそれがないために、**冬季の平均気温がマイナス20度からマイナス40度と、極寒の世界**となります。人類が定住しているところとしては最も寒い、マイナス67.8度が記録されたロシアの町、オイミャコンもこの気候帯にあります。それでいて、夏の昼間は20度以上にまで気温が上がるため、気温の年較差は非常に大きくなります。植物にとっては、さらに生育する条件は厳しくなり、**冬場に葉を落とすカラマツなどが生育します。**

図 3-36　冷帯湿潤気候のプロフィール

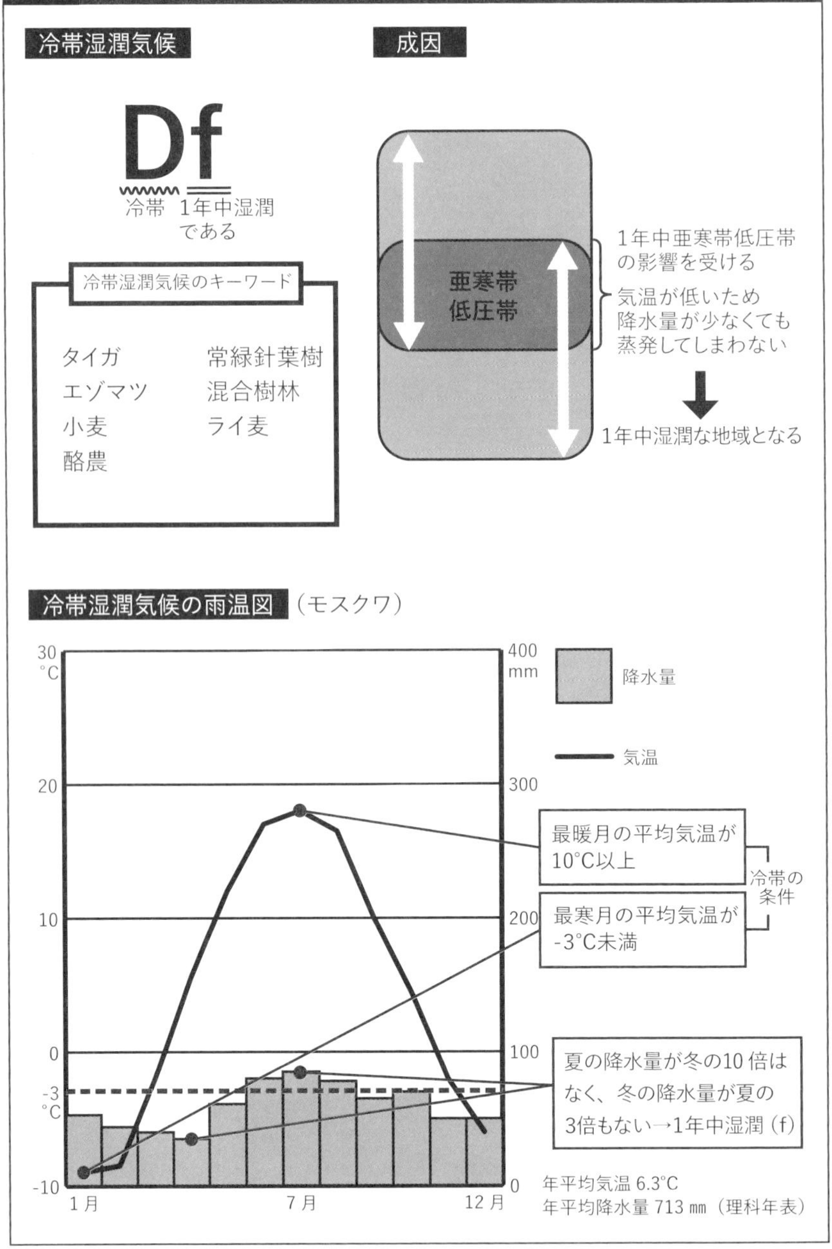
冷帯湿潤気候
Df
冷帯　1年中湿潤
である
冷帯湿潤気候のキーワード
タイガ
エゾマツ
小麦
酪農
常緑針葉樹
混合樹林
ライ麦
成因
亜寒帯
低圧帯
1年中亜寒帯低圧帯
の影響を受ける
気温が低いため
降水量が少なくても
蒸発してしまわない
1年中湿潤な地域となる
冷帯湿潤気候の雨温図（モスクワ）
30
°C
20
10
0
-3
°C
-10
400
mm
300
200
100
0
1月
7月
12月
降水量
気温
最暖月の平均気温が
10°C以上
最寒月の平均気温が
-3°C未満
冷帯の
条件
夏の降水量が冬の10倍は
なく、冬の降水量が夏の
3倍もない→1年中湿潤（f）
年平均気温 6.3°C
年平均降水量 713 mm（理科年表）

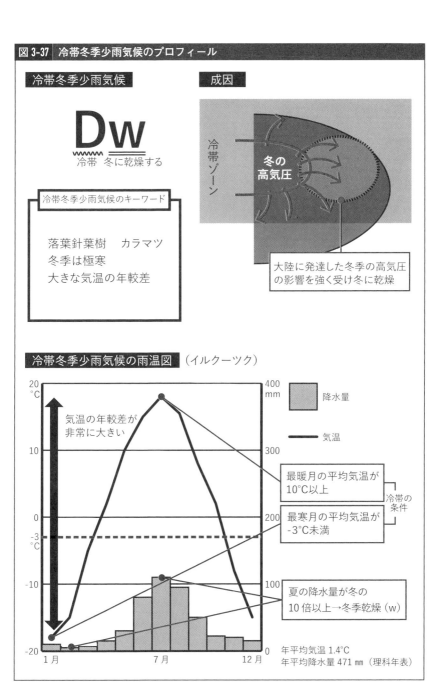

図 3-37　冷帯冬季少雨気候のプロフィール

冷帯冬季少雨気候

Dw

冷帯　冬に乾燥する

冷帯冬季少雨気候のキーワード

落葉針葉樹　カラマツ
冬季は極寒
大きな気温の年較差

成因

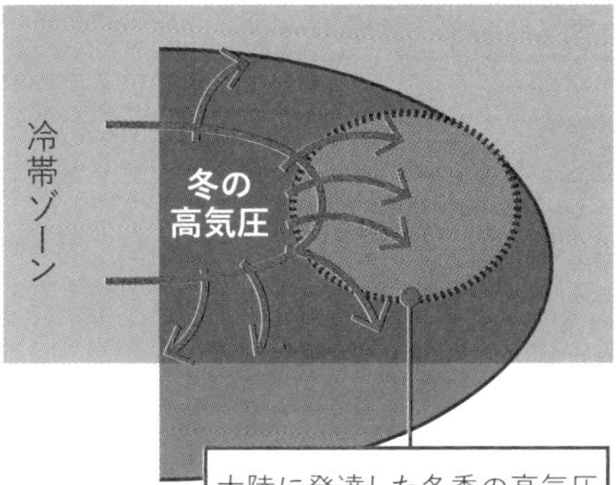

冷帯冬季少雨気候の雨温図（イルクーツク）

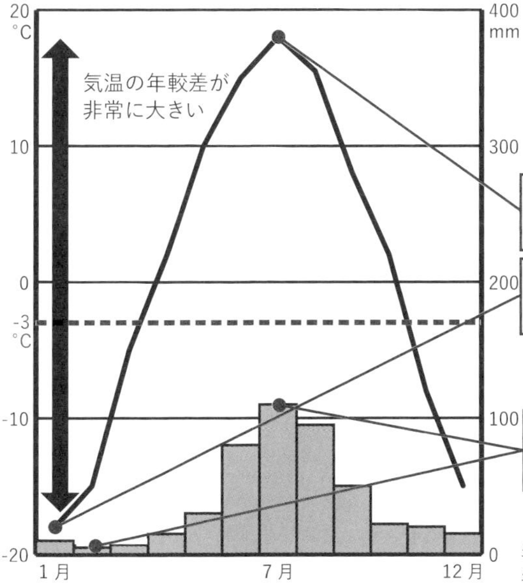

年平均気温 1.4°C
年平均降水量 471 ㎜（理科年表）

樹木が生育できない極寒の世界

寒帯の特徴

寒帯は、**最も暖かい月の平均気温が10度未満と、樹木が生育することができない気候です。**極高圧帯に覆われていて降水量は多くありません。北極圏、南極圏では白夜や極夜が見られます。

ツンドラ気候（ET）

ツンドラ気候は北極海の沿岸に分布します。土壌は永久凍土が広がり、**夏場だけ地表の氷が溶け、短い草やコケ類や菌類の仲間が生えます。**このような植生をもつ荒涼とした原野を**ツンドラ**といいます。

農耕は不可能ですので、ツンドラに暮らす北方民族はアザラシなどの狩猟を行ったり、トナカイの遊牧などを行ったりして生活しています。夏に溶けた氷は冬には再び凍りますが、そのときに地中の水分を吸いあげて凍り、地面が持ち上がる現象が見られます。冷帯と同じく、凍った土壌が建物の熱で溶け、建物が傾いたり道路にひびが入ったりするなどの悪影響があるため、住居を高床にするなどの工夫が見られます。

氷雪気候（EF）

氷雪気候は最暖月であっても平均気温が０度を超えない氷の世界です。寒冷のため下降気流が発生し、**ブリザード**といわれる吹雪になります。この気候は、大陸を覆うような巨大な氷河である大陸氷河（氷床）が存在するグリーンランドの内陸と南極大陸にのみ分布しています。

図 3-38　寒帯の分布・プロフィール

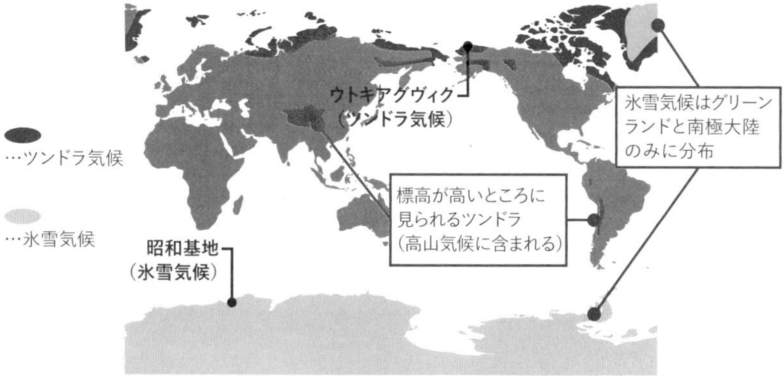

ツンドラ気候

ET

冷帯　ツンドラ

ツンドラ気候のキーワード

ツンドラ　　永久凍土
トナカイの遊牧

ツンドラ気候の雨温図（ウトキアグヴィク）

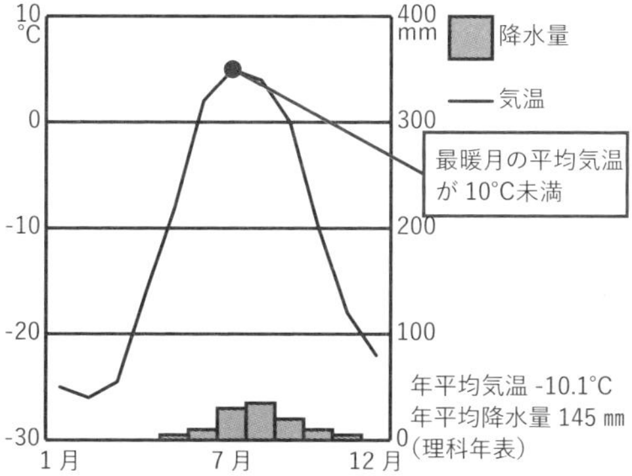

氷雪気候

EF

冷帯「氷点下の寒さ」

氷雪気候のキーワード

大陸氷河（氷床）
ブリザード

氷雪気候の雨温図（昭和基地）

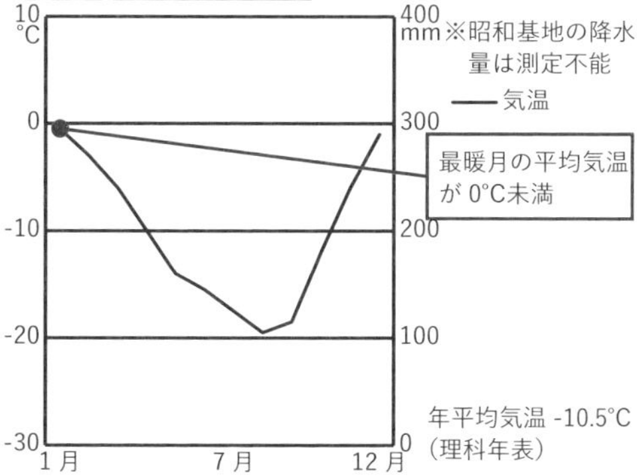

気温や降水量では分類できない高山特有の気候

後から設けられた高山気候(H)

高山気候は、チベット高原やロッキー山脈、アンデス山脈や東アフリカの高原地帯など、標高が高いところに分布します。気温と降水量のみで気候を判断するケッペンの気候区分にはもともとなかった気候ですが、その後の研究者によって加えられました。

標高が高いと、**同じ緯度帯の気候の特徴を受け継ぎつつ、気温が下がるという傾向が見られます。**ボリビアのラパスは、気温だけ見ればツンドラ気候ですが、雨温図を見ると、明らかにツンドラとは違う、雨季と乾季がはっきりした山のふもとのサバナ気候のような傾向を示します。高山気候は、こうした違和感を修正するために設けられた気候なのです。

垂直に分布する植生と農業

高山気候が存在するのはもちろん、起伏の大きなところです。ふもとから頂上に向かって、気温が徐々に低下していくため、植生はその起伏に応じて変化する、**垂直分布**を示します。農業も同じで、たとえばふもとでバナナやカカオが生産される赤道付近においては、標高が1000メートルを超えるようなところではコーヒーやトウモロコシが、2000メートルを超えると小麦が、3000メートルを超えるとジャガイモが、というように、生育に適した標高で栽培されます。アンデス地方では**リャマ**や**アルパカ**の飼育も行われています。起伏が大きいので、少しの移動でも山や谷を上下することから気温の差が大きく、また、空気が薄いので太陽光線も強くさします。気温の日較差も大きいので、上着などの温度差に対する備えが必要です。

図 3-39　高山気候の分布・プロフィール

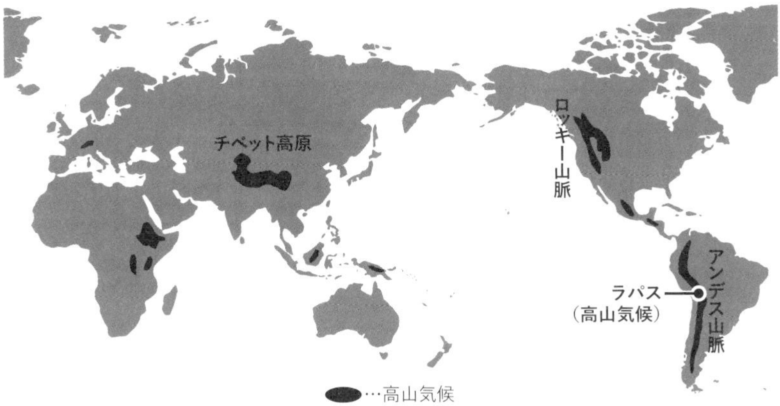

高山気候

H

高山

高山気候のキーワード

植生の垂直分布
ジャガイモ　リャマ
アルパカ

高山気候の雨温図（ラパス）

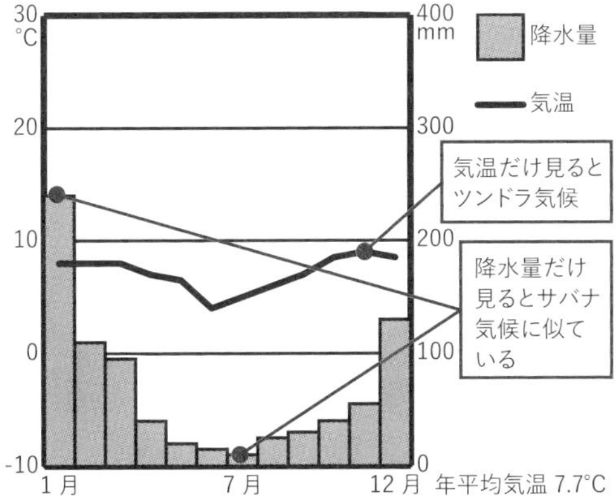

年平均気温 7.7°C
年平均降水量
630 mm（理科年表）

一般的な（高緯度の）寒帯ならば、
極高圧帯の影響で降水量が少ないはず…

→ こうした違和感を解消するために
高山気候（H）が新設された

気候や植生と密接な関連性がある土壌

土壌に影響を与える降水量と植生

　ここまでの解説で、熱帯雨林気候は「熱帯雨林」、地中海性気候は「硬葉樹」、冷帯湿潤気候は「常緑針葉樹」など、植生が気候を分類する手がかりになっていることがおわかりいただけたかと思います。

　降水量と気温、そして植生はその地点の土の質、すなわち土壌の形成に大きな影響を与えます。雨は弱酸性ですので、雨が多い地域は土壌も酸性になり、雨が少ない地域の土壌はアルカリ性となります。また、気候は微生物の活動にも影響を与えます。微生物のはたらきが活発ならば、落ち葉や枯草が分解され、養分の多い土壌になります。

大規模に分布する成帯土壌

　このように、土壌は気候と密接な関連性があることがわかります。ということは、**同じ気候帯には、同じ性質をもった土壌が大規模に広がるということです。**こうした、気候帯と分布が一致するような土壌を、**成帯土壌**

図 3-40　成帯土壌

成帯土壌	気候や植生に影響を受けて大規模に分布する土壌
熱帯気候	…ラトソル（やせた赤い酸性の土壌）
砂漠気候	…砂漠土
ステップ気候	…栗色土・黒土（チェルノーゼム・プレーリー土）
温暖湿潤気候 西岸海洋性気候	…褐色森林土
冷帯気候	…ポドゾル（灰白色で酸性の土壌）
ツンドラ気候	…ツンドラ土

といいます。代表的なものに、熱帯の**ラトソル**、冷帯の**ポドゾル**、ツンドラ気候の**ツンドラ土**などがあります。

局地的に現れる間帯土壌

一方、**気候や植生とは無関係に、局地的に現れる間帯土壌**と呼ばれる土壌もあります。おもに、もととなる岩石が長い年月をかけてボロボロになっていく風化作用を受け、土壌になったものです。石灰岩が風化した地中海地方の赤土である**テラロッサ**（イタリア語で「赤い土」という意味です）や、玄武岩が風化したインドに分布する**レグール**やブラジル高原の**テラローシャ**（ポルトガル語で「赤紫色の土」の意味です）などが代表例です。レグールやテラローシャは耕作にも適しており、レグールは「**黒色綿花土**」ともいわれて綿花栽培がよく行われ、テラローシャはコーヒーの栽培がよく行われています。また、風によって運ばれた細かな土が堆積した**レス**と呼ばれる土壌も、間帯土壌に挙げられます。

図 3-41 間帯土壌

間帯土壌 局地的に分布する土壌
レス
風によって運ばれた細かい砂が堆積した土壌
ヨーロッパ中部や中国北部に分布
テラロッサ
石灰岩が風化した赤色の土壌
地中海周辺に分布
テラローシャ
玄武岩が風化した赤紫色の土壌
ブラジル高原に分布
レグール
玄武岩が風化した黒色の土壌
デカン高原に多く見られる

様々な名前を持ち恐れられている地方風

地球上を吹く様々な風

様々な気候因子についてお話ししたときに、風についての説明も出てきました。偏西風や貿易風の説明や、夏には大陸に向かって吹き、冬には大陸から海洋に向かって吹く季節風の説明はすでにしてきましたが、ここでは、**地方風**といわれる（局地風、ともいわれます）風についての説明をしたいと思います。

ニックネームを持つ地方風

地方風は比較的狭い地域において、特定の季節に吹く風のことです。代表的な地方風には、ニックネームが付けられている場合が多く、神話や伝承、風の吹いてくる方角にちなんだ名前がよく付けられています。

わざわざニックネームが付けられている、ということはそれらの風が、どちらかといえば被害をもたらすものとして恐れられているということです。多くの地方風は気温や湿度を短期間で大きく変化させるため、農作物に悪い影響を与えます。

代表的な地方風

「**シロッコ**」は、初夏にサハラ砂漠から南ヨーロッパへと吹き付ける南風です。はじめはサハラ砂漠の乾燥した風ですが、地中海を渡るときに湿気を含み、南ヨーロッパに来たときにはその湿気が霧の発生を招きます。また、サハラ砂漠の砂を巻き上げてくるため、砂嵐が発生する場合もあります。「**ミストラル**」はフランス南東部に吹く、寒冷で乾燥した北風です。アルプス山脈の西側の谷あいをとおり、地中海付近に吹き下ろしてくる寒冷な風で、冬場に吹くことが多いのですが、季節を問わずに発生する例もあります。吹き始めると、数日の間強風が吹き荒れ、雷などをもたらします。

「**ボラ**」は、冬にイタリア半島とバルカン半島に挟まれたアドリア海に吹き下ろす、寒冷で乾燥した風です。しばしば強風で屋根の瓦が飛ぶなどの被害をもたらします。「**フェーン**」は、アルプス山脈の北側に吹く、南からの乾燥した風です。「フェーン現象」という言葉でも知られるように、山脈を越えてから吹き下ろす風は、山脈を上るときにすでに上昇気流となって雨を降らせてから吹き下ろしてくるので、高温で乾燥した風になります。乾燥した上に、強風なのでいちど火災が発生したら消火しにくいため、山火事に対する備えが必要です。

「**やませ**」は日本に吹く代表的な地方風で、夏に東北地方の太平洋側に吹く、冷たく湿った風のことをいいます。低温と日照不足で稲の生育が悪くなる冷害をもたらします。

図 3-42 地方風

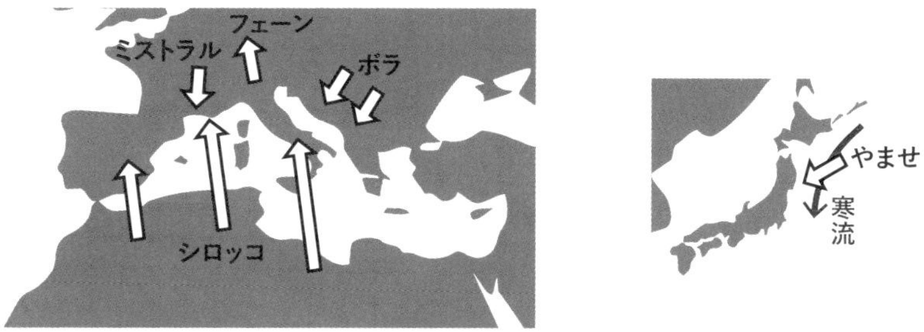

シロッコ　…サハラ砂漠から南ヨーロッパへと吹き付ける初夏の南風

ミストラル…フランス南東部に吹く寒冷で乾燥した北風

ボラ　　　…アドリア海に吹き下ろす寒冷で乾燥した風

フェーン　…アルプス山脈の北側に吹く乾燥した南風

やませ　　…東北地方の太平洋側に吹く夏の湿った北東風

永久不変ではない変化する地球の気候

数万年単位や数年単位で変化する地球の気候

このように**様々な気候因子や気候の類型を見てきましたが、これらは不変のものというわけではありません。**地球では大昔から氷期や間氷期といわれる数万年から数百万年という規模の気温の大きな変動や、数百年単位の小氷期と呼ばれるような気温の変動が起こってきました。

また、太平洋東部の熱帯地域の海水温が高くなる**エルニーニョ現象**や、逆に海水温が低下する**ラニーニャ現象**など、数年に一度のような、地球規模の大きな気温の「ゆらぎ」のような現象もあります。こうした現象が発生すると、世界では異常気象が起こりやすくなるのです。

密集する人々がつくり出す都市気候

また、多くの人口が暮らす都市では、**都市気候**と呼ばれる特殊な気候が見られます。多くの人口が集中するということは、それだけ熱の発生源が多くなるということです。そのため、都心付近だけ、郊外よりも気温が高い**ヒートアイランド現象**という現象が起こります。

都心の気温が高いということは、上昇気流が発生しやすいということでもあります。都市で暖められた空気が一気に上昇し、雲を発生させて雨を降らせる、**ゲリラ豪雨**と呼ばれる局地的な大雨の原因にもなっています。また、自動車や工場の排気に含まれる物質によって光化学スモッグが発生する場合もあります。

こうした都市気候をやわらげるため、ビルの屋上を緑化したり、風通しのよい都市計画を行ったりする取り組みもなされています。

第4章

農林水産業

第4章 農林水産業 あらすじ

人間生活を支える基盤となる産業

ここまで、おもに自然環境について取り上げてきましたが、第4章以降は人の営みについてお話しします。

第4章では農業について解説します。はじめに、農業をとらえる視点として生産性と集約度について説明し、農業の歴史と形態を紹介します。

長い歴史の中で、人々はより多くの収穫をより効率よく得るための工夫を重ねてきました。それとともに、伝統的農業から商業的農業、そして大規模な企業的農業へと農業のあり方も変化しました。

現在、人口が多いアジアでは伝統的農業に近い集約的稲作や集約的畑作、ヨーロッパでは商業的農業の流れをくむ混合農業や酪農、アメリカやオーストラリアでは広大な農地を使った企業的農業など、各地域の状況に応じた農業が行われています。

本章の後半では、米や小麦、トウモロコシなどの主要作物についてお話しします。ポイントは、作物ごとの性質の違いや生産される場所の傾向を把握することです。また、畜産業、林業、水産業の概要にも触れます。

第4章 私たちの暮らしと【農林水産業】の関係図

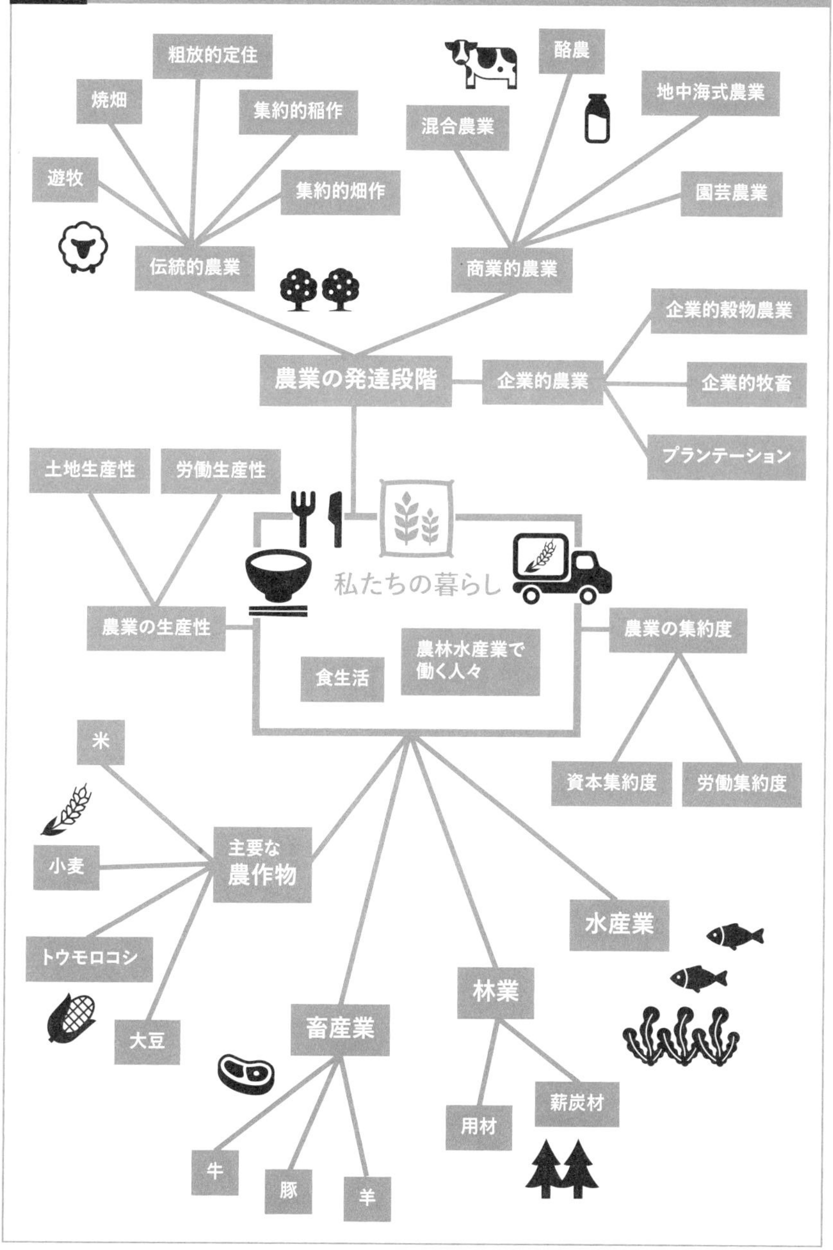

農業を理解するための いろいろな指標

自然条件に大きく影響を受ける農業

ここまで、おもに地形や気候など、私たちをとりまく自然環境についての話を中心にしてきました。第４章から第７章までは、それらの環境の上に成り立っている各種の産業についてお話ししたいと思います。

前章では気候を扱いましたが、本章では農林水産業についてお話しします。**植物や動物を扱う農林水産業は、気候をはじめとする自然条件に大きな影響を受けます。**ぜひ、前の章でお話しした気候の内容を引き続き頭の隅に置いたまま読み進めてください。

図 4-1 栽培限界

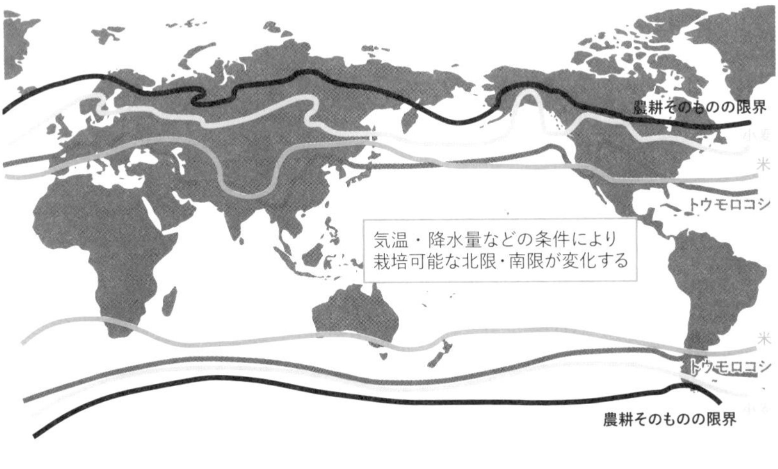

農作物によって違う栽培の限界

それぞれの農作物にはそれぞれに適した環境があり、基本的には原産地の環境が適しているといえます。作物に最適な環境から、乾燥や寒冷など、条件を厳しくしていくと、次第に育ちにくくなり、限界を超えると育てることができなくなります。この、**それぞれの作物の栽培が可能な範囲の限界**のことを栽培限界といいます。人類は乾燥地に水をひいたり、寒冷に強い作物を品種改良で生み出したりしながら、その栽培限界を克服してきた歴史があります。

土地あたり、労働力あたりで見る生産性

農業を見ていくうえで、頭に入れておくとよい視点がいくつかあります。まずは「生産性」という視点です。生産性は、どれだけ効率よく作物がとれるかという指標です。生産性の高さには、「土地面積あたりの生産性」と

図 4-2 生産性と集約度

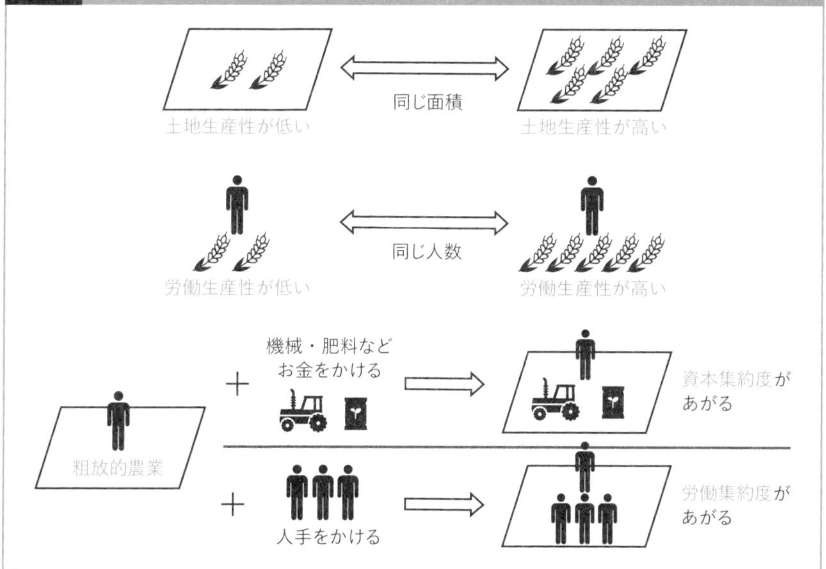

「労働力あたりの生産性」という２つの観点があります。

土地の面積あたりの生産性を土地生産性といいます。**同じ面積の土地を比べた場合、よりたくさんの作物がとれると「土地生産性が高い」といいます。**

また、労働力あたりの生産性を、労働生産性といいます。**同じ人手や労力をかけた場合、よりたくさんの作物がとれると、「労働生産性が高い」といいます。**

人手やお金のかけられ方で見る集約度

また、農業には「集約度」という指標もあります。その土地にどれくらい「人手」をかけたり「お金」をかけたりして、生産量を増やそうとしたのかを示す指標です。**同じ面積あたりに、機械や肥料の導入など多くの「お金」をかけること**を「資本集約度が高い」といい、**同じ面積あたりに、多くの「人手」をかけること**を「労働集約度が高い」といいます。集約度が高い農業を「集約的」といい、「労働集約的」「資本集約的」などといいます。**どちらの集約度も低い農業**を「粗放的」な農業といいます。

図 4-3　農業の発達段階

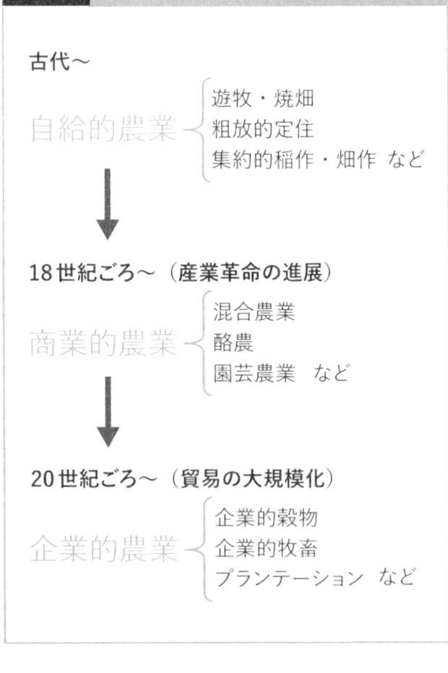

農業の発達段階

そして、農業の形態においては、その発達段階も頭に入れておくといいでしょう。おおむね、農業は自分たちで消費するための自給的農業、そして販売を目的とした商業的農業、さらに商業的農業を大規模にした企業的農業へ発展していきました。

風土や環境に根差した自給自足的な農業

古来続いてきた自給自足的ないとなみ

もともと、農業は農作物を自分たちでつくって自分たちで消費する、自給自足的なものでした。世界中の各地域で、それぞれの風土や環境に合わせた農業が始まり、現在でもその伝統が続いている地域も多くあります。また、地域によっては自給的な農業に加え、商業的な性格も合わせ持つ場合もあります。たとえば、タイやベトナムなどの稲作は伝統的な農業の形態をとっているものの、両国にとって米は重要な輸出商品でもあります。これらの伝統的な農業を、おおむね粗放的な順に見ていきます。

図4-4 伝統的農業の分布①

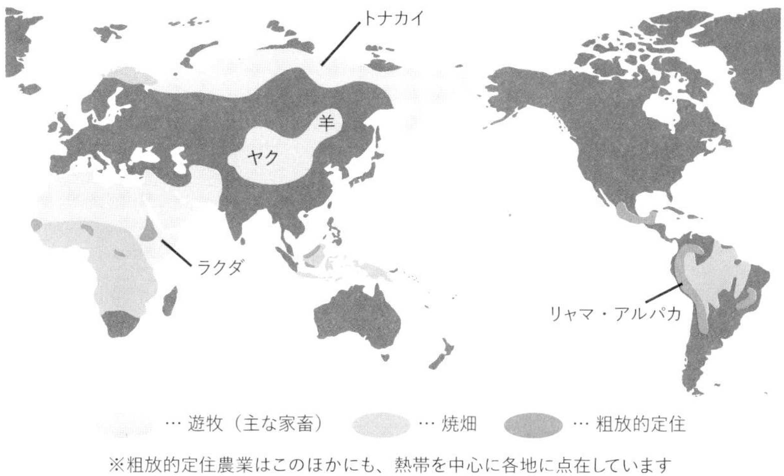

※粗放的定住農業はこのほかにも、熱帯を中心に各地に点在しています

移動しながら家畜を飼う遊牧

自然に生育している草と水を求めて移動しながら家畜を飼う牧畜を、遊牧といいます。遊牧は乾燥地域や寒冷地域、あるいは高山地域で伝統的に行われています。中央アジアから北アフリカの砂漠やステップではラクダや羊、ヤギ、モンゴルでは馬や羊が飼われ、北極海沿岸のツンドラなどではトナカイが飼われています。**こうした、乾燥地や寒冷地の遊牧では、牧草を求めて広い地域を移動する「水平的移動」を行います。**

一方で、チベット高原ではヤク、アンデス山脈ではリャマやアルパカが飼育されますが、こうした**高山地域の遊牧では、牧草を求めて谷あいから山の上のほうまでを登ったり下ったりして、「垂直的」に移動します。**

木や草を焼き払って灰を肥料にする焼畑

アフリカの中南部、中央アメリカや南アメリカ、東南アジアの熱帯地域では、焼畑といわれる粗放的な農業が行われます。熱帯地域の土壌であるラトソルは酸性かつ、やせていて農業に向かないため、**森林や草原を焼き払い、そのアルカリ性の灰を肥料にして農業を行うのです。**

主要な作物はキャッサバやタロイモ、バナナ、豆類などです。キャッサバは熱帯を代表する作物で、デンプンを豊富に含むイモの一種です（キャッサバからとれるデンプンが「タピオカ」として知られています）。

焼畑を行うと、数年は作物がとれますが、以後は急速に生産力が衰えます。そこで、**2～3年ごとに場所を変え、新たな土地に移動し、そこの林地を焼き払い、新たな焼畑をつくります。**元の土地に草木が生い茂り、生産力が回復すると、またそこを焼き払って畑にするのですが、それには10年ほどの歳月がかかります。

人口の増加や、商品作物の栽培をするからといって、**十分に草木が生い茂るのを待たないままに、次の焼畑をしてしまうと、土地の生産力が元に戻らず、不毛の地になってしまうという問題もあります。**

同じ場所に住み、畑を移動させる農業

焼畑は移動しながら林地を焼く農業ですが、道路の整備などによって、**人は同じ場所にとどまって暮らしながら、畑だけを移動させていく、粗放的定住農業に移行するようになった地域**も多くあります。さらに畑の移動もやめ、同じ場所で継続して畑作や家畜の飼育を営むこともあります。また、西アフリカのカカオなど、商品作物の栽培を組み合わせる場合もあります。アンデス山脈の周辺には、伝統的にジャガイモの栽培とリャマやアルパカの飼育を組み合わせた粗放的定住農業を行う地域もあります。

砂漠やステップで行われるオアシス農業

オアシス農業は砂漠やステップ気候で行われる農業です。乾燥地では本来、農業生産が困難なのですが、湧き水や外来河川など、水が得られるオアシス周辺では農業が営まれています。地下水の豊富な山麓などから農地

図 4-5 伝統的農業の分布②

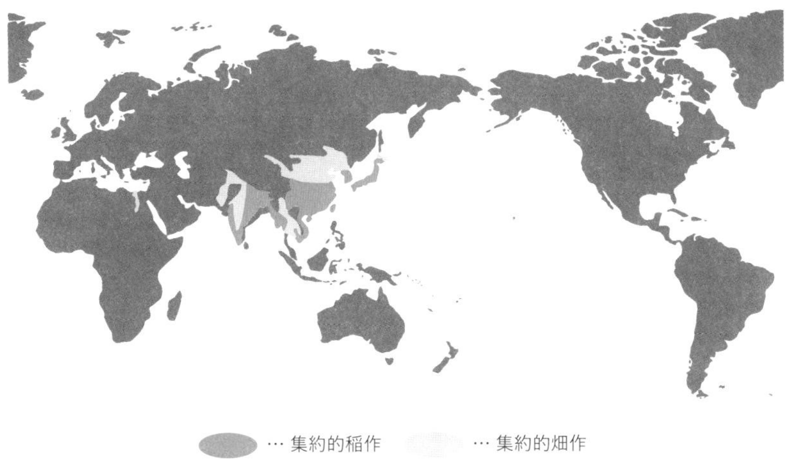

に向けて地下水路をつくる場合もあり、こうした地下水路は、北アフリカでは「フォガラ」、イランでは「カナート」、アフガニスタンでは「カレーズ」と呼ばれます。主要な作物として、ナツメヤシや小麦、綿花などが挙げられます。

多くの人手をかけて行う集約的な稲作

東南アジアから中国南部の平野で広く行われている稲作が、集約的稲作農業です。**日本でも、伝統的に集約的稲作農業が行われてきました。**稲作には多くの水を使うため、年間の降水量が1000ミリを超えるような地域で行われます。

これらの地域では人口密度が高いので、多くの人手をかけることが可能です。アジアの農村で見られるような稲作は、家族総出のような形で一斉に行うので、**労働集約度は非常に高くなり、土地生産性も高くなります。しかし、1人ひとりを見ると手作業が多く、労働生産性という点ではあまり高くありません。**

中国南部や東南アジアなど、気温が高く降水量が多い地域では同じ水田で年に2回米を収穫する二期作が行われています。それよりも高緯度で、気温が少し低い地域では、稲の刈り取りが終わった後に麦や豆を栽培するという、同じ土地で2種類の作物を栽培する二毛作が行われる場合もあります。

アジアの乾燥地域で行われる集約的な畑作

降水量1000ミリ未満の地域では稲作ができません。そのため、アジアの乾燥地域では、多くの人手をかけて小麦やトウモロコシ、コウリャンなどの畑作を行う集約的畑作農業が行われます。基本的には乾燥地域のため時折干ばつが発生して収穫量が不安定になるという欠点がありますが、近年では灌漑の整備により生産性が安定する傾向にあります。インドのデカン高原では肥沃なレグールの土壌をいかした綿花の栽培が盛んです。

ヨーロッパを中心に発達した販売を目的とする農業

産業革命によって進んだ都市と農村の役割分担

ヨーロッパでも、はじめは自給自足的な農業が行われていましたが、18世紀以降、**産業革命が起こると、都市と農村の役割分担が進むようになりました。**都市では工場労働者やサービス業に従事する人が暮らし、農村でつくられた農作物の買い手になります。一方、**農村では食料を生産し、都市に販売する売り手になりました。**こうした、市場での販売を目的とした農業を商業的農業といいます。

こうした、**商業的な農業への転換は、産業革命がいち早く起こったヨー**

図 4-6 商業的農業の分布

ロッパで始まり、工業化とともに世界に広がりました。ここでは、商業的農業とともにヨーロッパの伝統的な農業にも触れたいと思います。

混合農業への道① 三圃式農業まで

ヨーロッパでは、古くから伝統的に麦類の栽培が行われてきました。古代には、夏に乾燥する地中海沿岸では冬季に小麦が、北西ヨーロッパでは夏季に大麦などが栽培されていました。

これらの麦類は、同じ畑で毎年栽培すると、「連作障害」といって、生育不良や病害の発生が起きてしまいます（水田での稲作の場合、水を張ったり流したりすることで、「新陳代謝」が起きるので、連作障害が発生しにくいのです）。

そのため、昔から**ヨーロッパでは、ある年に麦類を栽培したら、翌年はその土地を休ませて（その土地を休閑地といいます）、土地の力を回復させてからその次の年に麦類を栽培してきました**（これを、二圃式農業といいます）。

中世に入ると、比較的年間を通して降水のあるアルプス山脈以北の地で「三圃式農業」が行われるようになりました。耕地を大きく３つに分け、冬作物（小麦）・夏作物（大麦やライ麦）・休閑地として、３年周期でローテーションさせます。休閑地では牧草を栽培しながら豚などを放牧し、その糞を堆肥として土地の力の維持をはかりました。

混合農業への道② 四輪作法から混合農業へ

時代が進み、近代への入り際である18世紀頃、この三圃式農業を発展させた四輪作法、またはノーフォーク農法と呼ばれる農業が行われるようになりました。**この農法は土地を４つに分け、冬作物（小麦）・根菜類（カブ・テンサイ）・夏作物（大麦）・クローバーと、４年を単位にしたローテーションを組む農法**です。

クローバーは家畜のえさとなるうえに、空気中の窒素を取り込んで地中

図 4-7　ヨーロッパの農業の変遷

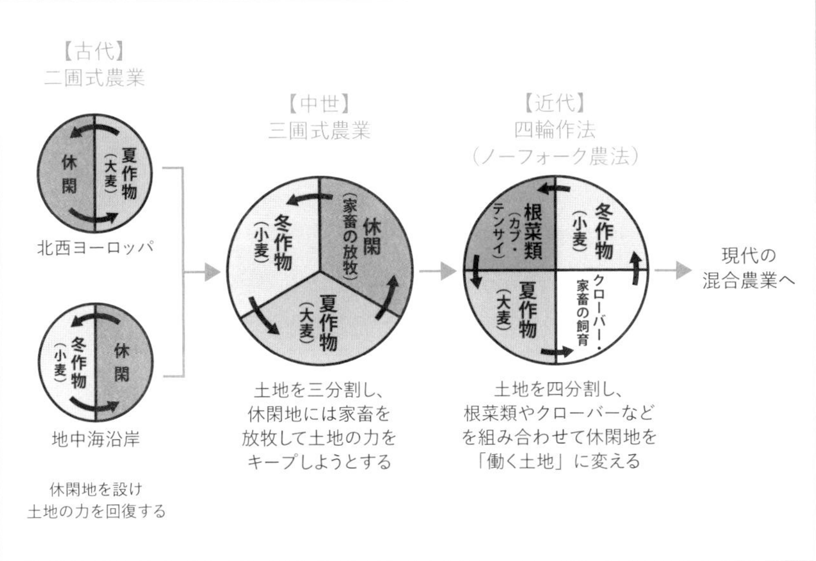

の養分にできます。根菜も、食用や家畜のえさになり、その根が土地を深く耕すという効果があります。このように、それまでの三圃式農業では「休閑地」とされていた土地が、**四輪作法では家畜の飼育と土壌のパワーアップという「働く土地」に変化するのです。**

この結果、飼育できる家畜がぐんと増え、堆肥も多く生み出されることになり、麦類の生産高も上がったのです。四輪作法の導入後は麦類の土地生産性が2.5倍になったという記録も残っています。現代の混合農業は、この四輪作法の流れを汲み、より家畜の飼育に重点を置いたものになっています。

現代の混合農業

現代のヨーロッパでは小麦・ライ麦・ジャガイモなどの食用の作物、大麦・エン麦・トウモロコシ・テンサイ・クローバーなどの飼料用の作物、そして肉牛や豚などを家畜として飼育する混合農業が広く行われています。

混合農業は、産業革命以降の都市の人口の増大や、南北アメリカ大陸などからの安い輸入穀物との競争により、四輪作法の中でも、より利益が得やすい家畜の飼育に重点が置かれるようになったものです。

混合農業はアメリカ大陸にももたらされ、アメリカ合衆国中西部には、コーンベルトと呼ばれる広大な混合農業地帯が広がっています。この地帯では巨大なトラクターを使ってトウモロコシや小麦、大豆を栽培し、肉牛や豚などを大規模に飼育する農業が行われています。

冷涼な気候で行われる酪農

酪農は、**飼料作物や牧草を栽培して乳牛を飼育し、牛乳やバター・チーズなどを生産するという商業的な農業**です。ある意味、草が生えるところであれば酪農が営めるので、穀物が生育しにくい涼しい気候や、やせた土壌でも行われます。具体的には、イギリスやデンマークなどの北西ヨーロッパ沿岸や、アメリカの五大湖周辺に見られます。これらの地域は冷涼で、かつては氷河に覆われていたため、肥えた土壌が氷に削られて、土地がやせています。

かつては牛乳や乳製品の長期保存ができなかったため、酪農は都市の周辺で行われていましたが、殺菌や冷蔵の技術向上により都市から遠く離れた地でも行われるようになり、さらに冷蔵船の発達により、オーストラリアやニュージーランドなどでも輸出用の酪農が行われるようになりました。

図 4-8 スイスの移牧

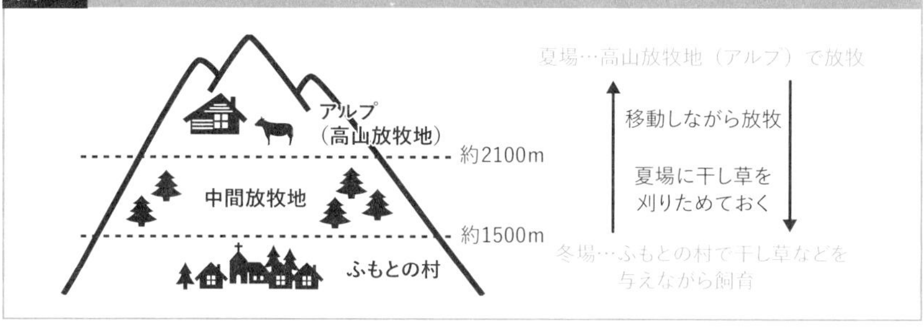
アルプ
(高山放牧地)
約2100m
中間放牧地
約1500m
ふもとの村
夏場…高山放牧地(アルプ)で放牧
移動しながら放牧
夏場に干し草を
刈りためておく
冬場…ふもとの村で干し草などを
与えながら飼育

また、スイスの山岳地帯では「移牧」と呼ばれる酪農が行われます。夏には高地にある草地で乳牛を飼育するとともに牧草を刈りためておき、初夏や秋にはやや標高の低い牧草地の牧草を食べさせ、冬にはふもとの牛舎で干し草を与えながら飼育するという、高低差をいかした牧畜を行います。この移牧における高地の牧草地のことをアルプといいます。アニメ「アルプスの少女ハイジ」にはハイジたちが暮らす山小屋が登場しますが、これは移牧を行うための夏の山小屋なのです。

新鮮さが必要な作物を育てる園芸農業

園芸農業は、市場へ出荷して収入を得るための**野菜や果物、花卉（観賞用の花のことです）などの青果類を栽培する農業です。**これらの作物は新鮮さが必要ですので、主に大都市の近郊で栽培されます。これを近郊農業といい、オランダの花卉や野菜の栽培が代表例です。日本では茨城県や千葉県などで盛んに行われており、首都圏向けの作物が栽培されています。

近年では輸送手段の発達により遠距離からでも鮮度を保ったまま大都市に運べるようになっています。こうした、市場から遠いところから輸送する形の園芸農業を輸送園芸（トラックファーミング）といいます。

特に、航空輸送の発達により、輸送園芸の範囲は拡大しており、日本でも小ネギやアスパラガス、花卉など、比較的小型で値段の高い野菜が北海道や九州から東京まで航空機で運ばれています。園芸農業はビニールハウスや肥料など、お金をかけて行われることが多く、資本集約的です。

地中海式農業

地中海式農業は、地中海沿岸やアメリカ西岸、オーストラリアの南西部やチリ中部、南アフリカ南西部などの地中海性気候の地域に見られます。夏に乾燥し、冬に湿潤という気候から、**夏場では乾燥に強いオリーブやコルクガシ、ブドウ、柑橘類を栽培し、冬は小麦を自給的に栽培します。**また、羊やヤギの飼育も盛んです。

巨大企業が手がける世界規模の農業

大量生産による農業の産業化

20世紀に入ると、農業にさらなる変化が訪れます。それが、工業製品と同様、**農作物も「農業製品」のように考え、大量生産して大規模に販売しようと考える企業的農業の進展です。**投資を集めた企業が多額のお金をかけて商品価値の高い作物や家畜を生産し、売り上げの増大を追求します。その中心的な役割を果たすのが、農業とビジネスを組み合わせたアグリビジネスといわれる農業関連企業です。特に、穀物メジャーと呼ばれる大企業は世界中に進出し、国際的な農作物の価格を決定づけたり、世界の国々

図 4-9 企業的農業の分布

の農業政策を左右したりするほどの力を持っています。

こうした農業は、南北アメリカ大陸やオーストラリア大陸の、いわゆる「新大陸」を中心に広がっています。また、南ロシアからウクライナの黒土地帯においても企業的農業が行われています。熱帯や亜熱帯において、商品作物を栽培するプランテーションもこの企業的農業に数えられます。

労働生産性が極めて高い企業的穀物農業

アメリカからカナダにかけてのプレーリーや、南アメリカの湿潤パンパ、ウクライナからロシア南西部にかけてのチェルノーゼム地帯、オーストラリアの南東部などでは、小麦やトウモロコシ、大豆などが大規模に生産される企業的穀物農業が行われています。

広大な土地を、大型の機械を用いて耕作する場合が多く、そのとき**機械を操作しているのが１人ということもよくあり、少ない人手で多くの収穫が得られ、労働生産性が極めて高い**という特徴があります。一方で、１つひとつの畑の細かいところにまで丁寧に目を届かせる農業ではないため、土地生産性はそこまで高くありません。

広大な放牧地で行われる企業的牧畜

アメリカのグレートプレーンズと呼ばれるステップ地帯や、アルゼンチンの乾燥パンパ、オーストラリアやニュージーランド、南アフリカでは、広大な牧草地や放牧地で畜産物の生産を大規模に行い、世界中の市場に出荷する企業的牧畜が行われています。

企業的牧畜は産業革命後に増大したヨーロッパでの食肉の需要を満たすために南北アメリカ大陸のステップ地域で始まり、鉄道網の発達や冷凍船の就航によりオーストラリアや南アフリカでも発展しました。

アメリカやブラジルでは、まず牧草地で子牛を放牧し、ある程度まで成長したらフィードロットと呼ばれる肥育場に入れ、穀物飼料を与えて肥えさせてから出荷する形態が見られます。

熱帯に多いプランテーション

東南アジア、ラテンアメリカ、アフリカなどの熱帯地域では、カカオや天然ゴム、コーヒーやバナナ、茶などの商品作物を栽培するプランテーションという大農園が経営されています。**かつて、これらの地域はヨーロッパ各国の植民地支配のもとにあり、本国からの資金や技術提供を受け、現地の気候と安価な労働力をいかして商品作物を生産していました。**

独立後の現在は国営の農園になったり、現地の資本家の手に渡ったりしていますが、欧米のアグリビジネスの支配下になっている農園も多くあります。

プランテーションの課題として、単一の商品作物を集中して栽培する単一耕作（モノカルチャー）に陥りがちになることが挙げられます。こうした場合、その国や地域の経済が、その作物の取れ高や国際価格の変動に大きく影響を受けることになり、不安定な経済になってしまいます。

図 4-10 プランテーションの分布

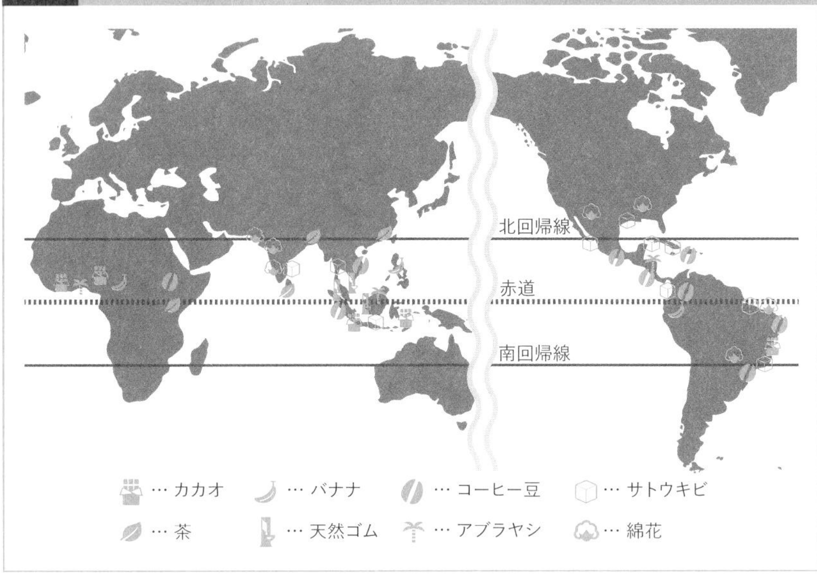

アジアを中心に主食として栽培される米

人口との関連が大きい米の生産高

ここからは、米、小麦、トウモロコシ、大豆などの主要穀物についてお話しします。それぞれ、世界の食を支える重要な農作物ではあるものの、生産地域や流通量、消費のされ方に大きな違いがあります。これらの作物のプロフィールを把握することは、農業を理解するうえで重要です。

米は高温、多湿な環境においてよく育つ作物で、現在、世界で7億5000万トンほど生産されています。その一方で、世界の総輸出量は約4200万トンにとどまります。したがって、米は90%以上が自国で消費される**自給的要素が強い作物ということになります。**そのため、**米の生産量は人口との比例関係が強い傾向にあります。**生産上位の国は中国、インド、インドネシア、バングラデシュ、ベトナム、タイと、人口の多い温暖湿潤なアジアの国が名を連ねています。

大きく2つに分かれる米の種類

米の貿易量が少ないのは、食感の好みという原因もあります。米は大きく、インディカ種とジャポニカ種に分かれます。インディカ種はおおむね粒が細長く、粘りが少ない米です。炒めたり、濃い味の汁をかけたりして、他の食材と混ぜて食べることが多く、熱帯や亜熱帯の、比較的気温が高いところで栽培されます。ジャポニカ種にはおおむね粒が短く、粘り気が多いという特徴があります。こちらは米を炊き、そのまま主食として、おかずとは独立させて食べることが多いです。気温が高すぎると生育が進まないため、温帯や亜寒帯などで栽培されます。

図 4-11 米の生産上位国

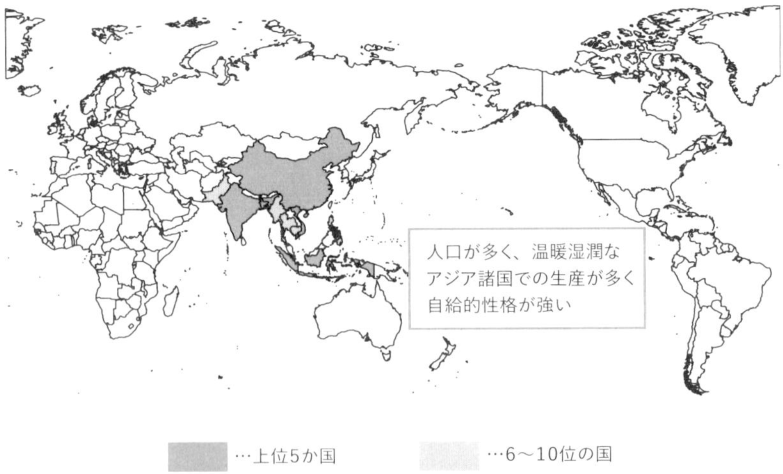
人口が多く、温暖湿潤な
アジア諸国での生産が多く
自給的性格が強い
…上位5か国
…6〜10位の国

インディカ種とジャポニカ種はかなり明確にすみ分けされており、インディカ種を食べる人はインディカ種をつねに食べ、ジャポニカ種を食べる人はジャポニカ種をつねに食べ、**「今日はこっちを食べたから、明日はこっちにしよう」というようなことはあまりありません。**そのため、安価だからといって外国産の米を輸入して食べる方向には向かわないのです。

米の増産と緑の革命

米は人口を養う力が大きいため、人口が増加している地域では米の収穫量を増やす試みがつねに行われてきました。特に、1960年代を中心にアジア各国の発展途上国で見られた「緑の革命」と呼ばれる農業技術の革新や高収量品種の導入は、アジア諸国にめざましい食糧増産をもたらしました。

しかし、**高収量品種の導入は灌漑(かんがい)設備や肥料の投下に費用をかけられる人々とそうでない人々の格差を招き**、農村内の貧富の差を生じさせる結果も招きました。

国際商品としての性格が強い小麦

貿易に向いている小麦

小麦は、米と並んで世界の食を支える重要な穀物です。生産量と貿易量を米と比較すると、生産量は世界で約7億6000万トンと、米と同じぐらいなのですが、世界の総輸出量は1億8000万トンほどなので、**米と比較すると輸出に回される量が多いのがわかります。**小麦を粒のまま食すということはめったになく、いったん粉にしたあとでパンや麺に加工することが一般的です。**小麦をひいて粉にしてしまえば、米のような口当たりの違いの問題もなくなり、品質も画一化するために、貿易に向いているのです。**

図 4-12 小麦の生産上位国

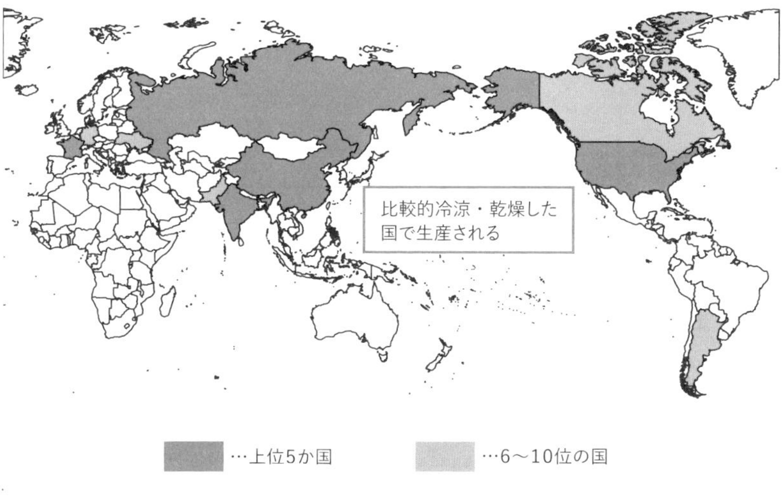

比較的冷涼・乾燥した国で生産される
…上位5か国
…6～10位の国

寒いところで育てるほうが「春小麦」

小麦は冷涼で、乾燥した気候に向いています。主要な生産国では、中国やインドなど人口が多い国と、ロシア・アメリカ・フランス・カナダ・ウクライナといった、人口が多い国の中でも比較的冷涼な地域がある国が多いです。

小麦には秋に種をまき、冬を越して初夏から夏に収穫する冬小麦と、春に種をまき、秋に収穫する春小麦があります。

もともと、一般的に栽培される小麦は発芽後に越冬し、春の訪れとともに成長する冬小麦です。 しかし、高緯度地域の冬は長く、地面の凍結も厳しいので冬を越せません。そこで、**高緯度地域では春にまき、短い夏で生育して秋に収穫する春小麦を栽培します。** そのため、ある程度暖かい地域では冬小麦が、より寒い地域では春小麦が生産されるのです（冬小麦のほうが、麦の生育にとって好条件の春や初夏の時期にじっくり成熟できるので実入りがよく、収穫量は一般的に多くなります。現在では春小麦の不利を補う品種も多く生み出されています）。

図4-13 北アメリカの小麦生産地域

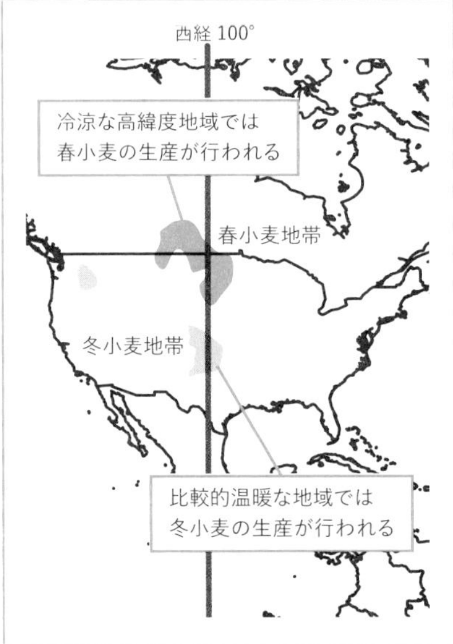

西経 100°
冷涼な高緯度地域では
春小麦の生産が行われる
春小麦地帯
冬小麦地帯
比較的温暖な地域では
冬小麦の生産が行われる

こうした、冬小麦と春小麦の収穫時期の違いに加え、オーストラリアやアルゼンチンなどの南半球は季節が逆転し、北半球の端境期（はざかいき）で収穫されます。結果的に、小麦は1年を通して世界のどこかで栽培され、世界中で流通していることになるのです。

世界の食生活を支えるメインプレーヤー

世界最大の収穫量と貿易量をもつ穀物

世界のトウモロコシの生産量は**約11億トンと、三大穀物の中で最も多く生産されており、輸出入も世界最大の穀物です。**日本は世界第1、2位を争うトウモロコシの輸入国で、年間1600万トンほどのトウモロコシを輸入しています。日本の米の総生産量が1000万トン程度なので、それを大きく上回る量のトウモロコシを輸入していることになります。しかし、その割に日本人が毎日の主食としてトウモロコシを食べている光景を目にすることはありません。日常生活において、私たちがトウモロコシを直接食べる

図4-14 トウモロコシの生産上位国

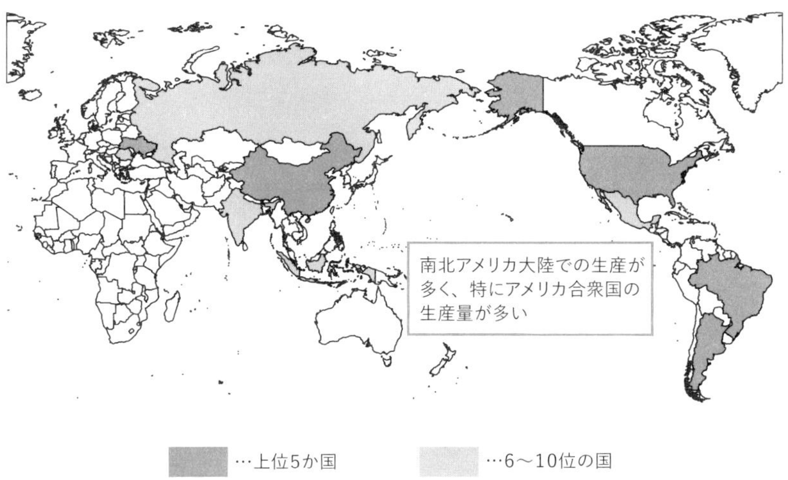
南北アメリカ大陸での生産が多く、特にアメリカ合衆国の生産量が多い
…上位5か国
…6～10位の国

機会は、サラダの上のトッピングや夏祭りやバーベキューのときに食べる焼きトウモロコシぐらいではないでしょうか。

毎日のように口に入る重要作物

しかしながらじつは、**トウモロコシは間接的に、毎日のように口に入っているものなのです。**たとえばあるお店でフライドチキンとジュースを注文したとしましょう。この場合、トウモロコシの飼料で育てた鶏肉を、トウモロコシでつくった油で揚げ、トウモロコシでつくった甘味がついたジュースを飲んでいるということも多いのです（ジュースの原材料を見たときによく表示されている「果糖ブドウ糖液糖」のおもな原料は、トウモロコシのデンプンです）。**トウモロコシなくして、現在の世界の食生活は成り立たないといっても過言ではないのです。**

世界最大の輸出国はアメリカ

トウモロコシの原産地は、中央アメリカや南アメリカです。アメリカ合衆国が主要生産国で、特に中西部のコーンベルトと呼ばれる地域ではトウモロコシが集中的に生産されています。中国の生産量も多いのですが、中国は人口が多いので、国内での需要を満たすための生産が中心です。

結果、アメリカ合衆国が世界最大のトウモロコシの輸出国となり、**世界の貿易量の半分以上がアメリカ合衆国のトウモロコシになっています。**トウモロコシは世界の食生活に大きな影響を与える作物のため、「コーンベルトの天候が世界の食料価格を左右する」といわれるほどです。

トウモロコシの主要な用途は、飼料です。一般的に牛肉１キロの生産には11キロ、豚肉１キロには６キロ、鶏肉１キロには４キロの飼料が必要とされます。発展途上国の経済成長により、食肉の需要が高まっていることから、トウモロコシの需要も高まっています。

また、植物からつくる燃料であるバイオエタノールの主要な原料でもあり、近年、その生産量は急増しています。

食用以外の用途も多い多目的な作物

ブラジルの生産量が増加

「三大穀物」と呼ばれる「米・小麦・トウモロコシ」に並んで、世界の食を支える重要な作物が大豆です。

日本では、味噌や醤油、豆腐や納豆のような、食用としてのイメージが強いのですが、世界ではトウモロコシと同じようにおもに飼料用や油用、そしてバイオエタノールの原料としての利用が多く、食用はごく一部にすぎません。主要生産国はブラジル、アメリカ、アルゼンチンで、ブラジルの生産量がここ10年で飛躍的に増加しているのが特徴です。

図 4-15 大豆の生産上位国

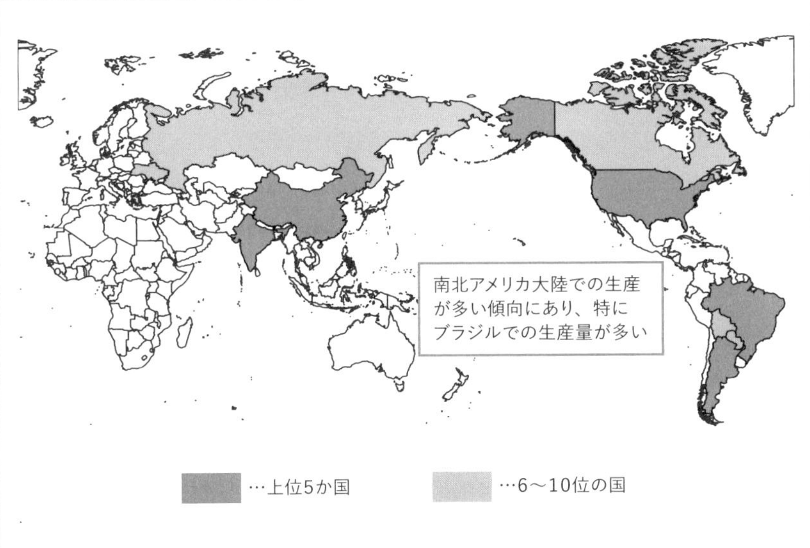
南北アメリカ大陸での生産が多い傾向にあり、特にブラジルでの生産量が多い
…上位5か国
…6〜10位の国

イモ類・嗜好品・工業原料など身の回りの多様な作物

イモ類

イモ類の１つであるキャッサバは、栽培が容易な割にデンプンが豊富なので、熱帯から亜熱帯の地域で広く栽培されています。そのまま食べると毒なので、茹でて水にさらし、毒抜きをします。根から採取されるデンプンはタピオカといいます。栽培は**ナイジェリアやタイ、インドネシアなど熱帯の発展途上国に集中しており**、ほとんどが自給用です。南アメリカのアンデス周辺が原産とされるジャガイモは、寒さに耐え、成長も早いので世界で栽培されます。中国やインドなどの人口が多い国や、ロシアやウクライナ、アメリカ、ドイツなどのやや冷涼な国での生産が多いです。

サトウキビ

サトウキビは熱帯から亜熱帯の地域で栽培されます。収穫の前には成長を控えさせ、糖分の蓄積をさせる時期があったほうがいいということから、乾季がある地域が望ましいとされています。茎のしぼり汁から砂糖を精製するほか、バイオエタノールの原料として利用されています。ブラジルや中国、インドが生産の中心です。

カカオ

チョコレートの原料となるカカオは、コートジボワールやガーナなどの西アフリカの国々やインドネシアでの収穫量が多い作物です。カカオの木は直射日光や強風をきらい、他の木の陰で成長するという特徴があるため、広い農地に一面に栽培し、機械で収穫することができません。ですから、

栽培には多くの人手がかかります。 この特徴が、小規模な農家が地主に安い賃金で雇われたり、児童労働の温床になったりするという事態を招き、農家が貧困から脱け出せないという構造も根強く残っています。

コーヒー

熱帯の作物であるコーヒーは、生育期には降水量が必要で、結実期には乾季になる時期が望ましいという特徴から、**サバナ気候との相性がいい作物です。** 生産量の上位はブラジル、ベトナム、コロンビアの順です。コーヒーといえば、南米やアフリカというイメージがあるため、ベトナムが主要生産国であることは意外に感じるかもしれません。

茶

茶は高温多湿で、排水の良い丘陵地を好みます。同じチャの木からとれる葉でも、その後の加工の仕方で緑茶になったり、紅茶になったり、ウーロン茶になったりします。歴史的にも茶の主要産地である中国、インドが生産量の上位ですが、**それ以降はケニア、スリランカなど、喫茶文化のあるイギリスの植民地だった国が多くランクインしています。**

綿花

綿花は、生育期に降水があり、収穫期に乾燥するところが適地で、年間の降水量は600ミリから1200ミリ程度が適当とされます。綿花は綿織物の原料になり、種から油がとれます。インド、中国、アメリカが生産上位国です。

天然ゴム

天然ゴムは熱帯雨林気候や熱帯モンスーン気候など、年中高温多雨な環境が適地です。タイ、インドネシアで世界の半分以上を生産しています。

宗教の影響も受ける家畜の分布

牛

牛は世界の広範囲で飼育され、肉や牛乳を得る以外にも、皮を利用したり、農耕や運搬などの手段にしたりと、古くから利用されてきました。飼育頭数の上位はブラジル、インド、アメリカ合衆国の順です。

ここで注目したいのが、インドです。飼育頭数は世界の2位にランクインしているのに、牛肉の生産は10位以内にも入っていません。**これは、牛を神聖視するヒンドゥー教徒が多いことに関連しています。**インドでの牛の利用は、牛乳や仕事に使うことが中心です（インドでまったく牛肉の生産がないわけではなく、ヒンドゥー教徒以外の人々も2～3億人いますし、神聖視されない水牛まで含めた「牛類の肉」の生産量はかなり多くなります）。

牛肉の生産上位はアメリカ合衆国・ブラジル・中国、牛乳の生産上位はアメリカ合衆国・インド・ブラジルです。

豚

豚も、世界の広範囲で飼育されています。おもに肉を食べたり、脂を利用したりするために飼育されていますが、皮革の利用もされています。**イスラームでは、豚肉を食べることが教典によって禁止されているために、豚の飼育は避けられています。**

飼育、豚肉の生産ともに中国が他の国を圧倒しています。その他にも、「ソーセージの国」でイメージされるドイツや、「生ハムの国」でイメージされるスペインが飼育頭数の上位です。

羊

羊は乾燥に比較的強いため、中央アジアから北アフリカにかけての乾燥地域やオーストラリアなどの乾燥地域での飼育が比較的多い家畜です。逆に、豚は飼育に多くの水が必要なので、湿潤地域での飼育が中心になります。さらに、羊を多く飼育している中央アジアや北アフリカにかけての国々はイスラームが広く信仰されている地域でもあり、豚を飼育しないので、**羊と豚の分布は、逆の傾向を示すように見えます。**

羊の飼育頭数は中国、インド、オーストラリアの順で、羊肉の生産、羊毛の生産ともに中国、オーストラリア、ニュージーランドの順になっています。ニュージーランドは頭数こそ世界の10番以内に入っていないものの、肉、羊毛の生産はともに世界の３番目に位置しています。人口約500万人に対して、羊の頭数は2500万頭を超えており、輸出品目として重視されていることがわかります。

図 4-16 家畜の飼育数の上位国

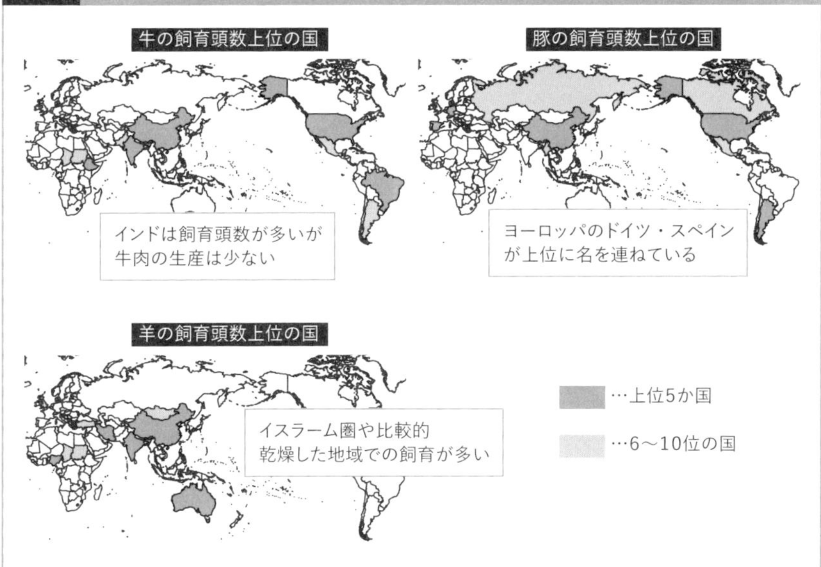

牛の飼育頭数上位の国
インドは飼育頭数が多いが
牛肉の生産は少ない
豚の飼育頭数上位の国
ヨーロッパのドイツ・スペイン
が上位に名を連ねている
羊の飼育頭数上位の国
イスラーム圏や比較的
乾燥した地域での飼育が多い
…上位5か国
…6〜10位の国

輸出と環境の両立が必要な森林資源

発展途上国で多い薪炭材の利用

視点を林業に移しましょう。森林資源の利用は、大きく２つに分かれます。１つは、薪や炭として燃料用に使う薪炭材、そしてもう１つは材木として建築などに使う用材です（紙をつくるパルプの原料となる木材も用材に含まれます）。**発展途上国では燃料用の木材、つまり薪炭材としての利用が多く、先進国では用材としての利用が多いという特徴があります。**

多くの人が暮らす地域はそれだけ薪炭や用材の需要が高く、面積の広い国はそれだけ利用できる森林資源が多いため、木材の伐採量は面積と人口が多い国ほど多い傾向になっています。

用材の利用と環境保護

木には広葉樹と針葉樹がありますが、おおむね広葉樹は硬く、樹種も豊富で独特の木目があるため、家具や楽器、人目につくところなど、特殊な用途に用いられる高級材として利用される傾向にあります。針葉樹は樹種が少なく、多くの木が同じくらいの高さまで成長することや、加工しやすい硬さであることから、建築用材として使われています。

森林が広がる国にとって、木材は重要な輸出品目ですが、森林を無計画に伐採すると周辺の水質の悪化や土砂災害の増加、生態系の破壊を招きます。かつてはマレーシアやインドネシアなど、東南アジアの国々では丸太の輸出を盛んに行っていましたが、熱帯林の減少を招き、1970年代頃から丸太の輸出規制を行っています。しかし、この影響から冷帯の針葉樹の需要が高まり、そちらの森林破壊を招く状況も生まれています。

食生活の多様化とともに増大する水産資源の需要

世界一の漁獲量は中国

世界の食を支えるものとして、水産資源も欠かせません。近年では中国、インドネシア、ベトナムといったアジアの新興国の発展によって、**そこに暮らす人々の食生活が多様化し、水産資源の需要が高まっています。それに伴い、世界の水産業の生産量は増加し続けています。**

国別の漁獲量の変動は大きく、1990年代までは日本とソ連（ロシア）が1、2位を争っていましたが、1990年代半ばに中国が1位になり、以後は中国の漁獲量が圧倒的に多くなっています。中国の漁獲量の内訳を見ると、海水産品と淡水産品の比率が半々程度で、**他の国と比較しても淡水産品の漁獲が特に多いのが特徴です。**また、海水・淡水にかかわらず養殖の割合が高く、全体の7割以上が養殖です（それをまとめると、中国で消費される最大の魚類は養殖された淡水魚ということになります）。

漁業が盛んな海域と魚種

世界のおもな漁場は、大陸棚といわれる、**陸から続く比較的なだらかな傾斜の部分で、おおむね深さ130メートル程度の浅い水域**や、海洋の中でも周囲より一段と浅くなっているバンクと呼ばれるところに発達しています。浅い海域には海底にまで太陽光線が差し込み、プランクトンの繁殖が盛んになるのです。また、寒流と暖流がぶつかる潮境といわれる場所や、深層の豊富な栄養分を上層に運ぶ湧昇流（ゆうしょうりゅう）が起きやすい場所も好漁場とされます。

世界最大の漁獲量をほこる海域は、太平洋の北西部であり、多様な魚種

図4-17 漁場と魚種

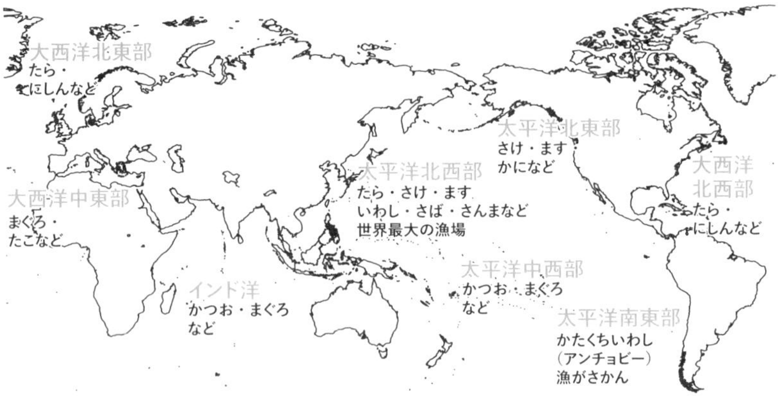

が水揚げされています。特に近年では、中国の漁獲量が伸びています。また、大西洋の北東部や太平洋の南東部も伝統的な漁場として知られ、大西洋の北東部ではにしん、たら、さけなどが、太平洋の南東部ではアンチョビー(カタクチイワシ)漁が盛んです。アンチョビーはおもに魚粉にされ、飼料や肥料として輸出されます。

水産資源の保護と養殖・栽培漁業

世界の漁獲量が増大する一方、水産資源の枯渇も問題になっています。水産資源の枯渇が問題になり始めたのは1980年代頃です。その後、200海里の排他的経済水域が設定され、各国が自由に操業できる海域が制限されると、天然の水産資源の漁獲高が低下し、代わりに養殖業の漁獲量が増加しました。**現在では、世界の漁獲量の半分以上が養殖となっています。**

また、人工的に孵化させた稚魚を海に放ち、成魚を漁獲する栽培漁業も一般的なものとなっています。

第5章

エネルギー・鉱産資源

第5章 エネルギー・鉱産資源 あらすじ

産業の発展に欠かせない エネルギーと鉱産資源

第5章では、エネルギーや鉱産資源について扱います。エネルギーには天然に存在するものをそのまま使う「一次エネルギー」と、それを加工して使う「二次エネルギー」があります。

地下から採掘されるエネルギー資源の代表といえば、石油、石炭、天然ガスなど、太古の生物や植物の遺骸が変化した「化石燃料」です。本章では、石油、石炭、天然ガスについて、それぞれ産出される場所の特徴や主要生産国についてお話しします。

私たちにとって身近な二次エネルギーの代表格は、電力です。おもな発電方法には、水力、火力、原子力などがあります。国のエネルギー政策は、安価に手に入るエネルギーから逆算して決められるため、水力、火力、原子力の比率は国によって大きく異なります。また、近年では再生可能エネルギーの利用比率が高まっています。

様々な工業製品の素材になる鉱産資源は、大きく「鉄」と「非鉄金属」に分けられます。鉄は産業に欠かせない重要な金属です。アルミニウムの材料になるボーキサイト、金や銀、銅など重要な鉱産資源の概要も紹介します。

第5章 私たちの暮らしと【エネルギー・鉱産資源】の関係図

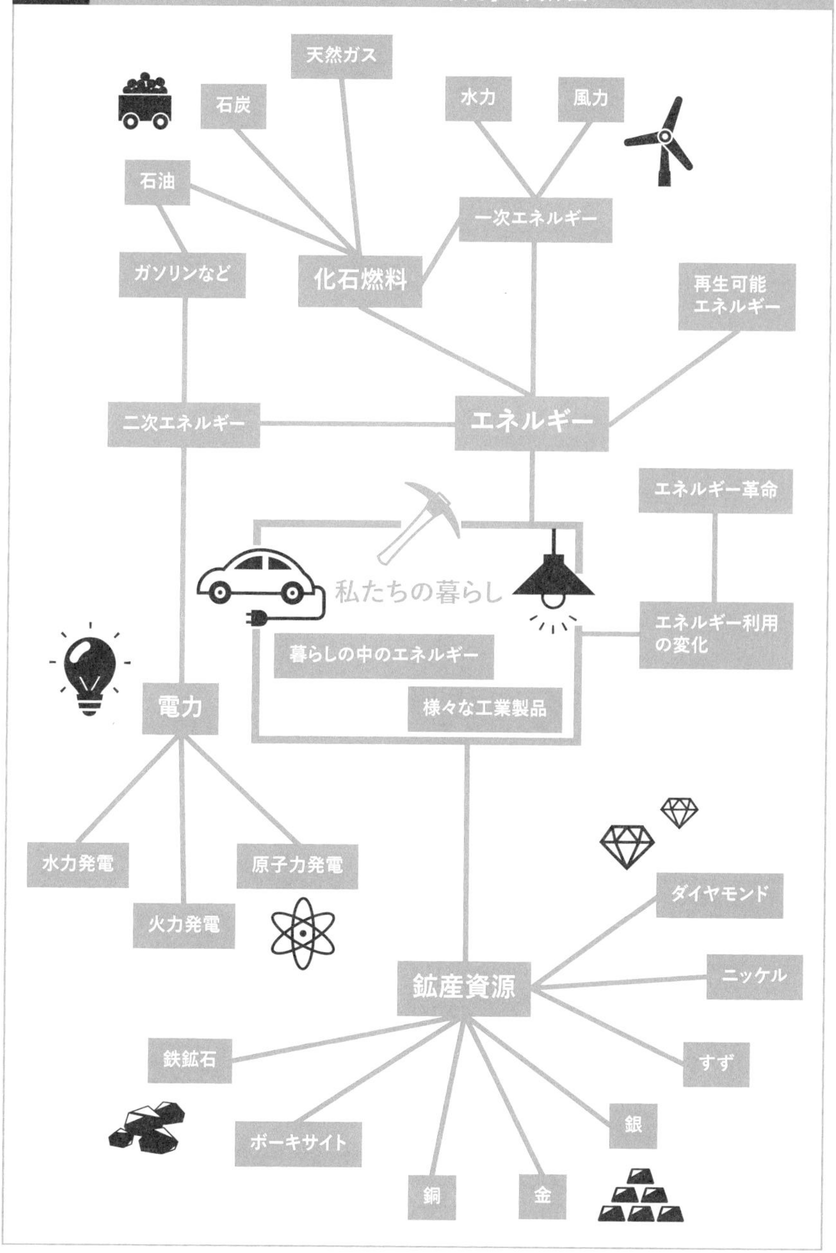

身の回りの様々なエネルギー

モノづくりに関わる資源たち

ここからは、エネルギー資源や鉱産資源などのお話をします。

エネルギー資源と鉱産資源、そして次章でお話をする工業は、「モノづくり」に関わる、いわゆる第二次産業に関連した産業です。

一次エネルギーと二次エネルギー

私たちが活用するエネルギーには、石炭や石油、水力や風力、原子力や電力、蒸気力など、数え上げればきりがありませんが、エネルギーは大きく、一次エネルギーと二次エネルギーに分かれます。

一次エネルギーは、**天然にあるものをそのまま利用するエネルギー**です。たとえば、石炭や石油をそのまま燃やし、その熱を利用したり、水車や風車で臼を回したりするものを一次エネルギーといいます。

二次エネルギーは、**一次エネルギーを加工してつくりだしたエネルギー**です。様々なエネルギー資源を使って起こした電気や、石油からつくられたガソリンなど、よりエネルギーを使いやすくしたものになります。

たとえば、水車を使って小麦を粉にすることを考えた場合、水車に石臼を取り付けてそのまま粉をひけば一次エネルギーとしての利用ですが、水車に発電機を取り付けて電気を起こし、その電力で粉ひき機を動かして粉をひけば、二次エネルギーに変換して利用したことになります。

エネルギー資源の中でも、大昔の動植物の遺骸が地中に堆積し、長い年月の間に変化した一種の化石を使うものを「化石燃料」といい、石油・石炭・天然ガスがその代表です。

時代と共に変わってきたエネルギーの利用

産業革命によって変わったエネルギーの利用

エネルギーの利用の仕方は、時と共に変わってきました。大昔の人々のエネルギーは薪や炭、そして、水力や風力でした。ある意味、昔は身近に入手できる「再生可能エネルギー」をもっぱら使っていた、ということになります。

エネルギーの利用が大きく変化したのは、18世紀のイギリスに始まった産業革命です。二次エネルギーの中心が蒸気力になり、その燃料として石炭が大量に使われるようになったからです。石炭がエネルギーの中心となった時代は、おおむね19世紀いっぱいまで続きました。

20世紀に入ると、次第に自動車の燃料や、プラスチックや化学繊維の原料として石油の利用が進みました。

一気に石炭から石油に変わったエネルギー革命

そして、1960年代後半の、いわゆるエネルギー革命を迎えます。世界の工業化や自動車の普及、中東での大規模な油田開発やオイルタンカー、パイプラインなどの輸送手段の発達により、一気に石炭から石油に、エネルギー消費の中心が移ったのです。

エネルギー革命以後、エネルギーの中心は石油であり続けていますが、少しずつ新たなエネルギーの利用も拡大しています。1970年代のオイルショック（石油危機）をきっかけに天然ガスの利用や代替エネルギーの利用が増加し、近年では環境への負荷の少ない再生可能エネルギーやバイオ燃料の利用が進んでいます。

いろいろな用途に使われるエネルギー資源の代表

多額の費用がかかる石油の採掘・流通

私たちは車にガソリンを入れたり、ストーブに灯油を入れたりするときに、石油を消費している感覚があると思います。石油は、私たちにとって最も身近なエネルギー資源かもしれません。

こうした、ガソリンや灯油は、地下資源としての「原油」を用途別に分けたものです。原油そのものは複雑な混合物で、そのままでは利用しにくいため、原油を加熱し、その**沸点の違いを利用して「石油ガス」「ナフサ(プラスチックや化学繊維などの材料)」「ガソリン」「灯油」「軽油」「重油」「アスファルト」などに分けるのです。**動力や燃料以外にも、石油はいろいろな用途に使われる、最も重要な資源といえるでしょう。現在、世界で使われるエネルギーの3割ほどが石油です。

石油は資源が埋蔵されているところを探しだし、掘り出して輸送し、精製して流通し、販売するという一連の工程に多額の費用がかかります。そのため、「石油メジャー（国際石油資本）」と呼ばれる**巨大な多国籍企業が大きな影響力を持ってきました。**特に第二次世界大戦後から1970年代頃までは石油の生産を少数の石油メジャーで独占している状況にあり、価格決定権を握っていました。

こうした欧米系の大企業による独占に対し、**産油国は自国の資源を国有化して自国で管理し、自国の経済発展のために利用しよう**という資源ナショナリズムという考えを持つようになりました。たとえば、1960年のOPEC（石油輸出国機構）の結成や、1970年代の産油国による石油価格の引きあげなどが資源ナショナリズムの代表的な動きです。現在ではロシアのガスプロムや中国のペトロチャイナなどの大規模な国営企業も石油の市場に参入してきており、石油価格に影響を与える要素になっています。

石油の分布

一般的に、石油は大昔の海に存在していたプランクトンや藻類などの死骸が海底に堆積し、次第に化学変化したものだと考えられています。その分布は世界中に広がっていますが、どこも掘り出しやすい形で存在しているわけではありません。

その掘り出し方には、大きく２つの方法があります。１つは、地層の中で自然に石油が溜まっている、**いわゆる「油田」にパイプを下ろし、直接吸い上げる方法です。**この方法は、従来行われてきた石油の掘り出し方で、「在来型エネルギー資源」といいます。石油が自然に溜まっている場所は、地層が上向きの凸状に褶曲（背斜）した場所が多い傾向にあります。

もう１つは、**石油分を含んだ砂（オイルサンド）から石油を取り出したり、石油分が染み込んでいる岩（オイルシェール）から石油を取り出したりする方法**です。オイルシェールから石油を取り出すには、深い岩盤を水平に掘削して水を高い圧力で注入し、岩盤に多数の亀裂をつくって砕き、石油分を吸い上げるという技術を用います。こうした新しく考案された特殊な技術を使って取り出すエネルギー資源を「非在来型エネルギー資源」といいます。

非在来型の資源は在来型の資源に匹敵するほどの埋蔵量があると

図 5-1　石油の採掘

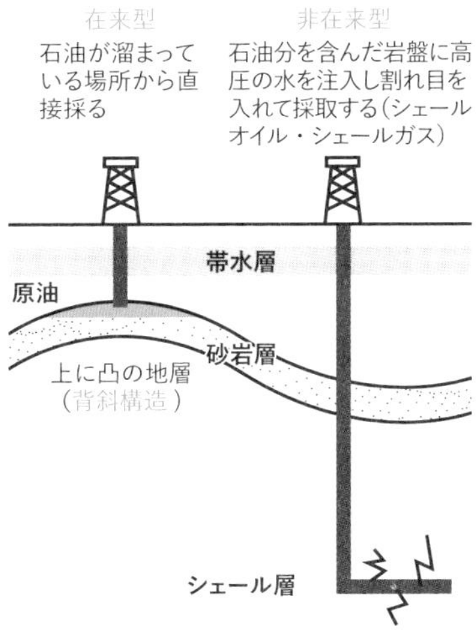
在来型
石油が溜まっている場所から直接採る
非在来型
石油分を含んだ岩盤に高圧の水を注入し割れ目を入れて採取する（シェールオイル・シェールガス）
帯水層
原油
砂岩層
上に凸の地層
（背斜構造）
シェール層

※石油が染み込んだ砂（オイルサンド）から石油を採取する方法も、非在来型エネルギー資源の1つです

考えられています。エネルギー資源の枯渇が危ぶまれる現在、非在来型資源の採掘が急速に進んでいます。

原油の主要な産出国

世界の原油生産量を見ると、１位が非在来型資源の開発が進むアメリカ、２位がロシア、３位がサウジアラビアの順になっています。

アメリカは世界最大の産出量をほこりますが、それでもまったく足りずに、かなりの量を輸入しています。さすがは多くの人口を抱えている巨大な工業国、という感じを受けます。似たような例として、産出量が５位の中国は世界最大の原油の輸入国であるということが挙げられます。**中国も巨大な人口を抱える工業国なので、自国の産出量では足りずに多くを輸入しているというわけです。**対照的に、サウジアラビアは世界第３位の産油国であるにもかかわらず、人口はアメリカの約10分の１なので、産出量の４分の３を輸出に回すことができます。

図 5-2　油田と天然ガス田の分布

太古の植物が炭化してできた「黒いダイヤ」

「石炭紀」にできた大規模な炭田

石炭は、大昔の植物が枯れたり、倒れたりして地中に堆積し、地中の熱や圧力を受けてゆっくりと炭化してできたものです。特に、「古生代」と呼ばれる時代の後半の「石炭紀」という、３億5000万〜３億年前の時代の熱帯や亜熱帯には（いわゆる「パンゲア」ができる少し前の時代です）、シダ植物の大森林が生い茂っており、この時代の地層にできた石炭は、元になる植物の量や、良質な石炭になる十分な時間などの条件がそろっており、大規模な炭田はその時代にできたものが多い傾向にあります。

このような炭田は、その上に３億年の地層が積み重なり、地下深くに眠っている場合が多いのですが、**いわゆる「古期造山帯」の地域では、かつて隆起した山脈がほどよく侵食され、取り出しやすい深さに石炭が存在する場合が多い**という傾向にあります。そのため、大規模な石炭の産地は古期造山帯の周辺に多く存在するという特徴があります。

逆に、石炭紀よりずっと前の岩盤がそのまま露出している**安定陸塊の楯状地には炭田はあまり分布しません。**楯状地が広がるアフリカ諸国（南アフリカを除く）やブラジルの石炭の産出は多くありません。

石炭の消費と生産

かつて「黒いダイヤ」といわれて重要視された石炭ですが、「エネルギー革命」後も、製鉄や発電などに使われる重要なエネルギー資源であることに変わりはありません。石油はあと50年ほどで枯渇してしまうともいわれていますが、石炭は、あと100年以上は採掘できるといわれます。

図 5-3 炭田の分布

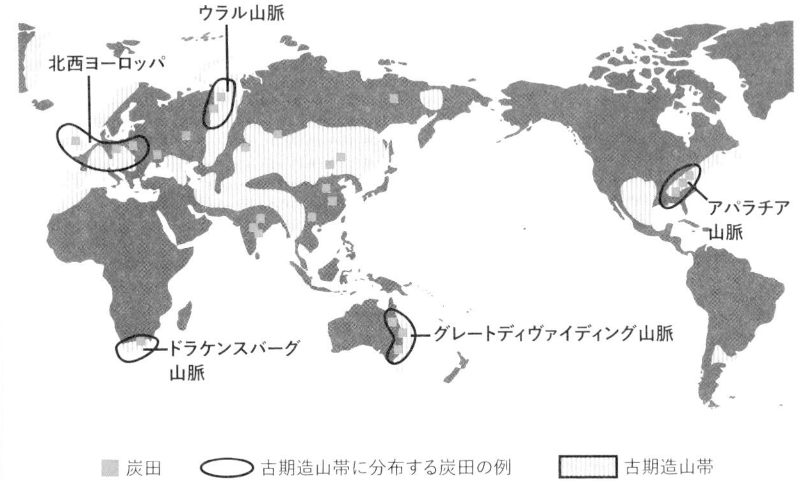

従来、石炭の使用は環境に対する悪影響が大きいとされてきましたが、液体化やガス化を行ったり、汚染物質を取り除いたりする技術（クリーンコールテクノロジー、CCTともいいます）の研究が近年、急速に進められており、石炭の消費は増加傾向です。

石油は液体なので、パイプラインやタンカーなどで比較的容易に運べますが、石炭は固体なので、非常にかさばり、大きな輸送コストがかかります。そのため、**石炭はどちらかといえば、「石炭の産出国が、そのまま自国で使う」割合が高い資源**です。

石油は全採掘量の6割ほどが輸出入されていますが、石炭は全採掘量のうち、貿易に回るのは2割ほどです。**石炭の生産は中国が圧倒しており、世界の約半分は中国が産出する石炭です。** 2位のインドが世界の産出量の10%ほどなので、中国の生産量の大きさがわかります。しかし、それでも足りずに、中国は世界最大の石炭輸入国でもあります。日本は世界第3位の石炭輸入国で、その約6割をオーストラリアから輸入しています。

需要が伸びている「燃える気体」

「燃えカス」の少ないクリーンエネルギー

天然ガスは**石油危機以降、利用を伸ばし、現在では世界のエネルギーの２割以上が天然ガスになっています。**もともと、天然ガスは「燃える気体」なので石炭や石油に比べて「燃えカス」である物質の排出量が少なく、燃やしたときの熱量が高いため、石炭・石油よりもクリーンなエネルギーとされています。

天然ガスには油田地帯から産出される石油系ガスと、有機物が地中で腐敗してできるメタン系のガスがあります。石油系のガスの分布は油田の分布と似た傾向を示します。天然ガスは気体のままでは体積が大きすぎて輸送や貯蔵が困難なため、マイナス162度まで冷却して液化し、体積を600分の１にして輸送・貯蔵します。また、気体のまま**パイプライン**で輸送される場合もあります。

天然ガスの産出が多いロシア・イラン・カタール

世界最大の天然ガス産出国はアメリカ合衆国ですが、第２位はロシア、以下、イラン、中国、カナダ、カタールと続きます。**ロシア、イラン、カタールは、石油と比較しても、特に天然ガスの産出量が大きな国として知られます。**

エネルギー全体を見ると、日本のエネルギー自給率は11％程度と低く、９割ほどのエネルギーを海外からの輸入に依存しています。エネルギーの安定供給のため、国際情勢の急変などに備え、石油・石炭・天然ガスをバランスよく輸入し、備蓄しておくことが重要だと考えられています。

国によって異なる発電方法の比率

生活になくてはならない二次エネルギー

電力は、私たちの生活になくてはならないものです。薪や炭、水力、ガソリンや灯油などを含めた総エネルギー消費のうち、３割のエネルギーが電力の形で利用されます。電力はおもに水力、火力、原子力によって生み出されています。

水力、火力、原子力の比率は、その国で得られるエネルギーやその国のエネルギー政策によって大きく異なります。

水力発電中心の国

まず、「水力発電」が中心の国は、水資源が豊富で、ダム建設に適した条件の地形がある国に多く、おもに降水量の多い高緯度の国や熱帯の国に見られます。水力発電の比率が多い国は、カナダ、ブラジル、ノルウェーなどです。

次いで、「原子力発電」が中心の国は、フランス、ウクライナ、スウェーデンが代表的です。フランスは電力の約７割、ウクライナは５割、スウェーデンは４割近くが原子力発電です。**原子力発電の設置や運用においては、その国のエネルギー政策が大いに影響を与えており**、原子力の利用を行わない国や原子力発電の削減を試みている国も多くあります。

そのほか、多くの国が「火力発電」が中心の国です。近年は二酸化炭素の排出などに配慮し、再生可能エネルギーへ転換する国も増えてきました。ドイツやイギリスは火力発電が中心でありながらも、再生可能エネルギーでの発電が３割を超え、火力発電に肩を並べるほどになっています。

様々な工業製品の素材となる多様な鉱産資源

鉄鉱石

一般的に金属資源は「鉄」と「非鉄金属」に分類されます。「鉄」と「鉄以外」に二分するというのも、何か変な感じがするのですが、それだけ鉄は、古くから最重要の金属資源とされてきました。すべての産業に鉄はなくてはならない資源であり、「産業のコメ」と呼ばれることもあります。鉄鉱石が採れる場所は、**安定陸塊、とりわけ楯状地に多く存在しています。**今から約27億年前という古い昔の海において、光合成を行う生物が繁栄し、水中の酸素が増加した時期がありました。このとき、海水に溶け込んでい

図 5-4 鉄鉱石・ボーキサイトの分布

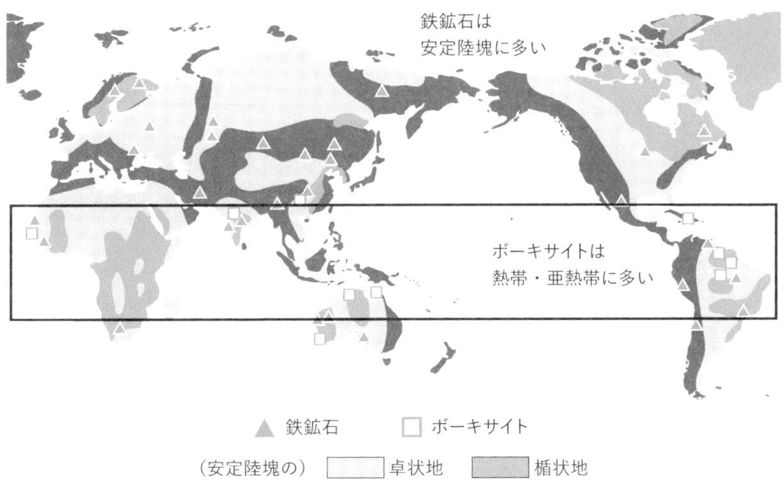

る鉄が酸素と結びついて酸化鉄となり、海中に堆積して分厚い鉄の層をつくったといいます。楯状地はおおむね、25億年前から８億年前にかけて陸地になり、その岩盤がそのまま露出しているものなので、この鉄の層が地表近くに存在しているというわけなのです。

鉄鉱石の産出は、オーストラリア、ブラジル、中国、インド、ロシアと、大きな楯状地がある地域に存在しています。特にオーストラリアとブラジルの存在感が大きく、日本に入ってくる鉄鉱石の約95％はこの両国から輸入されたものです。

ボーキサイト

ボーキサイトはアルミニウムの原料になる鉱石です。アルミニウムは軽くて柔らかく、加工がしやすいので、缶やアルミ箔など多くの用途に使われます。ボーキサイトの生産上位の国は、オーストラリア、中国、ギニア、ブラジル、インド、ジャマイカと、**熱帯や亜熱帯地域のある国に多くなっています。**これは、熱帯の赤い土である「ラトソル」（有機物が分解され、栄養分の吸収・流出を経たあとに残った酸化鉄や酸化アルミニウムの成分が多い土）の中でも、特にアルミニウム分が多いところがボーキサイトのもととなっているからです。

ボーキサイトをアルミニウムにするときには、ボーキサイトから抽出した酸化アルミニウムを溶解し、電気分解を行うことで純粋なアルミニウムにします。**この電気分解には非常に大きな電力を使うため、アルミニウム缶は「電気の缶詰」といわれます。**そのため、アルミニウムを生産する国は電力が安く調達できる国が中心になります。中国やインドなど、石炭が採れる国や、ロシア、アラブ首長国連邦、バーレーンなどの産油国、カナダ、ノルウェーなどの水力発電ができる国などがその代表です。

銅鉱石

銅は電線や硬貨、装飾品など、古くから使われてきました。**銅鉱石の主**

要な産地は変動帯、特に新期造山帯に多く見られます。これは、地下のマグマの中で銅の成分が集まり冷え固まったものや、マグマに熱せられた水の中で銅の成分が集まり、それが冷え固まったものなどが、鉱石になる場合が多いという理由からです。

マグマの活動が活発で「温泉」が多いところでは銅がよく採れるということは、**日本も銅がよく採れる地域の１つであり、平安時代から明治時代まで、銅は日本の主要な輸出品でした**（戦後は閉山が相次ぎ、現在、日本に稼働中の銅鉱山はありません）。銅鉱石はチリ、ペルーなどの新期造山帯に位置する国や、アフリカ地溝帯付近の「カッパーベルト（『カッパー』は『銅』という意味）」に位置するコンゴやザンビアでよく産出されています。

金・銀

金や銀も、銅と同じくマグマのはたらきや、マグマに熱せられた高温の水のはたらきによって鉱脈ができる傾向にあります。したがって、**新期造**

図 5-5　金・銀・銅・すず・ダイヤモンド・ニッケルの分布

山帯の国々から多く産出される傾向があります。

歴史的にも、大航海時代には「黄金の国」と呼ばれたこれらの地域を目指して多くの航海者が海を渡り、そこから採れる金や銀は世界の貨幣価値を決定づけました。現在では、金については昔ながらの鉱山からはあらかた採り尽くしており、コストが高くなっても採れるところから採る（採掘にコストがかかっても、希少性が高く、価値が高いので採算がとれるのです）ようになっており、中国、オーストラリア、ロシア、アメリカ、カナダと、産出国は世界に散らばっている傾向があります。それに比較すると産出量が多い（金の約８倍）銀は、メキシコ、ペルー、中国、ロシア、チリと、新期造山帯周辺で多く採掘されています。

すず・ニッケル

すずは青銅・はんだなどの合金の原料となる金属です。中国の他、ミャンマーやインドネシアなど東南アジア、ブラジルやペルーなどアンデス山脈近辺でよく採れます。ニッケルは合金やメッキ、太陽電池などに使われます。フィリピンやロシアが代表的産出国であり、フランス領の**ニューカレドニア**も、世界の１割ほどを産出する「ニッケルの島」として有名です。

ダイヤモンド

宝飾品としても、やすりやダイヤモンドカッターなどの工業用途にも使われるダイヤモンドは、ダイヤモンドを含む岩石が先カンブリア時代の大規模なマントルの運動によって形成され、その状態が現在まで保存されたようなところに現れるとされます。したがって、安定陸塊の楯状地でよく生産されます。ロシア、カナダの生産が多いですが、ボツワナ、コンゴ民主共和国がそれに続き、アフリカからの産出が多いことも特徴です。特に**ボツワナ**は人口235万人と小規模な国であるにもかかわらず、ダイヤモンドの大鉱脈があるため、GDPの２割がダイヤモンド関連産業という、「ダイヤモンドの国」になっています。

第6章

工業

第6章 工業 あらすじ

工業によって支えられる私たちの便利な暮らし

第6章のテーマは工業です。私たちの身の回りは様々な工業製品であふれています。工業は、工業製品をつくって売る工場や企業に収益をもたらすだけでなく、工業製品を流通させ、販売する卸売業や小売業、そして工業製品を利用するサービス業の発展も促します。そのため、世界中の国が工業に力を入れているのです。

当初、工業は家庭で自分達が使うものをつくる、という自給的な性格でしたが、次第に工業製品は販売するための「商品」に姿を変えます。大きな変化が起きたのは、18世紀の産業革命です。産業革命以降、機械工業が工業の中心となり、20世紀に入ると重化学工業が発達します。

工業は、「どこに工場を建てれば最も利益が出るのか」という視点が大切になります。産業によって重視される立地の条件が異なるため、地域ごとに異なる工業が発展することになります。

あわせて、本章では金属工業、機械工業、食品工業、先端技術産業、コンテンツ産業など、各種の工業の特徴も見ていきます。

第6章 私たちの暮らしと【工業】の関係図

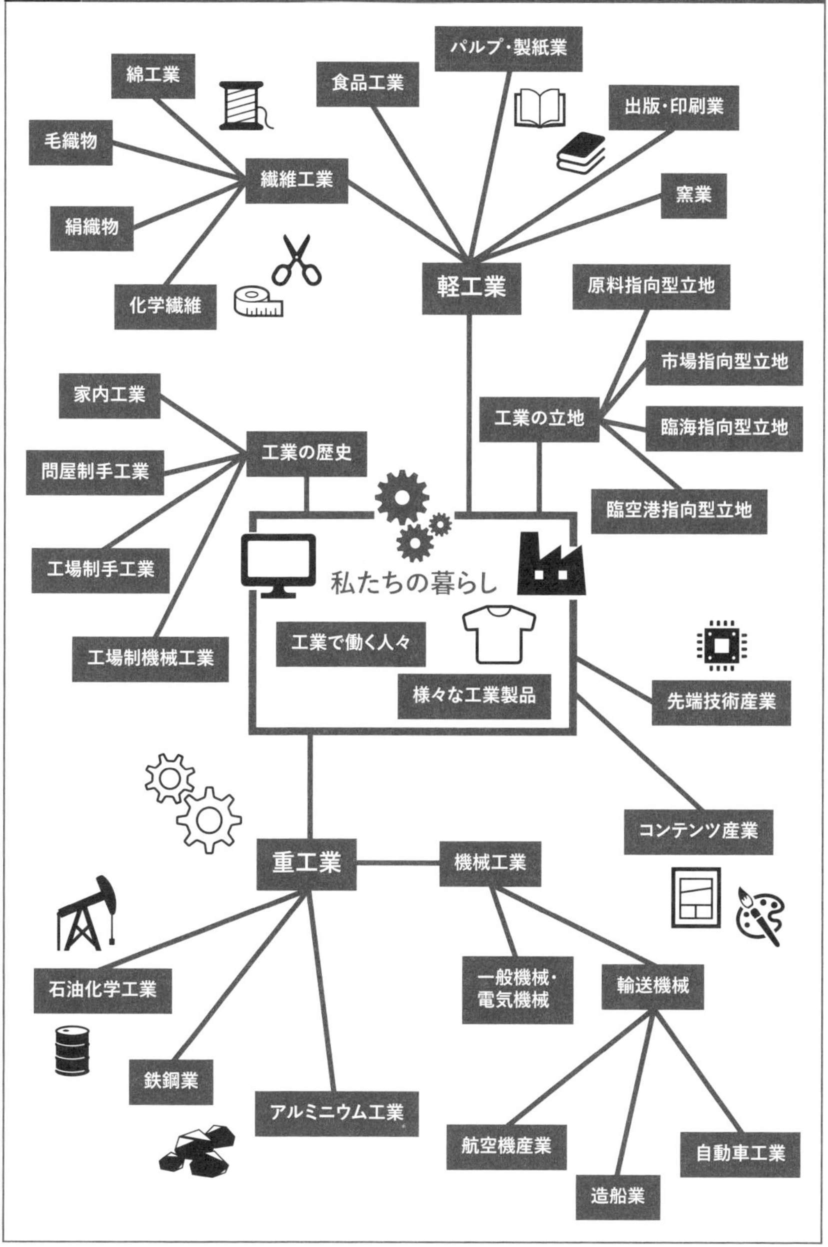

私たちの暮らし
工業で働く人々
様々な工業製品
軽工業
繊維工業
綿工業
毛織物
絹織物
化学繊維
食品工業
パルプ・製紙業
出版・印刷業
窯業
工業の立地
原料指向型立地
市場指向型立地
臨海指向型立地
臨空港指向型立地
工業の歴史
家内工業
問屋制手工業
工場制手工業
工場制機械工業
先端技術産業
コンテンツ産業
重工業
石油化学工業
鉄鋼業
アルミニウム工業
機械工業
一般機械・
電気機械
輸送機械
航空機産業
造船業
自動車工業

原材料から付加価値を生み出す工業のはたらき

産業の中核に位置付けられる工業

私たちの身の回りを見ると、便利な工業製品にあふれています。**工業とは、農林水産業で生産された原材料や鉱産資源を加工し、私たちの役に立つものを生産する営み**を指します。一般的に、工業は農林水産業や鉱業よりも労働生産性が高く、工業の発展は多くの職を生み出し、商業やサービス業の発展も促します。そのため、多くの国では工業を盛んにする産業政策が優先的にとられています。

工業製品をつくるために必要な原材料費や燃料などの購入費を差し引いた、原材料からどのような新しい価値が生み出されたかという、その価値を**付加価値**といいます。世界各国の企業は、デザイン性を高めたり、新しい機能を付加したりして、**自らの工業製品の付加価値をいかに高めるかに力をそそいでいます。**

軽工業と重工業

工業には大きくわけて、**軽工業**と**重工業**があります。繊維製品や食品など、家庭で個人が使うための**消費財**をつくるための工業が**軽工業**で、産業革命以前の工業といえばほとんどが軽工業でした。

対して、工業用の機械など、物を生み出すための「**生産財**」をつくる工業や、自動車や家電製品など長期の使用に耐える「**耐久消費財**」を生産する工業など、大規模な設備が必要で、比較的重量の重い生産物が生産される工業のことを**重工業**といいます。鉄鋼業や機械工業がその代表で、産業革命以後に発展していきました。

家庭から問屋、工場へ そして機械へと工業が発展

家内制から工場制に発展した手工業と工場制機械工業

工業の歴史は、自分たちが使うものを自分たちでつくる自給的な手工業から始まりました。そこから次第に自分たちがつくったものを販売するための工業に移行し、**問屋が各家庭に製品の生産を委託し、各家庭は手工業品を生産して問屋に製品を供給する**問屋制家内工業、そして**労働者を工場に集めて集中的に手工業を行う**工場制手工業へと発展していきました。

18世紀のイギリスで始まった**産業革命**の影響は世界に広がり、工業のありかたを大きく変えました。手工業から機械工業へ移行する大きな変化の中で、人間の手作業は次第に機械に置き換えられ、**工場制機械工業**が工業の中心になります。産業革命をいち早く達成したイギリスやフランス、ドイツ、アメリカ、ロシア、日本が世界の工業の中心となり、20世紀を迎えます。

重化学工業の発達

20世紀に入ると、**電気や石油の利用が進み、機械工業や金属工業、化学製品の生産などを含めた重工業**である**重化学工業**が発達しました。

戦後になると、産業革命の頃から工業国として世界をリードしてきたアメリカや西ヨーロッパ諸国のいわゆる先進国や、国営企業を中心に重化学工業に力を入れていたソ連の工業生産はさらに発展していきます。ヨーロッパの「**重工業の三角地帯**」や、現在「**ブルーバナナ**」と呼ばれるイギリス南部からイタリア北部にかけての商工業が盛んな地域、アメリカの**五大湖**周辺、そしてソ連の**コンビナート**と呼ばれた工業地域などが、世界の工

図 6-1　ヨーロッパ・アメリカの工業地帯

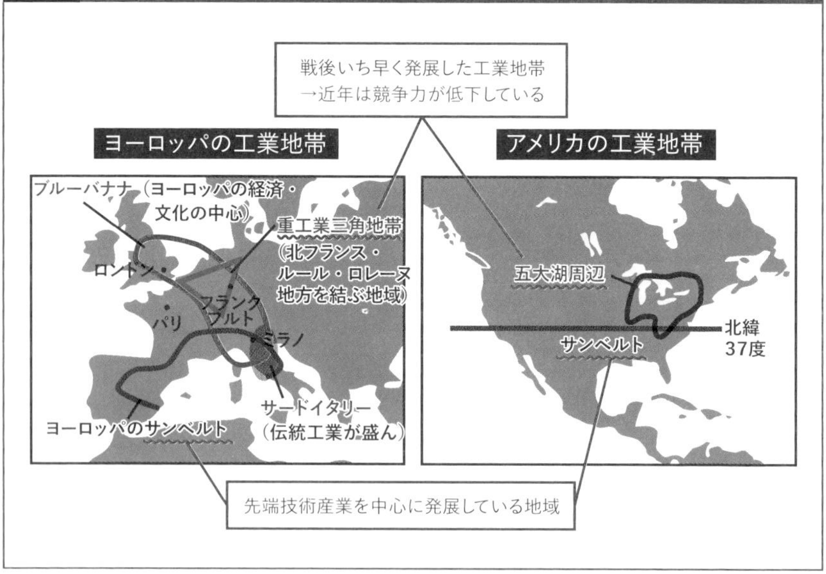

業生産の中心になりました。第二次世界大戦では敗戦国となった日本も、1950年代半ばからのいわゆる「**高度経済成長**」の中で急速に工業生産を回復しました。これらの国々は工業製品をつくるのみならず、産業用ロボットの導入やコンピューターの利用などの技術革新を行い、工業製品の性能の向上や生産の効率化を追求していきました。

急速に工業化を遂げた新興国

こうした、先進国中心の状況が変わったのは、1970年頃からです。**それまで発展途上国とみなされていた国や地域の中から急速に工業化を進めた国や地域が登場してきたのです。**特に、NIEs（新興工業経済地域）と呼ばれた韓国・台湾・香港・シンガポールなどの工業化が進み、さらに1990年代にはタイやマレーシアなどの東南アジア諸国や中国、インドなどの工業化が進みました。

これらの国々が急速に発展した理由は、**人件費が安い発展途上国に先進**

工業国の企業が工場を移転して生産を行い、その国の市場で多くのものを売ろうとしたからです。いつしか、**先進国に本社を置く大企業が低賃金の国で生産を行い、逆輸入をする形で自国の市場に販売すること**も定着しました。発展途上国は海外からのさらなる投資を呼び込むため、工業団地をつくって工場を集積させたり、より多くの外国企業を誘致するために税制の優遇などを行う**輸出加工区**を設置したりしています。

この過程の中で、**先進国の工業製品を買って消費する立場であった**発展途上国は、「お金を払って買うぐらいなら、自前でつくったほうがいい」と、次第に**自国の企業を設立し、その工業製品を自前でつくるようになります。**これを「**輸入代替型工業**」といい、多くの発展途上国では工業化のファーストステップとなります。その後は、**その製品を海外に輸出して「お金を稼ぐ」**形に切り替える「**輸出志向型工業**」に移行します。

「世界の工場」となった中国

2000年代になると、BRICSと呼ばれる**ブラジル・ロシア・インド・中国・南アフリカ共和国**の経済発展が顕著になりました。これらの国は豊富な地下資源や豊富な労働力を生かして海外からの投資を呼び込み、急成長しました。**とりわけ中国は「世界の工場」と呼ばれ、世界の工業生産の中心になっています。**本章を読むと、中国の話がかなり目立つと思うに違いありません。

先進国が直面する産業の空洞化

ここまでの流れの中で、先進国が直面したのが、「**産業の空洞化**」という問題です。工場の海外移転や、発展途上国の生産の拡大により、**先進国の労働者が発展途上国の人々に仕事を奪われた格好になり、失業者が増加したのです。**たとえば、アメリカの五大湖周辺の工業地帯は、今や「**ラストベルト**（さびついた地帯）」と呼ばれ、失業者の問題が重要な社会問題になっています。

図 6-2 産業の空洞化

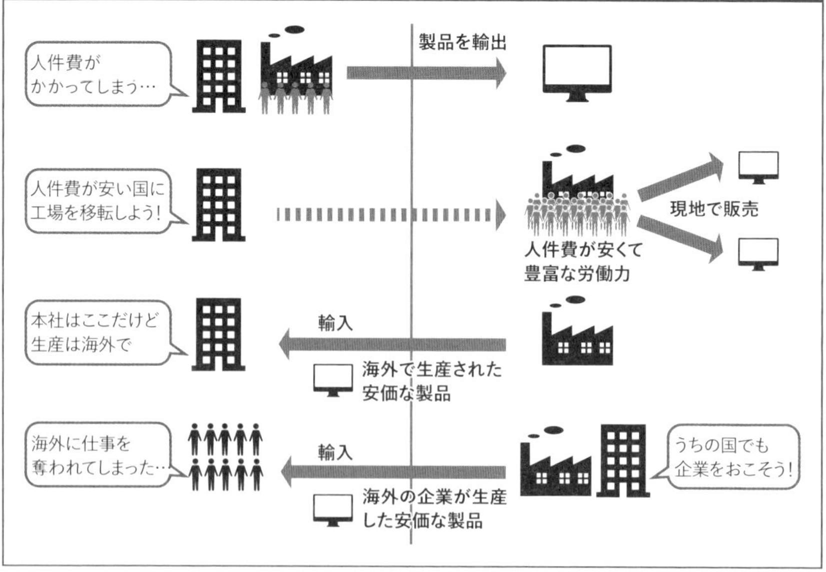
人件費が
かかってしまう…
製品を輸出
人件費が安い国に
工場を移転しよう!
現地で販売
人件費が安くて
豊富な労働力
本社はここだけど
生産は海外で
輸入
海外で生産された
安価な製品
海外に仕事を
奪われてしまった…
輸入
海外の企業が生産
した安価な製品
うちの国でも
企業をおこそう!

模索が続く新しい形の工業

こうした過程を経て産業の空洞化が進むと、先進国というだけでは有利な立場とはいえなくなります。

そこで、先進国の多くは、多額の研究開発費を投入し、新製品や新しい技術の開発に力を入れるようになります。これを工業の**知識集約化**といい、アメリカやヨーロッパでは先端技術産業の集積地が生まれます。

伝統的な工業都市から離れたアメリカ南部の「**サンベルト**」と呼ばれる地域や、スペインからイタリア北部まで続く「**ヨーロッパのサンベルト**」というような地域がその代表例です。

一方では、その地域にしかない伝統を生かした服飾産業や手工業などの伝統工芸技術を重視する動きも進んでいます。

この代表例として、イタリアの北・中部の**サードイタリー**と呼ばれる地域があります。

工業の分類にも使われる「集約度」

人手をかける工業か、お金をかける工業か

農業の話題のときに、「集約度」の説明をしました。人手をかける農業を「労働集約的」、お金をかける農業を「資本集約的」（どちらもかけていないものを「粗放的」）と説明しましたが、**工業でも、人手が必要な工業や、資本が必要な工業などを、「集約」を要するもので分類します。**

労働集約型工業

労働集約型工業は、**生産に多くの人手が必要な工業のことを指します。**繊維工業や、機械の組み立てなどが、この労働集約型工業にあたります。生産にかかる人件費の割合が大きいため、こうした工業はより安い賃金で雇える労働力を求める傾向にあります。

資本集約型工業

資本集約型工業は、石油化学工業や鉄鋼業など、**工場の設置や機械の設置などに多額の投資が必要な産業を指します。**こうした工業は、誰でも簡単に始められるわけではないので、１つの国の中でも、資本力のある数社に絞られる傾向にあります。

知識集約型工業

知識集約型工業は、生産に**高度で専門的な知識が必要な産業です。**半導体などの先端技術産業などが該当します。医薬品の開発や新素材の開発なども知識集約型工業とされます。

「儲け」に直結する工場を建てる場所

工業立地による分類

工業を分類する視点として、「**工業立地**」があります。工場の経営者は、原料を工場で製品に加工して市場で販売する一連の過程で、輸送費や労働費など生産にかかる費用を考え、**どこに工場を建てれば最も費用が節約でき、儲けが出るのかを考えます。**

したがって、似たような種類の工業の工場は似たような場所に集まることになるのです。こうした工業の立地について見てみましょう。

工業立地① 原料指向型

原料と製品の重量を比べた場合、**原料が製品の重さを大きく上回る場合**、この**原料指向型工業**になるところが多くあります。鉄鉱石の中から鉄を取り出す場合、鉄鉱石のうち、鉄の成分が含まれているのは約5割から6割ぐらいです。鉄鉱石を運搬すると、鉄ではない部分までその重量に含まれるため、**原料の産地付近で鉄をつくり、その製品を運んだほうが、運ぶものの重さは軽くなります。**したがって、製鉄所を鉄山の近くにつくると、輸送費を最小化できて都合がよいということになるのです。

こうした原料指向型工業には、**鉄鋼業**など、鉱石から金属などをつくる産業、石灰石をセメントに加工する**セメント工業**、木材などから紙をつくる**製紙業**などがあります。

工業立地② 市場指向型

原料指向型工業とは別に、**原料がどこでも手に入り、その質にも差がな**

図 6-3　原料指向型工業

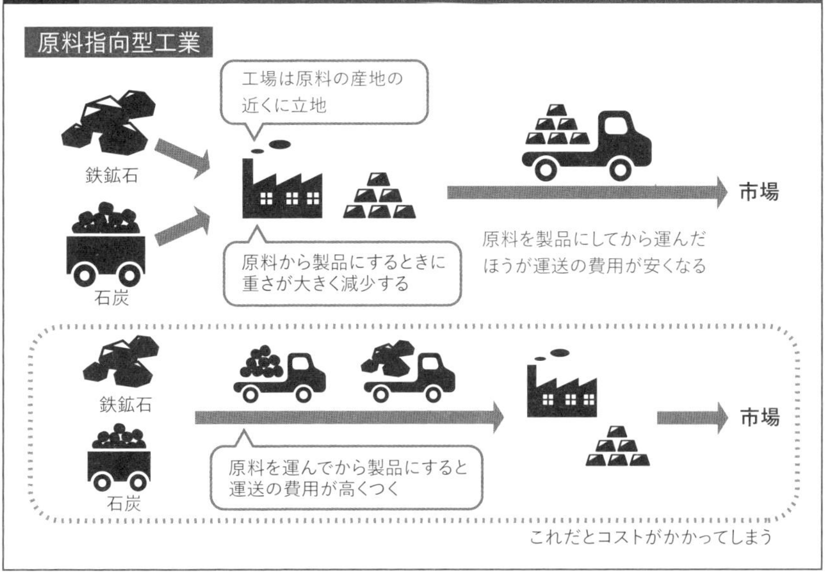
原料指向型工業
工場は原料の産地の近くに立地
鉄鉱石
石炭
市場
原料から製品にするときに重さが大きく減少する
原料を製品にしてから運んだほうが運送の費用が安くなる
鉄鉱石
石炭
市場
原料を運んでから製品にすると運送の費用が高くつく
これだとコストがかかってしまう

いようなものを扱う工業は市場の近くに立地します。これを**市場指向型工業**といいます。市場指向型工業の代表に、ビールや清涼飲料水があります。こうした飲料の重量のほとんどは水です。浄水場を経てきた水道水が前提ですが、水はどこでも手に入り、どこでも品質は変わりません。こうした原料を普遍原料といいます。そして、水と比べると、一般的には飲料の味をつける麦や果汁の重量のほうが小さくなります。

この場合、わざわざ市場から離れたところで飲料をつくり、市場に運ぶよりも、**市場の近くの水道水を利用して飲料をつくり、そのまま近くの市場で販売したほうが、運送料が安い**ということになります。日本では、関東の府中市や船橋市、関西の吹田市など、都心から「ちょっと離れた」程度のところにビール工場が多く立地しています。

そのほか、出版や印刷業、高級な服飾品など、流行に敏感な産業の工場も市場指向型の工場になります。**これらの産業は付加価値が高く、原料の紙や布地の値段よりも、流行に応じて商品をスピーディーに出荷したほう**

図 6-4　市場指向型工業

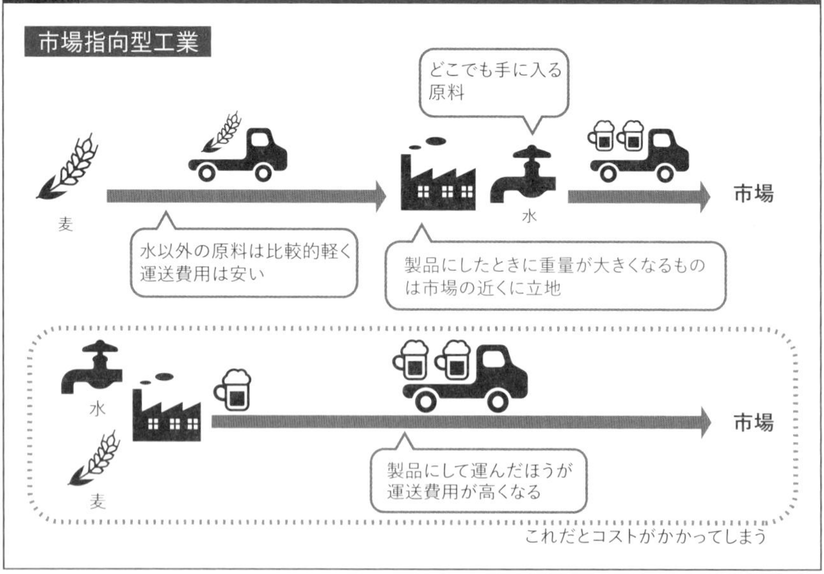

市場指向型工業
どこでも手に入る原料
麦
水
市場
水以外の原料は比較的軽く運送費用は安い
製品にしたときに重量が大きくなるものは市場の近くに立地
水
麦
市場
製品にして運んだほうが運送費用が高くなる
これだとコストがかかってしまう

が儲けが出やすいことから、市場の近くに工場が建てられます。

工業立地③ 臨海指向型

鉄鋼業は鉄鉱石が採れるところの近くに立地される原料指向型である、と説明しましたが、鉄鉱石を輸入して鉄をつくる場合もあります。その場合は、**陸揚げした鉄鉱石を、費用をかけて国内で輸送したりはせず、陸揚げした場所で鉄を生産するのが最もよい**、ということになります。

したがって、原料を輸入して物を生産する工業は、海に面した港の近くに立地する、**臨海指向型工業**になります。おもな産業は、海外から重量のある原料を輸入する**鉄鋼業**や**石油化学工業**がそれにあたります。

工業立地④ 臨空港指向型

海辺に立地する臨海指向型の工業に対し、空港の近くに立地する**臨空港指向型工業**という工業の形もあります。航空機による輸送は、船に比べる

図 6-5 臨海指向・臨空港指向型工業

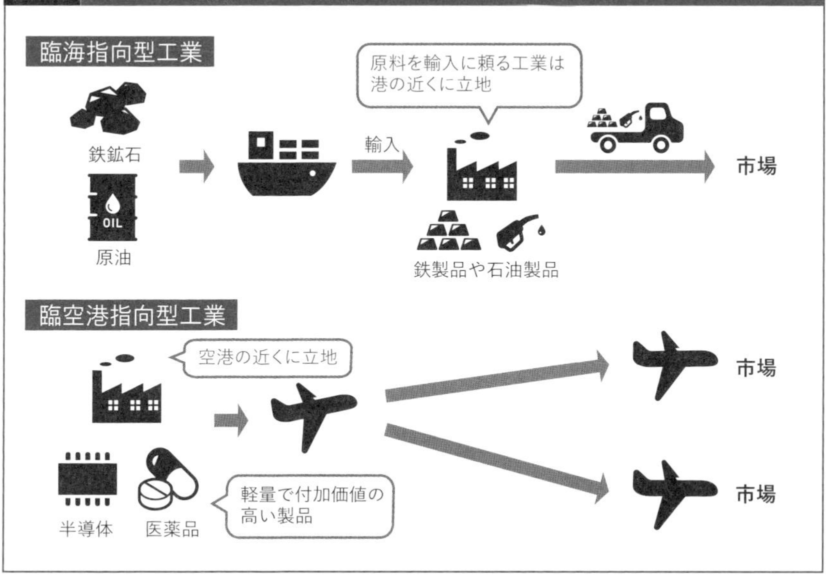

と一度に運べる量は少なく、しかも多くの費用がかかるので、**重量が軽く、重量に比べて価値の高いものをつくる工業**が立地します。このような産業は、半導体部品（ICやLSIなど）をつくる**先端技術産業**や、**医薬品**などが挙げられます。付加価値が十分に高い製品であれば、遠い市場にも素早く届けられる航空機のメリットを十分に生かすことができるのです。

工業立地⑤ 労働力指向型

衣服や電機製品の組み立てなどには、多くの人手が必要です。こうした工業は、**より安い賃金で人が雇えるところに立地する傾向があります。**これを**労働力指向型**の工業といい、都心から離れ、特徴的な産業がないようなところや、安い労働力が得られる発展途上国に立地します。

また、アメリカのシリコンバレーや、京都の伝統工芸品のように、高度な知識を持つ人材や、特殊な技術を持つ職人などが集まる必要がある産業も、労働力指向型の工業といわれます。

工業立地⑥ 集積指向型

自動車や電気機器、大規模な石油化学のコンビナートなどは、**多くの部品や関連の下請け工場が必要になります。**自動車ならば、エンジンをつくる会社、バッテリーをつくる会社、座席の布を織る会社、エアバッグをつくる会社、塗料をつくる会社、そして本社が抱える大規模な組み立て工場などが、それぞれ近くに立地します。

こうすることによって、できた製品を次に関連する企業へすぐに運ぶことができ、輸送費を節約し、機械や部品、技術を共有できるのです。これを、「集積指向型工業」といいます。

中には、**その地域の住民の大部分が特定の企業の関連会社に勤めるような「企業城下町」を形成する場合があります。**日本では愛知県豊田市のトヨタ自動車の関連企業群が、その代表例です。

図 6-6 労働力指向型工業・集積指向型工業

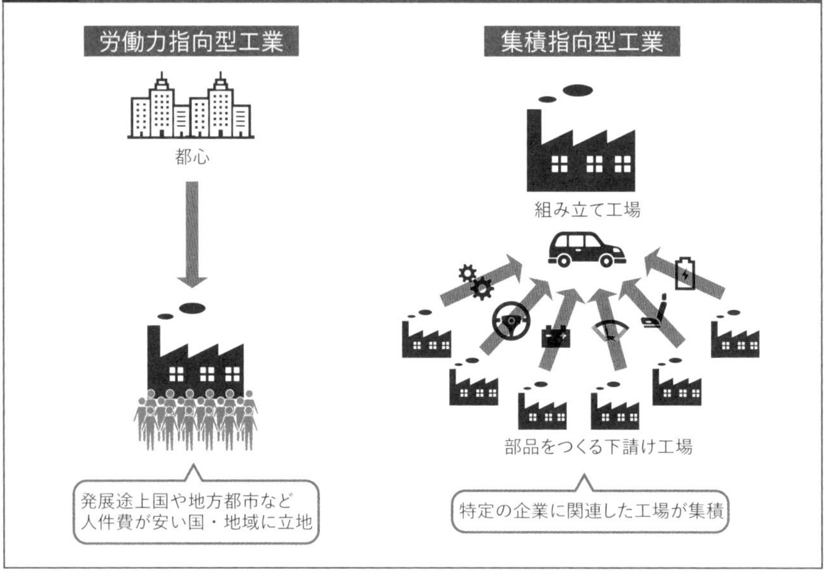

工業化の初めの一歩となることが多い代表的軽工業

中国が圧倒的な存在感をもつ繊維工業

繊維工業は、綿花や羊毛、石油などを原料に生産された繊維を加工し、糸や織物をつくる産業です。

繊維工業は綿花や羊毛などから糸を「つむぐ」産業である**紡績業**、生糸から糸をつくる産業である**製糸業**、糸を織って布をつくる**織物業**、布を裁ち縫いして衣服をつくる**縫製業**（アパレル業）などからなっています。

現在、世界の繊維工業においては、中国が圧倒的な存在感を示しています。綿糸、毛糸、生糸、化学繊維、どの糸をとっても中国の生産が世界一であり、綿糸は２位のインドの約9.5倍、毛糸は２位のトルコの約300倍、生糸は２位のインドの約2.5倍、化学繊維は２位のインドの約８倍と、圧倒的な生産量を誇り、織物の生産量も世界一です。

産業革命の中心となった綿工業

綿花から綿の糸をつむぎ、綿織物を織る**綿工業**は、18世紀に起こった産業革命の中心的産業でした。

産業革命が綿工業から始まり、徐々に機械工業や重工業に移行したように、**現在でも、発展途上国が工業化の初めのステップに綿工業を導入する場合が多くあります。**

綿織物の生産上位の国には、中国、インド、パキスタン、インドネシア、ブラジルなどがあります。近年では東南アジアの国々の生産量が増加しており、ベトナムやバングラデシュ、ミャンマー産の衣服が日本の店に並ぶことも一般的になってきました。

古くから営まれてきた毛織物工業

衣服としての羊毛の利用は古く、先史の時代の遺跡から**毛織物**が出土しています。かつてはオーストラリア、ニュージーランドなど南半球の国での羊毛生産が多かったものの、現在の羊毛生産は中国、トルコ、インドなどの北半球の国で増加しています。

毛織物の生産上位は中国、トルコ、日本などが上位を占めています。トルコはオスマン帝国の時代から伝統的にじゅうたんなどの生産が多く、日本では愛知県の一宮市周辺での生産が盛んです。

重要な交易品だった絹織物工業

繭を原料に生糸をとり、絹織物に加工する工業である**絹織物**工業は、アジアで古くから行われてきました。「シルクロード」という言葉でも知られるように、古代から中国産の絹は東西の交易路を通して西アジアやヨーロッパに伝えられました。

現在でも絹織物生産の中心は中国であり、生糸の6割、絹織物の9割以上を中国が産出しています。

中国を追いかける絹織物の生産上位国は、ロシア、ベラルーシと続きますが、中国とロシアの差は30倍ほどもあります。

繊維の中心的存在となった化学繊維

ここまで、綿、毛、絹などの天然繊維を中心に解説してきましたが、**じつは、世界で利用される繊維の7割以上は、石油などを原料に生産されたナイロンやポリエステルなどの化学繊維です。**

かつては石油化学工業が進展したアメリカや日本などが化学繊維の生産の中心でしたが、次第に中国やインドの生産が拡大し、現在では中国、インド、アメリカが化学繊維の生産上位の国です。やはりここでも中国の生産が圧倒的で、世界の化学繊維の約7割は中国が生産したものです。

どこの国でも一定の割合を占める重要な産業

人間の生活に直結する工業

食品は人間の生活に直結しているので、**どの国でも工業生産額の5～20%ほどを食品工業が占めており、極端に少ない国はほとんどありません**（日本も中国も約10%、アメリカは約15%を食品工業が占めています）。

食品工業には製粉業や醸造業、製糖業、乳業や製菓、水産加工業など、多くの産業を含みます。近年では食生活が大きく変化し、レトルト食品や冷凍食品、インスタント食品などの市場が拡大しています。

食品工業の原料は農業や漁業などの農林水産物です。したがって、基本的にはその生産物がとれるところで発展します。農業、漁業に従事する人々にとっては大量に買い付けてくれるありがたい存在ではあるものの、反面、生産物を安く買いたたいて、儲けを食品工業が独占することも多く、トラブルが発生することがあります。

代表的な食品工業である製粉業と醸造業

小麦粉はパンや麺の材料となり、世界の食を支えています。そのため、食品工業の中でも、**製粉業**は代表的な位置を占めています。製粉工場は原料産地に立地する場合と、小麦を輸入し、港のそばで製粉する場合があります。日本も、大規模な製粉工業は海に面した地域に立地しています。小麦粉の生産上位国はアメリカ、トルコ、ロシアの順です。

醸造については、ビールの生産は中国、アメリカなど、人口が多い国が上位を占めますが、ワインは伝統的な醸造法で生産する場合が多く、イタリア、スペイン、フランスなどブドウ生産が盛んな国が上位を占めます。

身の回りの様々な物を生みだす様々な軽工業

木材が原料となるパルプと紙

軽工業に分類される工業をさらにいくつか紹介します（分け方によっては軽工業に分類されない場合もあります）。紙をつくる一連の工程を行うのがパルプ・製紙業です。植物からパルプといわれる繊維を取り出す**パルプ工業**と、その繊維を紙にする**製紙業**から成り立っています。

パルプ工業は原料である木材の産地、または輸入港の近くに立地します。アメリカ、ブラジル、中国、カナダに続き、スウェーデンやフィンランドなど、森林資源が豊富な国がランキングに並んでいます。紙の生産は中国が首位になり、アメリカ、日本の順になります。製紙業はたくさんの工業用水を使うため、「**用水指向型立地**」の工業ともいわれます。

大都市に立地する出版・印刷業

出版・印刷業は印刷や雑誌、新聞などを出版・印刷する工業です。情報が集まりやすく、消費者も多く存在する東京、パリ、ニューヨーク、ロンドンなど、首都や首都に準ずる大都市周辺に立地します。

セメントやガラスをつくる窯業

土などを材料に、陶磁器やセメント、レンガ、ガラスなどをつくる産業を「**窯業**（ようぎょう）」といいます（「窯」は、焼き物を焼く「かま」のこと）。

セメントは原料の石灰石が重くかさばり、製品の重量に大きな差が生じるため、原料指向型立地の代表的な例になっています。ガラス工業は輸送中に製品が割れるリスクを少なくするため、市場の近くに立地します。

大掛かりな工場が必要な重化学工業の代表格

石油を仕分けして製品にする工業

石油化学工業は、**石油や天然ガスを原料として（石油本来の用途である重油や軽油、灯油やガソリンなどの「燃料」以外の）プラスチックや化学繊維、肥料などの化学製品をつくる工業です。**原油をいったん加熱して蒸気にし、再び液体に戻すと、気体から液体になる温度の違いによって「仕分け」されます。この、仕分けされたうち、「ナフサ」と呼ばれる一種のガソリンから、様々な原料が取り出され、化学製品になるのです。

こうした石油を由来とする製品は、プラスチックや化学繊維、合成ゴム、塗料や染料、接着剤や肥料、洗剤、医薬品と多岐にわたります。

パイプでつながるコンビナートを形成

石油化学工業は、**大がかりな工場や装置を要する「装置工業」といわれます。**また、原料は液体や気体なので、原油から製品の生産までパイプを通して連続的に生産されることが特徴です。多くの場合、関連工場が１つの地域に集結し、その間を血管のようにパイプが張り巡らされた、**コンビナート**（結合した工業地帯）の形をとります。石油は大規模に輸出入される資源なので、大規模な石油化学工場の多くは臨海部に立地します。石油化学製品の生産の上位は中国とアメリカです。

日本の石油化学工業も、主要なコンビナートは臨海部、特に「**太平洋ベルト**」と呼ばれる、**関東南部から九州北部に連なる地域に集中しています。**しかしながら、日本は原油や天然ガスをほぼ輸入に頼っており、設備もやや古くなっているため、大規模な生産設備を次々と建設している中国や、

図 6-7 石油化学工業

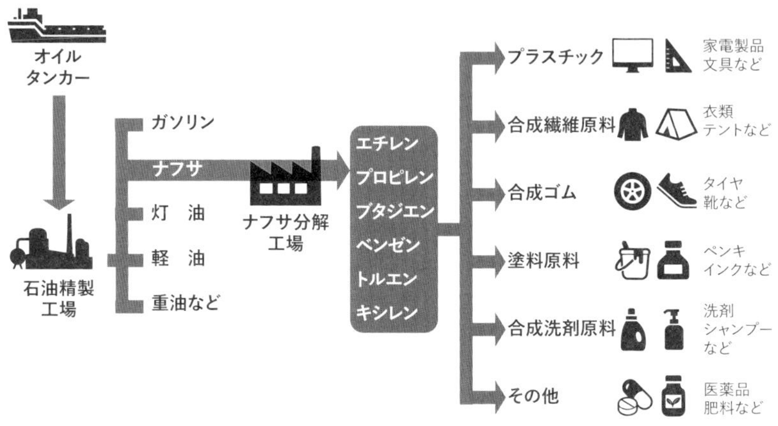

世界最大の産油国であるアメリカなどと比較すると、競争力では遅れをとってしまっています。そのため、日本では高機能繊維や新素材、化粧品や医薬品など付加価値の高い製品の生産に重点が置かれています。

石油化学と関連が深い医薬品工業

石油化学工業で生み出される製品の中で「医薬品」と聞くと、少し違和感を覚える人もいると思いますが、かなりの割合の医薬品が石油から合成されて生産されています（古くから用いられる天然の薬品の成分が研究され、それと同じものを石油由来の原料から合成しているのです）。

医薬品は積み重ねられた知識や技術が必要なため、**医薬品工業に長い伝統を持つヨーロッパでの生産が盛んです**（医薬品は少量でも付加価値が高いため、アメリカや中国との競争力を持ち得るのです）。たとえば、ドイツ、フランス、イギリスの輸出品目を見ると、３国とも機械類、自動車に続く第３位の主要輸出品目となっています。

世界の工業を支えている あらゆる素材となる金属

世界の半分の鉄を生産している中国

ここからは、金属工業に分類される工業を見ていきましょう。**鉄鋼業**は、鉄鉱石や石炭、石灰石などを原料に鉄をつくる産業です。鉄は建設においても、機械工業においても、産業のあらゆる場面で用いられる最も重要な金属です。

鉄の生産高の統計は「**粗鋼**」という、加工前の素材としての鉄（鋼）の量ではかります。この粗鋼が叩き伸ばされたり、引き伸ばされたりしていろいろな工業製品になるのです。粗鋼生産量の１位は中国で、世界の55%以上という圧倒的な生産量を誇っています。以下、インド、日本と続きますが、インド・日本とも生産量は中国の10分の１ほどです。

移り変わる鉄の主要生産国

製鉄自体は、古代から行われてきた営み（鉄製の農具や、日本刀などは古くからつくられてきました）なのですが、「製鉄業」として発展したのは、イギリスで始まった産業革命以降のことです。産業革命前にはおもに木材を燃料として鉄をつくっていたのですが、イギリスのダービーという人物が石炭を加工したコークスという燃料（石炭を蒸し焼きにし、炭素分を高めた燃料）で製鉄をする方法を発明し、**鉄の生産には石炭がなくてはならないものになりました。**

当初、イギリスで発展した鉄鋼業は、20世紀初頭には炭田・鉄山の開発を積極的に進めたドイツやアメリカが中心になりました。第二次世界大戦後は、国策として重工業に力を入れたソ連や高度経済成長を迎えた日本の製鉄業が発展し、ソ連の崩壊から1990年代後半までは日本が世界一の鉄鋼生産国でした。近年は中国の鉄鋼生産が著しく伸び、インドも工業化の進展とともに生産を拡大しています。日本は、少子高齢化や景気の冷え込みなどから国内の鉄の需要は減少しているものの、新興国への輸出が伸び、中国に次いで世界第2位の鉄の輸出国になっています。

原料指向から臨海指向への立地の変化

鉄は**基本的に鉄鉱石、石炭というかさばる鉱石が素材なので、原料指向型の立地をとります。**ドイツやアメリカの鉄鋼業の発展も、**ルール地方**や**五大湖周辺**という、炭田や鉄山を背景とした立地のもとで発展しました。

しかし、石炭から効率よくエネルギーを利用する技術が発展し、鉱石を運ぶ専用船や港湾施設などが整備されると、**「むしろ、大量に鉄鉱石や石炭が採れる国から原料を輸入したほうが安価に鉄をつくれる」という考えが主流となり、現在では臨海指向型の立地が中心**になっています。

図 6-8 ヨーロッパの鉄鋼業の中心の推移

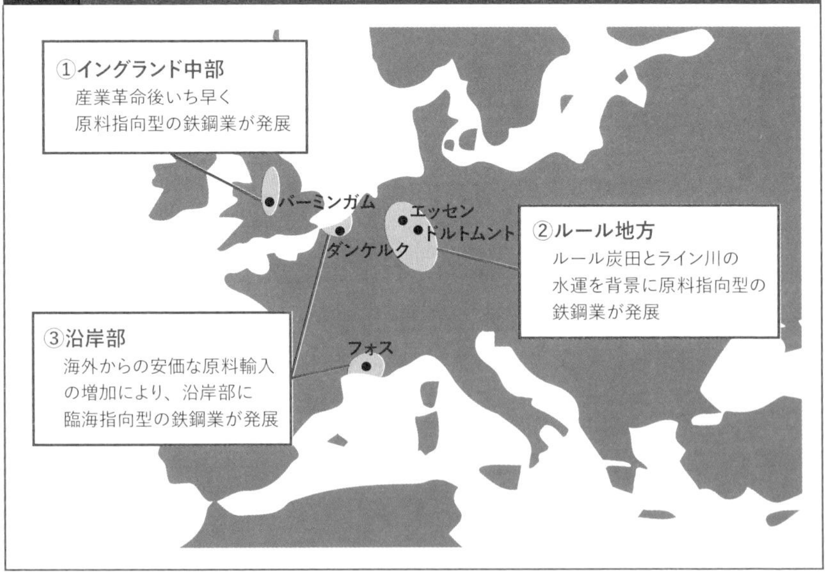
①イングランド中部
産業革命後いち早く
原料指向型の鉄鋼業が発展
バーミンガム
エッセン
ドルトムント
ダンケルク
②ルール地方
ルール炭田とライン川の
水運を背景に原料指向型の
鉄鋼業が発展
③沿岸部
海外からの安価な原料輸入
の増加により、沿岸部に
臨海指向型の鉄鋼業が発展
フォス

様々な長所を持つ金属だが生産には大量の電気が必要

軽量で錆びず、電気もよく通す金属

第５章のボーキサイトの項でもお話ししましたが、**アルミニウム**は軽量で錆びにくく（もともと、アルミの表面には酸化した膜ができ、その内部の錆の進行を防ぐので、「元から表面が錆びている状態だから、その中まで錆びない」ともいえます）、熱を伝えやすく、電気も通しやすいという特徴があります。

特に、軽量ということが魅力で、航空機や自動車の部品、高い鉄塔の間を張り巡らせた高圧の送電線などによく使われています（送電線が軽いと鉄塔への負荷が少なく、保守点検のコストも下がるのです）。現在では、鉄に並んで重要視される金属材料になっています。

大量の電気を使う「電気の缶詰」

アルミニウムのおもな原料は**ボーキサイト**です。約４トンのボーキサイトから約１トンのアルミニウムが生産できますが、生産には電気分解が必要で、アルミ缶が「電気の缶詰」といわれるほど大量の電気が必要になります。したがって、**アルミニウム工業は安価な電気が得られやすい国が向いています。**生産の上位は中国、インド、ロシア、カナダ、アラブ首長国連邦、オーストラリア、ノルウェー、バーレーンなど、石炭が採れる国や、産油国、水力発電ができる国などが並びます。

日本は、一時期は世界第３位の生産量になったこともありましたが、オイルショック後は電気料金が上昇して工場の閉鎖が相次ぎ、現在では稼働中のアルミニウムの精錬工場はありません。

身の回りにあふれる便利な機械をつくる工業

広い範囲にわたる機械工業

金属工業から機械工業に目を移してみましょう。ひと言で「機械工業」といっても、「機械」の指す範囲はかなり広く、一般機械（農業機械や建設機械、工作機械・産業機械など）、電気機械（家庭用電化製品など）、輸送用機械（自動車、船舶、航空機など）、精密機械（カメラや時計など）、そして兵器などに分けられます。このうち、輸送用機械については後述します。

また、兵器などの軍事産業については統計として表面に出にくいのですが、企業の重要な一部門になっていたり（アメリカの航空機メーカーのボーイング社も、その売り上げの３分の１以上を軍事部門が占めています）、国家の重要な輸出産業として位置づけられたりしています。

機械工業を軸に発展した先進国

産業革命以降、人類は様々な機械を生み出しました。第二次世界大戦前までは、機械の多くは軍事用や、工場で使うものであり、一般の市民の生活に機械はそれほど入っていませんでした。

人々の生活の周囲に機械があふれるようになるのは、第二次世界大戦後のことです。

日本では、1950年代後半にいわゆる「**三種の神器**」と呼ばれる、電気洗濯機、電気冷蔵庫、白黒テレビが普及しました。また、1960年代には「３C」と呼ばれたカラーテレビ、クーラー、自家用車が普及します。この時代、先進国では盛んに電気機械が生産され、機械工業を軸に経済発展を遂げていきました。

産業の空洞化から第四次産業革命へ

1970年代頃から、新興国の成長や石油危機などによって、先進国の工業生産にも陰りが見られるようになり、**次第に機械工業生産の中心はNIEs諸国や中国、東南アジア諸国に移りました。**電気機械の組み立てに必要な、多くの労働者がいる人件費の安い国に工場を移転する企業が増加したからです。

当初、主要な部品は本社が存在する国の工場で生産し、その部品を海外にいったん輸出して、海外の工場で組み立ててから逆輸入するという、組み立てだけを海外で行う形をとっていましたが、次第に現地の企業が部品製造から組み立てまでを一貫して行うようになりました。

その結果、先進国の機械工業は仕事をとられる格好になり「**産業の空洞化**」が進んだのです（とはいえ、機械をつくるための機械や産業用ロボット、建設機械などには先進国の製品にも高い需要があります）。

近年では、「第四次産業革命」という言葉が唱えられ、AI（人工知能）やIoT（モノのインターネット化）、ロボット技術などの新技術の導入が進んでいます。3Dプリンターの活用や工場の完全無人化が進めば、従来の工業で重視された「労働力」や「生産性」といった概念が大きく変化することが予測されます。

「世界の工場」中国の機械生産が世界をリード

現在、テレビや冷蔵庫など、**家庭用電化製品の多くは「世界の工場」と呼ばれる中国での生産が多くなっています。**輸出用の電化製品のみならず、2000年代の経済発展により所得水準が上がり、中国国内の電化製品の需要も高まっています。家庭用冷蔵庫、電気掃除機、家庭用洗濯機など、ほとんどの家庭用電化製品の生産台数の首位は中国で、２位の国を大きく引き離しています。

巨大企業が名を連ねる付加価値の高い工業

多くの企業がかかわる集積指向型の工業

自動車は物や人を運ぶ手段として、現代社会になくてはならない存在です。特に、戦後の世界のモータリゼーション（車社会化）の本格化とともに、各家庭に普及し、今や一家に２、３台の車があることも珍しくありません。車は付加価値の高い高価な商品であり、２～３万点という多くの部品から成り立っています。そのため、金属・ガラス・繊維・ゴム・プラスチックなどの素材をつくる企業、各種の部品をつくる企業、それを組み立てて自動車にする企業など、いくつもの企業が連携しています。

日本でも自動車工業には直接的・間接的なかかわりを合わせて約500万人が従事しているといわれます。**車をつくり、売ることによって多くの人の生活が成り立っているというわけです。また、部品の生産を別々の国で分担するなど、国際分業も一般的に行われています。**

国別・企業別で見る自動車生産

自動車は19世紀末のドイツで誕生し、20世紀にはアメリカで大量生産が始まりました。アメリカは戦後も自動車生産の首位を走っていましたが、1970年代になると日本がアメリカを追い抜き、世界一の自動車生産国になります。**これは、1970年代のオイルショックの影響から、小型で燃費のよい日本車の需要が高まったことが要因です。**1990年代は日本のメーカーによるアメリカでの現地生産が行われ、アメリカが再び首位になります。2000年代半ばから数年間は日本のハイブリッド車や電気自動車の需要が高まり、日本が首位に立ちますが、2009年以降は中国が自動車生産で１位となり、

図 6-9　自動車生産の推移

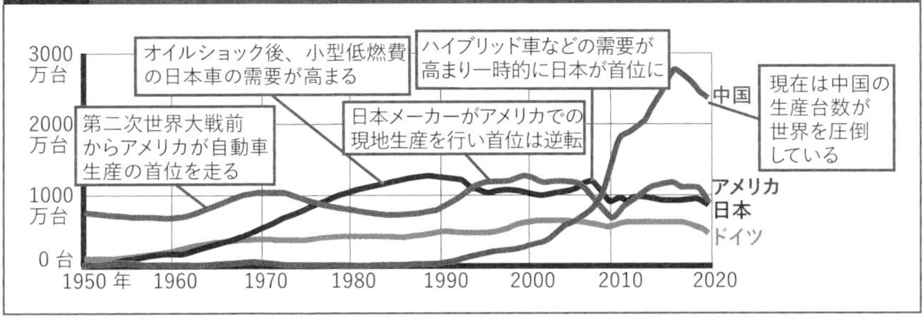

3000 万台
2000 万台
1000 万台
0 台
1950 年
1960
1970
1980
1990
2000
2010
2020
第二次世界大戦前からアメリカが自動車生産の首位を走る
オイルショック後、小型低燃費の日本車の需要が高まる
日本メーカーがアメリカでの現地生産を行い首位は逆転
ハイブリッド車などの需要が高まり一時的に日本が首位に
現在は中国の生産台数が世界を圧倒している
中国
アメリカ
日本
ドイツ

そのまま現在まで続いています。現在の世界全体の自動車生産台数は約7500万台、そのうちの30％以上が中国で生産された車です。

国別では、中国が自動車生産の首位ですが、企業ごとでは、世界を代表する巨大企業が上位に名を連ねます。日本に本社を置く「トヨタ自動車」、ドイツの「フォルクスワーゲングループ」、フランスと日本企業のパートナーシップである「ルノー・日産・三菱アライアンス」、アメリカの「ゼネラルモーターズ」、韓国の「現代自動車」、イタリアのフィアットやアメリカのクライスラー、フランスのプジョーなどが統合した「ステランティス」、アメリカの「フォードモーター」の上位７社で、約5000万台の自動車を販売しています。

企業の名前を見ると、ほとんどが欧米や日本系の会社であり、一見、中国が生産台数の首位ということと矛盾しているように思えます。これは、中国の企業が、たとえばトヨタ自動車と手を組み、トヨタのブランドの車を生産するという協力関係を結んでいるためです。中国は、外国でつくられた車には高い関税をかけて輸入量をおさえ、国内産業を守ろうとするので、海外のメーカーが中国で車を売るためには、中国の企業と協力して、中国国内で車をつくってもらうことが一般的になっているのです（たとえば、「中国第一汽車集団」というメーカーは、トヨタ、フォルクスワーゲン、マツダなど複数のブランドの自動車をつくっています）。結果、「巨大企業の販売台数」も、「中国の自動車生産台数」も多く見えているのです。

東アジアの国々で盛んに生産される船舶

造船業

造船業も、自動車工業と同じく多くの素材や部品が必要な産業です。発展途上国の経済発展などの要因により、貨物船の需要は年々増大しており、世界の造船業の市場は拡大しています。

島国である日本は造船業との相性がよく、第二次世界大戦前も戦後も、代表的な造船国であり続けています。

日本は第二次世界大戦までは軍事産業の一環としての造船業が発展していました。戦後は一時的に生産量が低下するものの、戦後の復興と共に生産量が増加し、1956年にイギリスを抜いて世界一の造船国になりました。2000年代に入るまではずっとその地位を保ち続け、造船業は日本の「お家芸」のような存在でした。現在でも、日本は依然、世界の20%以上を占める造船大国であり続けています。

急成長した韓国・中国の造船業

日本を追うように成長したのが**韓国**の造船業です。1970年代に韓国は造船業を盛んにし、船の輸出により利益を出そうという計画を立て、造船業の育成に着手しました。韓国南東部の**蔚山**（うるさん）に財閥系の大規模な造船所が建設され、そして、2000年前後には韓国が日本を抜き、世界一の造船国になります。

ところが、2000年代後半に中国の造船業が発展し、韓国を抜き世界一になります。現在の造船量を見ると、中国・韓国・日本の順で、この３か国を合わせると世界の93%を占めます（輸出額もこの３か国が上位です）。

最先端の技術が投入される航空機産業

世界的な分業が進む航空機産業

航空機を生産する**航空機産業**も、自動車や造船と同じように多くの部品や素材が必要な産業です。**空を飛ぶ乗り物なので、部品に精密さと軽さ、耐久性の高さが求められ、最先端の技術が投入されます。**

大型航空機の生産は、アメリカのボーイング社、ヨーロッパのエアバス社のほぼ2社での寡占（少数の企業による市場の独占のことを「寡占」といいます）状態になっています。小型機はこの2社に、カナダのボンバルディア社やブラジルのエンブラエル社などが加わります。

ボーイング社もエアバス社も、国際分業が進んだ会社です。ボーイング社はアメリカの西海岸のシアトル近郊と東海岸のノースカロライナに巨大な組み立て工場があり、その部品はフランス、イタリア、オーストラリア、韓国、日本などから調達しています（ボーイング社の主要機種であるジェット旅客機B787の主翼は日本の三菱重工業がつくっています）。

エアバス社はボーイング社をはじめとするアメリカ企業の独占に対抗するため、フランスと西ドイツ（当時）の企業によって設立された会社です。はじめから国際分業体制が進み、EU各国やイギリスでつくられた部品を、フランス南部の都市**トゥールーズ**に運んで組み立てています。

民間への移行が進む宇宙産業

ロケットや人工衛星を製造する**宇宙産業**は、軍事や科学研究を中心とした国家事業としての産業から、**次第に商用を目的とした民間への移行が進んでいます**（アメリカのスペースX社などがその代表です）。

研究機関と企業が連携する先端技術産業

様々な種類がある先端技術産業

「先端技術産業」といわれる産業の範囲には明確な決まりがあるわけではありませんが、エレクトロニクス技術や情報通信技術、新素材やバイオテクノロジー、ナノテクノロジーなどの産業を指します。

アメリカにおける先端技術産業の集積地

新しい技術の開発には**研究開発費の投入や、「産学連携」といわれる、大学などの教育機関と民間企業の連携が行われることが重要です。**こうした

図 6-10　アメリカの先端技術産業の集積地

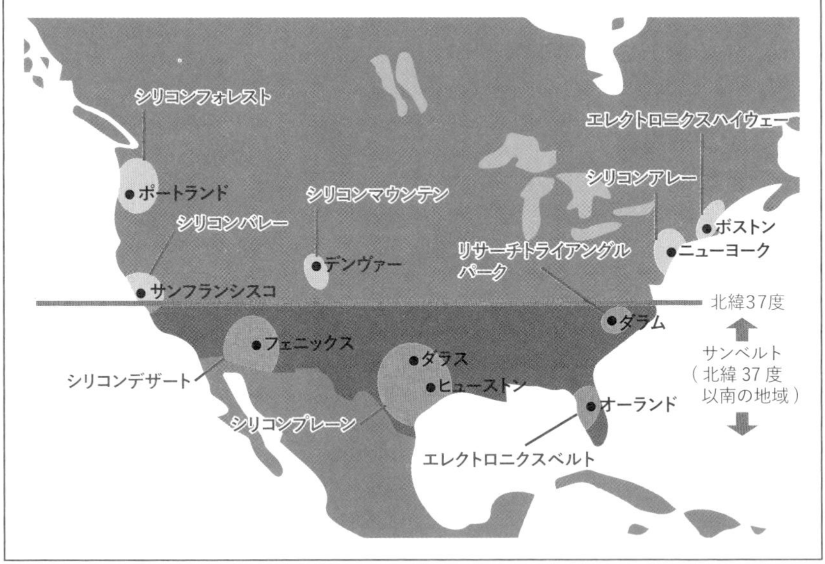

研究開発に現在、最も力を入れているのがアメリカで、世界で最も研究開発費が投入されています。

アメリカの北緯37度以南の「**サンベルト**」といわれた地域は、かつて工業生産では遅れていた地域でしたが、人口の増加とともに先端技術産業の進出が急増し、アメリカ工業の中心になっています。インテル、グーグル、アップルなどの有名企業の本社があるカリフォルニア州の「**シリコンバレー**」の他にも、テキサス州の「**シリコンプレーン**」や、フロリダ州の「エレクトロニクスベルト」などの先端技術産業の集積地ができています。

一方で、順調に先端技術産業の生産高を伸ばしているのが中国です。現在、世界のノートパソコンの95%以上、スマートフォンの80%以上、タブレット端末の75%以上は中国で組み立てられた製品です。iPhoneやiPadは純粋なアメリカの製品のようですが、仕様を見ると、「カリフォルニアで設計され、中国で組み立てられたものです」というような文言があり、中国で製造されたことがわかります。

ソフトウェア産業を得意とするインド

先端技術産業の中の１つに、ソフトウェア産業があります。パソコンやスマートフォンなどの機械があっても、ソフトウェアがなくては動きません。

こうしたソフトウェア産業で発展しているのが**インド**です。インドはかつてイギリス領であった歴史を持つため、英語を話せる人材が多いことと、理数科教育が充実していることから、欧米系のソフトウェア企業の業務請負先としてインドが選ばれているのです。また、アメリカやヨーロッパ諸国との時差を利用し、**本社が夜でもインドでその業務を引き継げるという利点もあります。**

インド南部にソフトウェア産業やICT産業が集中しており、その中で**ベンガルール**という都市は「**インドのシリコンバレー**」と呼ばれる中心的な都市です。

クールジャパン戦略の中核をなす産業

拡大しつつあるコンテンツ産業の需要

コンテンツ産業は「映像・音楽・ゲーム・書籍などの制作、流通を担う産業」とされます。コンテンツ産業は、いわば人々の余暇を埋める産業なので、発展途上国の生活水準が上がることによって人々の余暇が増え、世界全体の需要が拡大すると見られています。

「ポケットモンスター」などに代表される日本のアニメーションやゲームは海外での評価が高く、日本にとって有望な輸出産業の１つであり、日本を訪れる外国人観光客のコンテンツ関連の消費も伸びています。**日本の政府は日本のブランド力を高める「クールジャパン戦略」の中心に、日本食などと並んでコンテンツ産業を位置付け、その振興に力を入れています。**

小規模な企業に支えられている日本のコンテンツ産業

一方で、日本のコンテンツ産業全体が「儲かる」産業かといえば、そうではなく、いくつもの課題が存在します。ネットフリックスやアマゾンプライムなどの配信サービスやハリウッドの映画産業などを抱えるアメリカと比較した場合、その市場規模は小さいものにとどまっています。

たとえば、日本のアニメをネットフリックス経由で配信しても、その儲けの一部はネットフリックスのものになってしまい、アメリカに流れます。

また、**日本のコンテンツ産業は資金力の弱い中、小規模な企業に支えられており、低賃金で労働集約的な働き方になっていること**も課題です。海外向けのコンテンツのプロモーションや、様々な資金調達の方法を提供するなど、政府の果たすべき役割も大きいといえるでしょう。

第７章

流通と消費

第7章 流通と消費 あらすじ

人と人・国と国をつなげる交通と流通

第7章では、交通や貿易、観光、商業など、いわゆる第三次産業を取り上げます。

自動車や鉄道、船舶、航空機などの交通手段には、それぞれ特徴があります。自動車は利便性が高い反面、渋滞に巻き込まれるなど、時間が読めない面があります。船舶は安いコストで大量に物が運べるという利点がある反面、輸送に時間がかかります。このような各手段の特性の違いから、それぞれの国や地域での交通手段を利用する割合が変わるのです。

現代の世界において、貿易と国際分業のはたらきは、なくてはならない存在です。本章では自由貿易や保護貿易など、貿易のありかたについても解説します。

観光は、余暇と密接な関係があります。特に、ヨーロッパではバカンスと呼ばれる長期の休暇をとる習慣があり、南ヨーロッパで長期滞在するスタイルの観光を楽しむ傾向があります。

商業については、小売業と卸売業に分け、小売業では百貨店、スーパーマーケット、コンビニエンスストアなど形態別に特徴を見ていきます。

第7章　私たちの暮らしと【流通と消費】の関係図

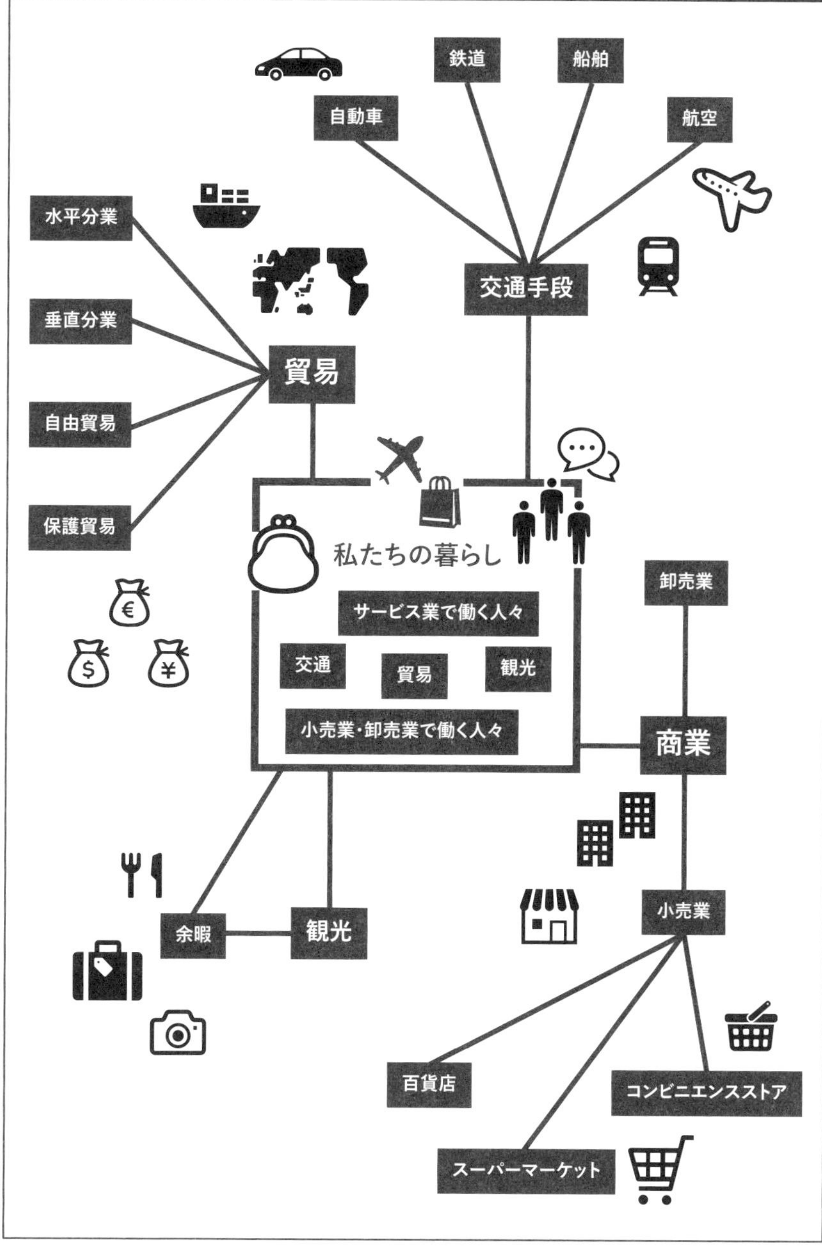

それぞれの用途に応じ使い分けられる交通手段

交通手段① 自動車

自動車は、現在最も広く使われている交通手段といえるでしょう。**自動車は利便性が高く、どこへでも直接行けることが最大の利点です。**貨物輸送の場合も、目的地まで直接届ける戸口輸送が可能です。鉄道は線路がなければ使えませんし、船や航空機は港や空港がなければ使うことができませんので、利便性の面では自動車に劣ります。

自動車輸送の欠点は、**鉄道や船のように一度に大量に運ぶことに向かないことや、渋滞が発生すると時間通りに届かないことがあること**などが考えられます。国の経済発展が進むと、自動車の人口あたりの保有台数が増え、日常生活で自動車が多く利用されるという、**モータリゼーション**（車社会化）が進む傾向にあります。

交通手段② 鉄道

鉄道は線路や駅の設置に多くの費用がかかりますが、貨車や客車を連ねると、**大量の物を一度に運ぶことができます。**また、輸送量に対してエネルギーの消費量の割合が小さいので、**同じ重さの荷物ならば、自動車よりも安価に物を運べます。**渋滞の影響を受けないために時間通りに輸送できるのも利点です。しかし、戸口輸送はできず、自動車の利便性に押され、鉄道利用の割合は低下する傾向にあります。

しかし近年、エネルギーの消費量が少なく、環境への負荷が低い鉄道の利用が見直されています。交通渋滞の解消や排気ガスの削減を図り、利便性の高い路面電車を都心に整備することも増加しています。

交通手段③ 船舶

船舶輸送は、他の交通機関に比べると低速ですが、**安価で大量に物を運べます。**海を越えた国との貿易には船舶か航空機を使うことになりますが、輸送にかかるコストを考えると、船舶交通が主要な貿易の輸送手段になります。

船舶を保有する国の上位は、**パナマ**、リベリア、マーシャル諸島の順になっています。日本人にはあまりなじみのない国が並んでいますが、これらの国は**船舶にかかる税などが安く、船舶を保有する世界中の会社が、「形のうえでは」パナマやリベリアの船として登録している**ということがよく行われます（これを**便宜置籍船国**といいます）。また、ヨーロッパの大河など、緩やかで川幅が広い川では、内陸の船舶交通が発達しています。

交通手段④ 航空機

航空機は、地形の影響を受けずに**長距離を高速で移動できる**交通手段です。しかし、大量輸送には向かず、輸送にかかるコストも高くつきます。

航空輸送には空港の設置が必要ですが、中には地域内の航空ネットワークの中心になる巨大な空港が置かれる場合もあります。こうした空港を**ハブ空港**といい、ハブ空港とハブ空港の間を大型機で結び、その他の地方空港を小型機で結ぶ方法を「**ハブ&スポーク方式**」といいます。

図 7-1 ハブ&スポーク方式とポイント・トゥ・ポイント方式

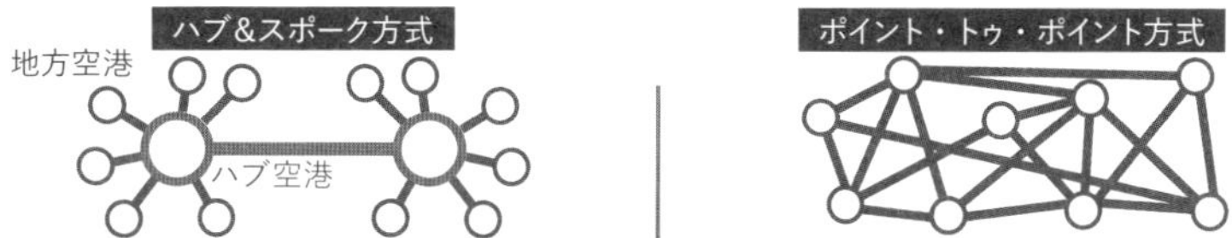

小型機で地方空港からハブ空港へ旅客を集め、ハブ空港間は大型機で輸送する…自転車の車軸と「スポーク」になぞらえている　→長距離線のコストは安くなるが、乗り換えの手間はかかる

空港と空港を多くの路線で直接結ぶ
→乗り換えの手間はかからないが、燃費のよい飛行機が多数必要になる…現在では燃費のよい中・小型機が増え、こちらが増えつつある

それに対して、各地の空港を直接結ぶ方法を「**ポイント・トゥ・ポイント方式**」といいます。どちらの方式も一長一短があり、実際の航空網はそれを組み合わせたような格好になっています。

国によって異なる交通手段の割合

下に示したのは、日本、アメリカ、西ヨーロッパの国々（グラフはイギリス・フランス・ドイツの平均値）の国内交通手段別の割合の例です。日本は鉄道網が密に整備され、モータリゼーション後も通勤・通学などでの**旅客利用が比較的多い傾向にあります。**また、日本は島国で、瀬戸内海は大きな「輸送路」のようなものなので、**貨物交通における船舶の比率がかなり高くなっています。**アメリカはモータリゼーションが進み、旅客交通は自動車の割合が圧倒的です。しかし、国土が広大なため、**貨物交通における鉄道の割合が高くなります。**西ヨーロッパの国々は、アメリカに比べると鉄道の旅客利用がやや多くなる傾向にあります。

図 7-2　アメリカ・日本・西ヨーロッパの交通手段の比較

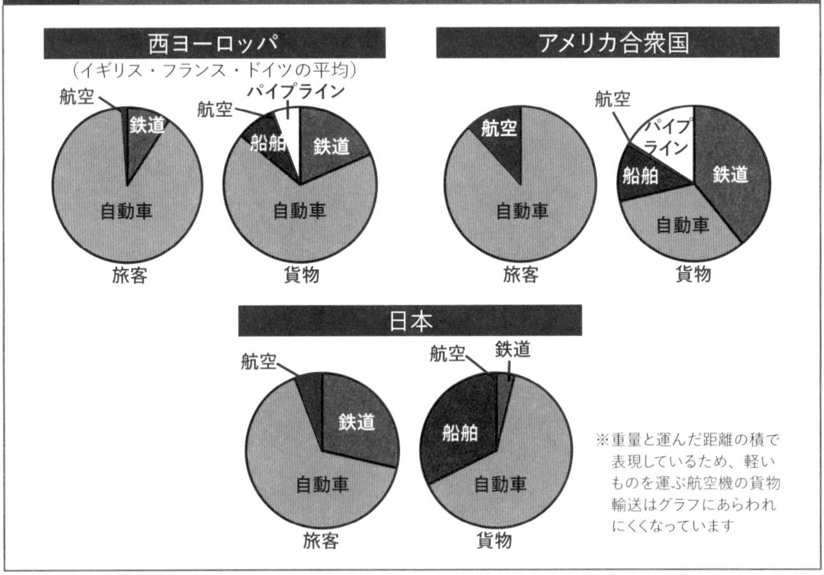

自由貿易か保護貿易かによって異なる貿易政策

物のやりとり以外も「貿易」に含まれる

私たちの身の回りに目を向けると、外国で生産された物が多いことに気づきます。工業の章でもお話ししましたが、私たちの手元にあるスマートフォンの大半は中国でつくられていますし、私たちの着ている服、食べ物などの多くも、海外から輸入した商品であることがわかります。

貿易品といえば、形のある物を想像しますが、物だけではなく、国境を越えて金融や旅行、様々なコンテンツなど、サービスをやりとりする場合も、**サービス貿易**という貿易の一形態としています。

域内貿易の割合が大きいEU

世界の国や地域を貿易額が大きい順に並べると、中国、アメリカ、ドイツ、日本の順に並びます（それ以下はヨーロッパの国々や韓国などの国々が名を連ねます）。為替相場による変動などはあるものの、上位の国では、おおむね中国とドイツは輸出が輸入を上回り、アメリカは輸出より輸入が大きい傾向にあります。2020年の新型コロナウイルス感染症の流行や2022年のロシアによるウクライナ侵攻により、国際的な貿易の状況はかなり不安定なものになっています。

また、国同士が近接し、国家間の分業が進んでいるEUにおいては、**EUの構成国同士の貿易（域内貿易）の額がかなりの割合を占めています**（国境をまたいで買い物に行くことも１つの「域内貿易」にカウントされることや、共通通貨であるユーロを使用していることなども域内貿易が多い理由です）。EUは総貿易額の65%以上が域内貿易です。

図 7-3　垂直分業・水平分業

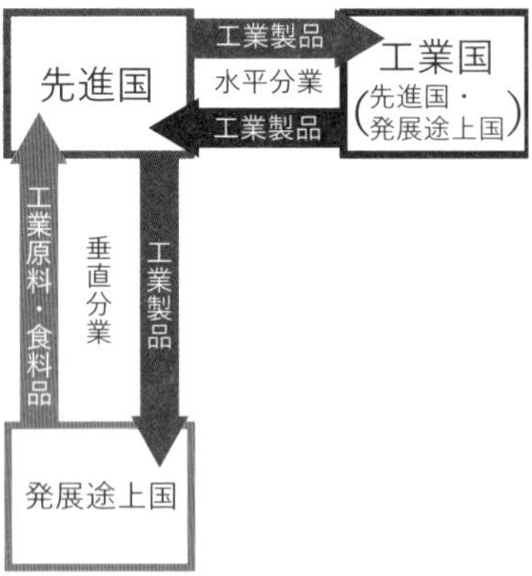

時代の変遷をたどると、1970年代頃までは、**先進国が工業製品を輸出し、発展途上国は工業原料や燃料、食料品などを輸出する分業**が行われました。これを、「**垂直分業**」といいます。

しかし、1980年頃から、発展途上国の工業化が始まり、**先進国と発展途上国で工業製品を輸出入し合うというような関係**になりました。こうした、工業製品同士を輸出入し合う分業を「**水平分業**」といいます。

年々増加している貿易量

グローバル化が進む現在の世界において、世界の貿易量は年々、増え続けています。このように、貿易量が拡大している理由は、**自由貿易**が世界で進められているからです。

たとえば、農業が得意で工業が苦手な国と、農業が苦手で工業が得意な国があるとすると、工業が得意な国は、わざわざ高い費用をかけて苦手な農業生産に力を入れるよりも、農業国から安い農作物を輸入して、代わりに工業製品を輸出したほうが効率がよいというわけです。

このように、得意な分野を分担し合う国際分業の前提になるのが、国家をまたいで、どんな製品でも自由に貿易ができる自由貿易という考え方です。自由貿易が進むと、**国際分業のおかげで人々は安い製品を手に入れられますし、国と国との関係はお互いがなくてはならない「もちつもたれつ」の存在になるので、より密接な関係になります。**

自国の産業を守るための保護貿易

一方で、**自由貿易が広がることにより損をする人や国も発生します。**工業が得意な国から安い工業製品をどんどん買ってしまうと、自分の国の工場でつくったものが売れなくなり、自分の国の工場が潰れてしまったり、自由貿易のもとでは、条件的に不利な国も有利な国と同じ土俵で戦わなくてはいけなかったりするからです。

そうしたケースから、自分の国の産業を守ろうとする貿易政策が**保護貿易**です。**具体的には、輸入品に関税をかけて高い値段をつけさせ、自国の人々が外国製品を買わないようにしたり、輸入量の制限をしたりするのです。**保護貿易は「あなたの国の物は買わない」「あなたの国のこの商品は買わない」ということなので、これが進むと、**世界全体の経済が停滞し、国同士の関係もギスギスしてしまいます。**近年では、アメリカが自国の労働者を守るため、中国でつくられた製品の関税を引き上げたところ、中国が

図7-4 自由貿易・保護貿易

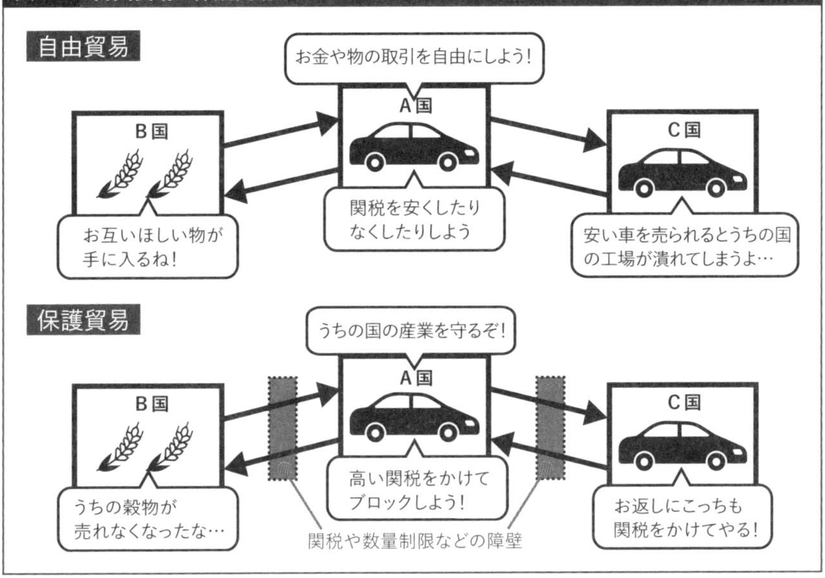
自由貿易
お金や物の取引を自由にしよう!
A国
B国
C国
お互いほしい物が手に入るね!
関税を安くしたりなくしたりしよう
安い車を売られるとうちの国の工場が潰れてしまうよ…
保護貿易
うちの国の産業を守るぞ!
A国
B国
C国
うちの穀物が売れなくなったな…
高い関税をかけてブロックしよう!
お返しにこっちも関税をかけてやる!
関税や数量制限などの障壁

「報復関税」をかけ、両国の関係が悪化したというケースがあります。過去には世界恐慌の影響から各国が保護貿易政策を展開し、国際関係が悪化したことが、第二次世界大戦が起きた理由の１つとされています。

自由貿易を実現するための「調整役」

多くの国は「原則的には自由貿易のほうが、国際分業が進むので国同士のつながりが強くなり、世界全体にメリットが大きいという理念は理解しているものの、自分の国の産業が外国製品に負け、労働者が失業するのは避けたい」というジレンマを持っています。

ということは、**国ごとのいろいろな事情や立場を調整しながら、世界的には自由貿易のほうに誘導する調整役が必要だということです。**その役割を果たすのが**世界貿易機関（WTO）**です。WTOは物の貿易以外にも、サービス貿易などの取引なども含め、関税を引き下げ、あるいは撤廃して世界の貿易全体がスムーズになるように調整や話し合いを行う機関です。

少数の国同士で結ばれるFTAやEPA

しかし、**WTOには「会議がどうしても停滞してしまう」という難点があります。**世界の８割以上の国が加盟しているにもかかわらず、基本的には全会一致が原則なのです。多くの国の事情を調整しようにも、組織が大きいために、**あちらを立てればこちらが立たない、という事態になりやすく、なかなか意見がまとまりません。**

そのため、少数の国だけで話し合って、**「自分たちの国同士は自由貿易にしよう」**「この品目に関しては自由貿易にしよう」などと取り決めることがあります。これを**FTA（自由貿易協定）**といいます。

さらに、貿易だけではなく、**投資のルールの統一や、知的財産権のやり取りなどを含んだ、経済全体の協力関係をスムーズにするための協定**を**EPA（経済連携協定）**といいます。日本も2005年のシンガポールを皮切りに、様々な国とEPAを結んでいます。

長期休暇との関連が強い観光への需要

統計に表れにくい日本の長時間労働

日本人はよく「働きすぎ」といわれ、長時間労働は日本社会の特徴のように語られる場合もあります。しかし、統計を見ると、現在、日本の全労働者の実労働時間の平均は年間約1600時間で、約1900時間の韓国や、約1750時間のアメリカと比べると短く、OECD（経済協力開発機構）の平均を下回っています。

しかしながら、約1400時間のフランス、1350時間を下回るドイツよりも長い時間労働していることは事実ですし、日本の場合は統計に表れない「サービス残業」が多いことや、**有給休暇の消化率が低く、休みたいときに自由に休みが取れないことなど、労働の自由度が低い**ことも指摘されています。また、非正規雇用には（働きたくても）安くて短時間で済む仕事しか与えられず、その結果、見た目の平均労働時間が下がっているという側面もあります。

地中海沿岸の国々に集まるヨーロッパの観光客

上記のように、西ヨーロッパの国々は総じて労働時間が短い傾向にあります。この理由の１つにヨーロッパでは夏に**バカンス**と呼ばれる長期の休暇をとり、余暇を過ごすという習慣が挙げられます。この、バカンスをどのように過ごすかという、代表的な例が観光です。

ヨーロッパにおけるバカンスの典型的なスタイルは、イギリスやドイツなどアルプス山脈よりも北の国の人々が、**温暖な気候に恵まれた地中海沿岸の国で長期滞在することです。**そのため、多くの観光客が出ていく**ドイ**

第1章 地理情報と地図
第2章 地形
第3章 気候
第4章 農林水産業
第5章 エネルギー・鉱産資源
第6章 工業
第7章 流通と消費
第8章 人口と村落・都市
第9章 衣食住・言語・宗教
第10章 国家とその領域

図 7-5　ヨーロッパの国々の観光収支

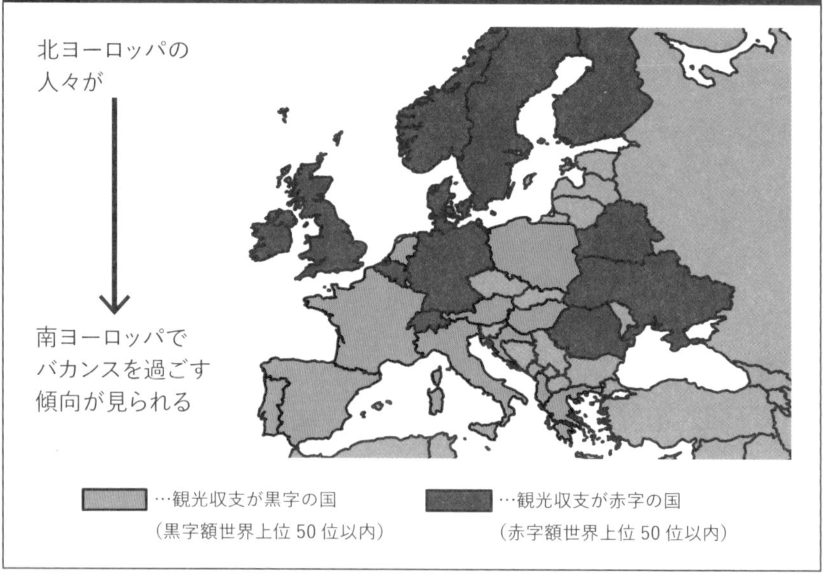
北ヨーロッパの
人々が
南ヨーロッパで
バカンスを過ごす
傾向が見られる
…観光収支が黒字の国
（黒字額世界上位 50 位以内）
…観光収支が赤字の国
（赤字額世界上位 50 位以内）

ツ、イギリス、北欧諸国の観光収入は赤字となり、観光客を受け入れる側のフランス、スペイン、ポルトガル、ギリシャなどの観光収入は黒字となります。ヨーロッパ以外の国々を見ると、アメリカやオーストラリア、タイなどが、観光収入が黒字の国です。日本も外国人観光客（インバウンド）の積極的な誘致を図っており、2012年からはビザが取りやすくなったことから外国人観光客数が増加し、2015年以降は日本の海外旅行者数を上回っています。

多様化する観光のスタイル

観光は、その地域の歴史や文化に触れたり、テーマパークで遊んだりすることが代表的なスタイルでしたが、近年では、旅行の形が多様化しています。農村や山村に滞在し、農作業などの体験や人々との交流を通してその地の文化や自然に親しむ**グリーンツーリズム**や、地域の自然環境や文化の保護活動を観光の一部とする**エコツーリズム**などがあります。

売りたい人と買いたい人を結びつける身近な産業

小売業と卸売業からなる商業

物を生み出す生産者と、物を買って使う消費者をつなぐ産業を商業といいます。

商業は、**小売業**と**卸売業**からなっています。小売業は消費者に物を売る商業、卸売業は小売業に物を売る商業（いわゆる「問屋さん」）です。

対面販売を中心とする小売業

私たち消費者が、物を買うときに行く店が小売業です。小売業の業態としては、おもに百貨店、スーパーマーケット、コンビニエンスストア、専門量販店、専門店などがあります。

百貨店はいわゆる「デパート」を指し、おもに接客による高級品の対面販売を行う小売業です。経済産業省による統計上の定義では、百貨店は売り場面積の50%以上が対面販売と決められているので、百貨店では、商品を見ていると店員がやってきて、ほしいものを「これください」といって

図7-6　商品販売額の概要

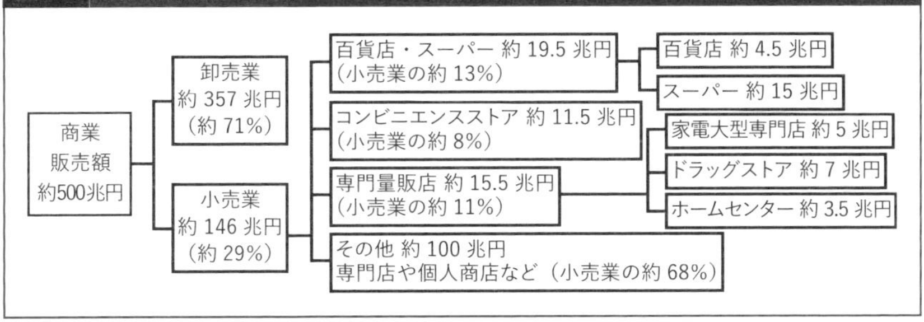

買う、というスタイルが多くなります。**大きな駅の駅前に立地することが多く**、かつては小売業の「花形」でしたが、モータリゼーションが進むと、郊外の総合スーパーやショッピングセンターなどの利用が多くなり、**百貨店の売り上げは1990年代以降、一貫して低下しています。**

セルフサービスのスーパーマーケット

スーパーマーケットは、デパートに対して、売り場面積の50%以上がセルフサービス方式の小売業です（セルフサービスは、自分でほしい物を選んでレジに持っていく方式です）。食料品から衣料品、日用品を広く売っている総合スーパーと、特定の商品を専門的に取り扱う専門スーパーなどがあります。

利便性の高さが特徴のコンビニエンスストア

コンビニエンスストアは、おもに飲食料品を扱っているセルフサービス方式の小型の店舗で、１日14時間以上の営業を行うものをいいます。多くの場合、年中無休の24時間営業を行っています。

コンビニエンスストアは、飲食料品だけでなく宅配便の受付や公共料金の支払い、コピー機や銀行のATMなど、様々なサービスも提供しています。その利便性の高さによって、その販売額は1990年代以降急速に増加しています。

コンビニエンスストアの店舗は小型なので、在庫を保管する倉庫スペースがありません。そのため、**つねに在庫を管理し、配送センターからトラックを出して在庫を補充し続けるシステムが必要になります。**そこには、販売した商品を集計する**POS**（販売時点情報管理）システムが大いに活用されています。

また、同じ企業のコンビニエンスストアが１つの地域に集中することがよくありますが、これは、**１つの地域に集中して出店する「ドミナント出店」という戦略をとっているからです。**ドミナント出店には、配送の効率化や、その地域でのチェーン店の知名度の向上（１つの店舗の存在が、別の店舗の「看板」になっている）などの効果があります。

実際に多いのは様々な「専門店」

　また、専門量販店に分類される小売店もあります。家電量販店、ドラッグストア、ホームセンターがそれに分類されます。これらの小売店は、電化製品、医薬品、住関連品などを中心としながらも、それ以外の商品も比較的幅広く売られています。

　こうした分類の他にも、世の中には多くの「お店（専門店）」が存在しています。個人の青果店や車の販売店、ガソリンスタンドなど、実際の店の数を見ると、「その他」に入る店が圧倒的に多く、販売額も「その他」が最も多くなっています。

　また、**大都市の郊外や幹線道路沿いなどには、スーパーマーケットと、テナントに入った多くの専門店が複合したようなスタイルの大型のショッピングセンターがあります。**広大な駐車場を持ち、映画館やフードコートなど、多くの顧客を引き付ける設備を伴っていることが特徴です。

小売業にも大きな影響を与えている世の中の変化

　モータリゼーションや情報化社会の進行は、小売業のあり方にも大きな影響を与えています。

　モータリゼーションの進行とともに、人々は車で郊外の大型店舗やショッピングセンターなどへ買い物に行くようになりました。車ならば、安い品物をたくさん買っても、車に積んで帰ることができるため、大量生産や大量消費化がより進行することになります。その一方では**駅前の商店街などに人が集まらなくなって衰退し、潰れた店にはシャッターがおりて「シャッター通り」と呼ばれるようなさびれた商店街が多く生まれるようになりました。**また、情報化社会の進展により、インターネットによる通信販売（ｅコマース）の利用も増加しています。店舗を持たない小売業というスタイルも、一般的になりつつあります。

地方の中心都市に多い卸売業

小売業の店舗で私たちが手に取る商品は、生産業者から小売業者まで、いろいろな人の手を経て届けられます。じつは、消費者が目に見えないところで、様々な卸売業者たちが全国に物を行きわたらせているのです。そのため、**商業全体を考えた場合、卸売業者の販売額は小売業者の販売額の倍以上となり、商業全体の約70%を占めています。**

卸売業は、数多くの生産者から商品を仕入れ、そして数多くの小売店に商品を拡散する機能があるため、**地域の交通と情報が集まる、その地方の中心都市に立地する場合が多くなります。**したがって、卸売業と小売業を比較した場合、卸売業は北海道、宮城県、広島県、福岡県など、地方の中心都市がある都道府県の販売額が人口に比べて多くなります。一方で生活に密着している**小売業のほうは、人口の分布と似た傾向を示します。**

図 7-7　都道府県別の小売業・卸売業

	卸売業販売額	小売業販売額	都道府県人口
1位	東京都	東京都	東京都
2位	大阪府	大阪府	神奈川県
3位	愛知県	神奈川県	大阪府
4位	福岡県	愛知県	愛知県
5位	神奈川県	埼玉県	埼玉県
6位	北海道	北海道	千葉県
7位	埼玉県	千葉県	兵庫県
8位	兵庫県	福岡県	北海道
9位	広島県	兵庫県	福岡県
10位	宮城県	静岡県	静岡県

（広島県 12 位
宮城県 14 位）

卸売業は、地方の中心都市の順位が高くなる傾向がある

小売業は、都道府県の人口と似た傾向が見られる

第8章

人口と村落・都市

第8章 人口と村落・都市 あらすじ

私たちの生活の舞台となる都市や村落

第8章では、おもに人の動きを扱います。人口や、人々が集まる場所である都市や村落などの集落が話題の中心になります。

まずは人口のありようについて学びます。一般的に、人口は「多産多死」から「多産少死」、そして「少産少死」というように推移します。この「人口転換」のモデルは多くの国に当てはまります。実際、現在の先進国の多くは「少産少死」型に移行しており、人口増加は滞っています。「少子高齢化」は現在の日本でも叫ばれていますが、日本のみならず多くの国の問題でもあるのです。また、就職や進学などに代表される、人々の社会的な移動も人口の増減に影響を与えています。

こうした人口転換を可視化したのが、人口ピラミッドです。人口ピラミッドを用いることにより、年齢層の偏りや将来の人口も予測できます。

人々が暮らす舞台になる集落には、都市と村落があります。自然発生的にできた村落や、自然条件、社会条件に合わせてできた村落など、その形態はバラエティに富んでいます。

第8章 私たちの暮らしと【人口と村落・都市】の関係図

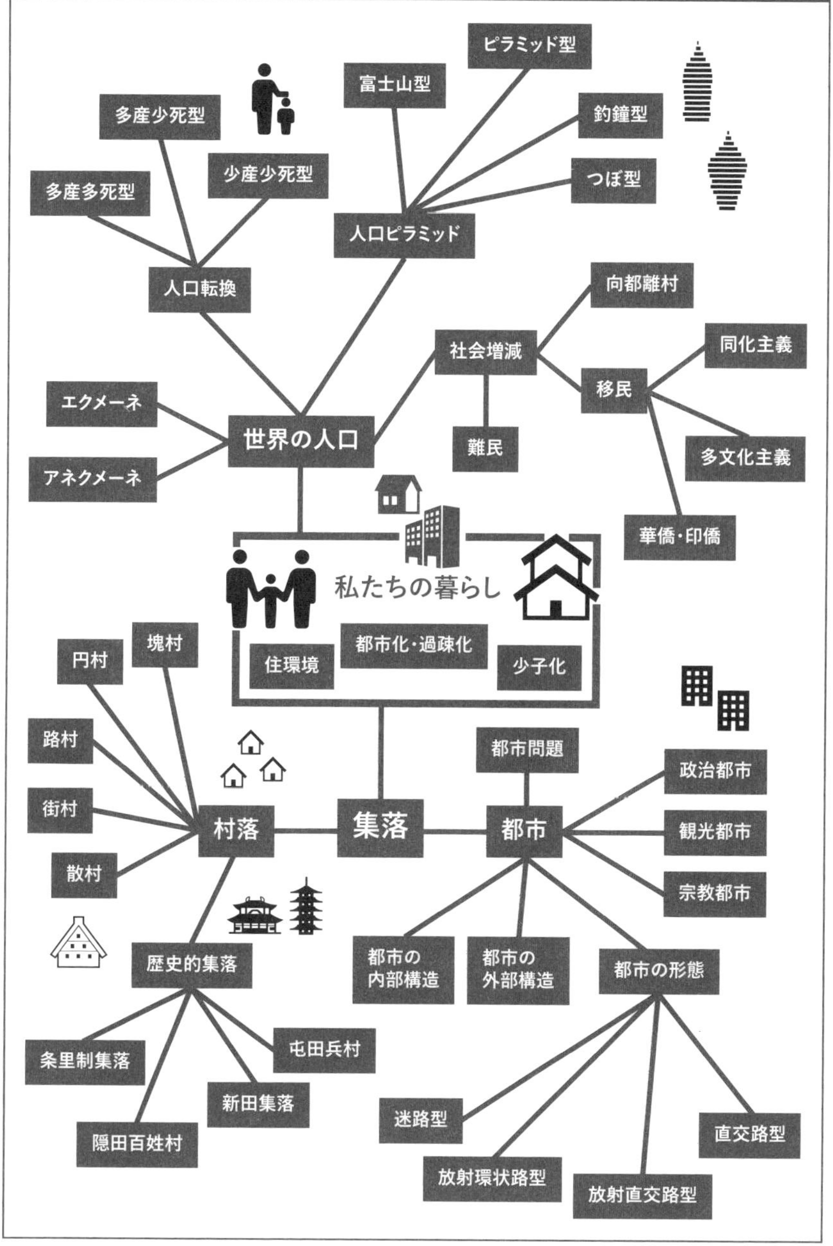

人口爆発と呼ばれた戦後の人口増加

居住できるエリアを増やしてきた人類

地球上には約80億人が暮らしています。この数えきれないほどの人々が地球のそれぞれの場所に暮らしているのですが、その分布は均等ではありません。やはり、食料が得られるところや、暮らしやすい気候のところに人々は集中します。

人間が日常的に居住できる場所を「**エクメーネ**」といい、居住できない場所を「**アネクメーネ**」といいます。人類は人口の増加や気候の変化に対応する形で、工夫を重ね、少しずつアネクメーネをエクメーネにしてきました。

産業革命後に上昇した人口増加率

世界の人口は、今から約2000年前には2～4億人、そして18世紀初頭は約6.5億人だったと推定されています。そして現在は80億人というわけですから、**ここ300年くらいで一気に73億人以上も人口が増えていることになります。**

18世紀を境に、人口の増加率が一気に高くなったのです。

その理由が、イギリスで始まった産業革命です。商工業の発達によって（たとえば交通の発達が食料の流通をスムーズにすることなど）人口の増加率が加速し、1800年には約9億人、1900年には約16億人、1950年には約25億人、2000年には約61億人になりました。特に、第二次世界大戦後の急激な増加は「**人口爆発**」と呼ばれます。現在、増加のペースはやや落ちているものの、それでも2050年には95億人を超えると推測されています。

多産多死から少産少死へ向かう人口転換のモデル

自然増加と社会増加

国ごと、あるいは地域ごとの人口の増減を見る視点として、自然増減と社会増減の２種類があります。

自然増減は、**出産や死亡による増減です。**出生数と死亡数を比べて、プラスになっていたら**自然増加**、マイナスになっていたら**自然減少**といいます。

社会増減は、**人口が移動したことによる増減です。**流入数から流出数を見て、プラスになっていたら**社会増加**、または**転入超過**といい、マイナスになっていたら社会減少、または転出超過といいます。

総人口に対する社会増加の割合を社会増加率といいます。人口が減少している、いわゆる過疎の村などを見てみると、自然減少ではなく、社会減少のほうが深刻な場合が多くあります。

人口転換の第一段階「多産多死型」

自然増加や自然減少に注目し、その増減をモデル化したものを**人口転換**といいます。この、**人口転換は一般的に「多産多死」型から「多産少死」型、そして「少産少死」型に移行します。**

まず、第一段階の「**多産多死型**」は、過去においては産業革命以前の伝統的な農業社会や、現在においては発展途上国の中でもやや発展のおくれた地域に見られます。

こうした時代や地域では、医療が発達しておらず、飢饉や疫病などの発生も伴い、死亡率は高くなります。そうした中で農業社会に必要なたくさんの人手を確保するためには子どもをたくさん産み、高い出生率を維持することが必要です。

結果的には、**出生率は高水準であるにもかかわらず、死亡率も高くなるために人口の大きな増加は見られません。**現在では発展途上国の中でも、都市部では最低限の医療は受けられることが多くなり、国全体がこの段階にとどまっているという国はそう多くありません。

人口転換の第二段階「多産少死型」

第二段階は「多産少死型」です。**都市化や工業化が進展し、近代化が進むと、衛生水準や医療水準が向上し、死亡率が低下します。**一方で出生率は、衛生水準や医療水準の向上というような、わかりやすい低下要因がないため（むしろ、医療水準が上がれば、生まれた子どもがすぐに亡くなることが少なくなるため、人口増加の要因になります）、すぐに低下せず高水準が続きます。**そうすると、「死亡率は下がり、出生数は高水準を維持す**

図 8-1　人口転換の模式図

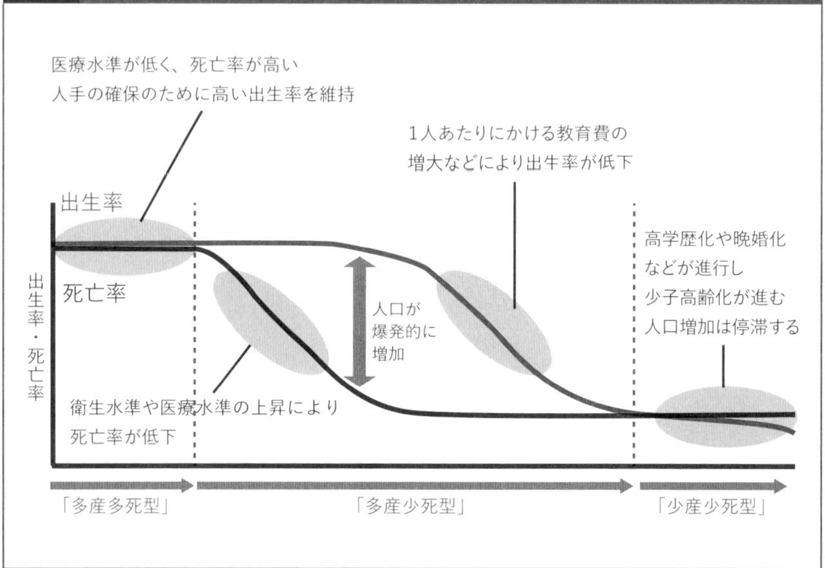

医療水準が低く、死亡率が高い
人手の確保のために高い出生率を維持
1人あたりにかける教育費の
増大などにより出生率が低下
出生率
死亡率
出生率・死亡率
人口が
爆発的に
増加
高学歴化や晩婚化
などが進行し
少子高齢化が進む
人口増加は停滞する
衛生水準や医療水準の上昇により
死亡率が低下
「多産多死型」
「多産少死型」
「少産少死型」

る」という状況になり、**「人口爆発」のような高水準の人口増加期**が訪れます。

しばらくすると、次第に出生率のほうも低下し始めます。まず、医療の発達により、成人になる子どもの数が増えるため、「あらかじめある程度死ぬことを予想してたくさん産む」必要がなくなります。そのかわり、一人一人の子どもにたくさん教育費をかけて、生産性の高い働き手にしようと考えるのです。また、女性の社会進出がすすむことも、出生率低下の要因になります。

人口転換の第3段階「少産少死型」

そして、第3段階目の「**少産少死型**」になります。この段階は出生率も死亡率も低い状態です。**高学歴化や子どもにかかる費用の増加、価値観の変化などの要因が出生率を押し下げ**、多くの場合は**少子化**や**高齢化**などの問題も発生します。人口の増加は停滞し、そののちには人口減少社会に突入する可能性も生じます。

人口ボーナスと人口オーナス

人口が増加することは、消費者が増えるということですし、労働力も確保しやすいということですので、**人口増加中の国にとっては、経済成長の大きなチャンスになります。**これを**人口ボーナス**といい、1950年代から1970年代までの、日本における高度経済成長も、人口ボーナスがその背景にありました。しかし、個人個人を見てみると、経済成長の恩恵が一人一人には行き届かず、貧困にとどまる層もまだ多いのがこの時期です。

逆に、先進国を中心にした国々では**少子高齢化**が深刻になっています。見た目の人口はあまり変わらなくても、生産年齢人口が高齢者人口に置きかわり、生産年齢人口が養わなくてはならない高齢者や年少者が多くなる状態を**人口オーナス**といい、**社会保障費の負担増大や経済成長の減速などの影響が指摘されます。**

「人口ピラミッド」で見る国や地域の人口構成

人口構成と人口ピラミッド

こうした人口転換を踏まえ、国や地域の人口の構成を考えてみましょう。人口の構成を区切る目安として、０歳から14歳までの「**年少人口**」、15歳から64歳までの「**生産年齢人口**」、65歳以上の「**老年人口**」という言葉がよく使われます。15歳から64歳の人の稼ぎが、それ以外の人口を養っていると解釈されている、ということです。

こうした年齢構成を数年ごとに棒グラフにし、性別を左右に分けて示したグラフは「人口ピラミッド」と呼ばれています。数字だけで見るよりも、**その形で国や地域の人口構成や問題点が一目でわかるようになり、未来の人口の増減の予測もつくなどの利点がある**ので、広く用いられています。人口ピラミッドはその形によって、富士山型、ピラミッド型、釣鐘型、つぼ型などに分類されます。

人口ピラミッド① 富士山型とピラミッド型

まず、**「多産多死型」から「多産少子型」を示す**、富士山型とピラミッド型の人口ピラミッドを紹介します。底辺が広くて頂上が狭い、山のような形をしたものが「**富士山**」型です。底辺が広いというのは、赤ん坊や子どもが多いということです。しかし、子どものうちに亡くなる数も多く、少し上の生産年齢人口を見てみると、ぐっと減ってしまっています。老年人口になるのは、限られた人です。**この人口ピラミッドは「多産多死」の状況を示します。**現在、このような形を示すのはアフリカのサハラ砂漠の南側に位置するマリ、チャド、ナイジェリアなどが挙げられます。これらの

図 8-2　富士山型・ピラミッド型の人口ピラミッド

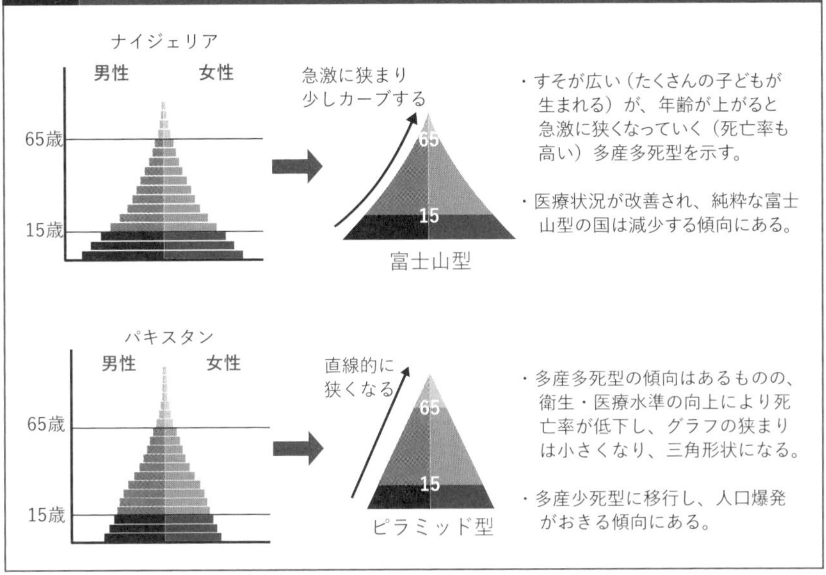

ナイジェリア
男性
女性
65歳
15歳
急激に狭まり
少しカーブする
65
15
富士山型
・すそが広い（たくさんの子どもが生まれる）が、年齢が上がると急激に狭くなっていく（死亡率も高い）多産多死型を示す。
・医療状況が改善され、純粋な富士山型の国は減少する傾向にある。
パキスタン
男性
女性
65歳
15歳
直線的に
狭くなる
65
15
ピラミッド型
・多産多死型の傾向はあるものの、衛生・医療水準の向上により死亡率が低下し、グラフの狭まりは小さくなり、三角形状になる。
・多産少死型に移行し、人口爆発がおきる傾向にある。

国では、医療や衛生の状況、あるいは栄養状態の改善が求められています。

人口ピラミッドが頂点からすそ野まで直線的になっており、全体的に三角形を示すものが「**ピラミッド**」型です。高年齢にいくほど幅が細くなっていて、まだまだ死亡率が高いことを示しますが、富士山型に比べると急激に細くなってはいません。これは、**その国や地域が「多産少死」型へ移行している途中であることを示します。**

医療や衛生、栄養状況が改善された発展途上国がこの形になることが多く、今後、**生産年齢人口の増加が見込めますので、今後の経済発展が期待できる国とされます。**フィリピンやパキスタン、エクアドルなど、東南アジアや南アジア、ラテンアメリカの国によく見られる形です。

人口ピラミッド② 釣鐘型

続いて、**「少産少死型」を示す**釣鐘型とつぼ型の２つの形を紹介します。**生まれる子どもの大半が老年人口まで生きられるようになると、乳幼児の**

図 8-3　釣鐘型・つぼ型の人口ピラミッド

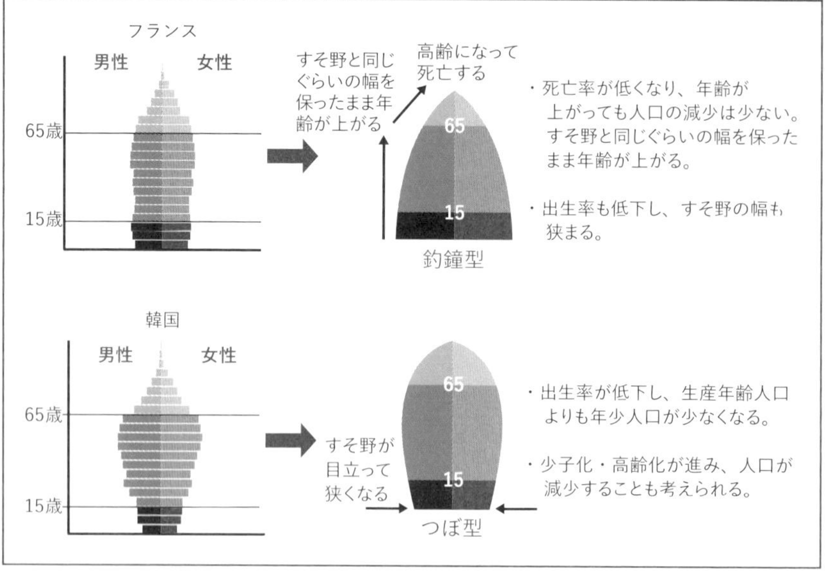
フランス
男性
女性
65歳
15歳
すそ野と同じ
ぐらいの幅を
保ったまま年
齢が上がる
高齢になって
死亡する
65
15
釣鐘型
・死亡率が低くなり、年齢が
上がっても人口の減少は少ない。
すそ野と同じぐらいの幅を保った
まま年齢が上がる。
・出生率も低下し、すそ野の幅も
狭まる。
韓国
男性
女性
65歳
15歳
すそ野が
目立って
狭くなる
65
15
つぼ型
・出生率が低下し、生産年齢人口
よりも年少人口が少なくなる。
・少子化・高齢化が進み、人口が
減少することも考えられる。

人口がそのまま維持され、胴の太さが老年人口まであまり変わらないお寺の釣鐘のような「**釣鐘**」型になります。人口転換は「少産少死」型になり、人口の総数はあまり変化がありません。この形はフランス、アメリカ、イギリスなど、出生率が大きめ（少子化にやや歯止めがかかっている）の先進国に見られる形ですが、近年では発展途上国の中でも釣鐘型を示す国が多くなっています。

さらに、**少子化に歯止めがかからなくなると、人口の維持に必要な出生率も確保できないようになります。**一般的に、国や地域の人口維持のためには、合計特殊出生率（1人の女性が生涯に産むとしたときの平均の子どもの数）が2.1はなければならないのですが、それを大きく下回るようになります。一方で、医療水準は高いため、老年人口は多いまま維持されます。結果的に、**上部が太く、下部が細くなる**「つぼ」型を示します。**このパターンは、長い目で見れば人口が減少することが予測されます。**イタリアやスペイン、韓国や日本などが出生率が低い、つぼ型の代表的な国です。

産業別に見た人口構成の変化

産業ごとに分類する人口構成

人口を年齢別に３分割したのが、「年少・生産年齢・老年」ですが、働く人々の人口を、産業別に３つに分けることを「**産業別人口構成**」といいます。

第一次産業は自然にはたらきかけ、直接ものを取得・生産する産業で、**農林水産業がそれにあたります。第二次産業**は第一次産業によって得られたものを加工する産業で、**製造業や建設業がそれにあたります。**自然から直接ものをとるものの、日本の区分では鉱業もこの第二次産業とされます。

そして、**第三次産業**が商業やサービス業など、第一・第二次産業に含まれない産業です。**運輸・金融・医療・教育・行政などの幅広い産業を含みます。**

時とともに移り変わる産業別人口構成

「人口転換」の動きのように、産業別人口構成も、**初めは第一次産業が多かった国が第二次産業の割合を増やし、その後第三次産業が大半を占めるようになります。**発展途上国では人口の半数以上が第一次産業（おもに農業）に従事していますが、工業化を少しずつ果たしていくと、第二次産業の割合が増えます。工業をはじめとする第二次産業は多くの付加価値を生み出し、また都市への人口移動を促すので、次第にサービス業が発展し、いつしか**人口の大部分が第三次産業になります。**

日本も第三次産業の人口は約72.5%と多く、第一次産業は3.4%、第二次産業は24.1%となっています。

人口の移動とそれに伴う問題点

仕事を求める人々が集中する都市

人口の社会増加や社会減少を生み出す人口の移動には、様々な原因や歴史的背景が考えられます。

仕事を求めて人々が移動することは、社会増減をもたらす最大の要因です。一般的に、経済発展が遅れた地域は仕事がなく、経済発展が進んだ地域は労働力が不足しがちになります。そこで、農村から都市へ、という人口の流れが生じます。

このように、農村から都市へ人口が移動することを**向都離村**（こうとりそん）といいますが、人口爆発の途上にある発展途上国の中には、仕事を求めて農村から都市へ急速に人口が移動する激しい向都離村型の人口移動が見られます。

多くの人口が流入した都市では過密が見られ、環境汚染や住宅不足、交通渋滞などの問題が発生します。急速に人口が増加したために、仕事が十分に得られず、正規の居住地も得られないままに、都市の周辺に居住し、劣悪な環境の住宅地である**スラム**を形成する場合も多くあります。

著しく人口が減少した過疎の村

一方で、人口が減少した農村の中には、著しく人口が減少し、**過疎**と呼ばれる状況になることがあります。過疎に加えて老年人口が50%を超えた集落は**限界集落**と呼ばれ、農作業や冠婚葬祭など、集落としての機能の維持が困難な地域とされています。特に、交通の維持や医師の確保は重要な問題となっています。また、商店も少なく、食料品や日用品などの購入にも非常に不便な状況となります。こうした地域では、大都市圏の人々に対し、出身地やその近くで就職する**Uターン**や出身地以外の地方に就職する**Iターン**などを促す取り組みなどが行われています。

社会増加・減少を示す人口ピラミッド

こうした人口移動を、人口ピラミッドから見ていきましょう。仕事を求めて人口が移動する場合は、おもに生産年齢人口が移動するわけです。

生産年齢人口が移動した場合、同時にその子ども世代も移動する場合が多いため、**人口が流入する都市部は生産年齢人口と年少人口が同時に増加し、「星型」のような姿になります。**

一方で、農村部は生産年齢人口が大幅に減少し、特に進学・就職などで故郷を離れる若者が多いため、**10代後半から30代ぐらいが極端に減少してしまいます。**そのため、人口ピラミッドの形も、かなり不安定な「**ひょうたん型**」となります（実際は子どもの出生も少ないため、さかさまになった「とっくり」や「一輪ざし」のような不安定な形になります）。

図 8-4 社会的要因による人口ピラミッド

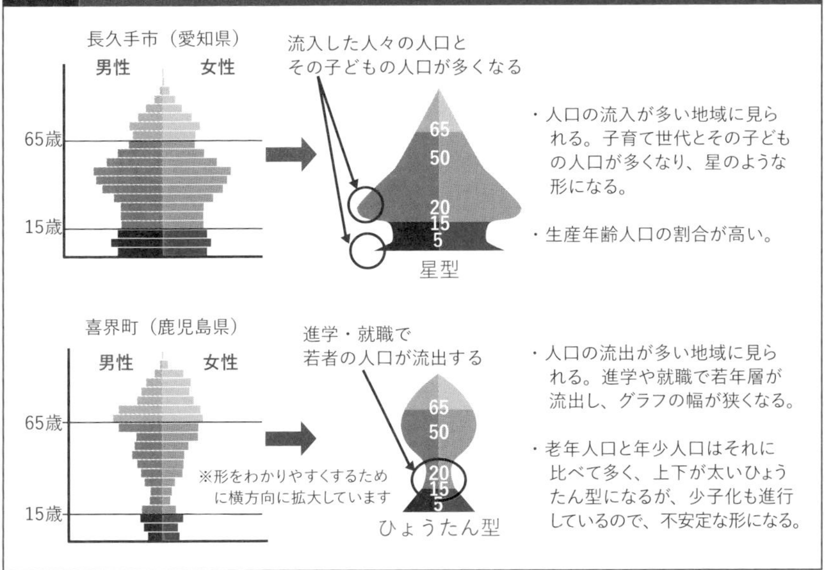
長久手市（愛知県）
男性
女性
65歳
15歳
流入した人々の人口と
その子どもの人口が多くなる
65
50
20
15
5
星型
・人口の流入が多い地域に見られる。子育て世代とその子どもの人口が多くなり、星のような形になる。
・生産年齢人口の割合が高い。
喜界町（鹿児島県）
男性
女性
65歳
15歳
進学・就職で
若者の人口が流出する
65
50
20
15
5
ひょうたん型
※形をわかりやすくするため
に横方向に拡大しています
・人口の流出が多い地域に見られる。進学や就職で若年層が流出し、グラフの幅が狭くなる。
・老年人口と年少人口はそれに比べて多く、上下が太いひょうたん型になるが、少子化も進行しているので、不安定な形になる。

国境を越えて移動する移民や難民

仕事を求めて世界を動く移民

農村から都市へという、向都離村型の人口移動を世界に広げてみると、**賃金水準の低い国から賃金水準の高い国に、国を越えて仕事を求めて移動する**という、移民の動きになります。「仕事を求める移動」の場合の多くは、移動先の人々との仕事の奪い合いとなり、移民の排除を求める人々の増加によりトラブルになる例も多くあります。

世界中に分布する華僑と印僑

中国は、歴史的に（清王朝の時代の人口の急増や、交易の拡大などを要因として）東南アジアに多くの移住者を送り込んできました。**こうした人々は、各地で中国人街（チャイナタウン）をつくるようになります。**現在では世界中に中国系の人々が分布しています。

数代にわたってその地に居住して、その国の国籍を取得した人々を「**華人**」といい、経済的に大きな力を持つ例も少なくありません。また、中国国籍を持ったまま海外に移住している人々は「**華僑**」と呼ばれています。

インド系の人々も、世界中に居住しています。インドはかつてイギリス領でしたが、そのとき、インドの人々は世界各地に広がっていたイギリス領の国々で労働者として雇われ、世界に広がりました。こうした人々をルーツに持つインド系の人々は「**印僑**」と呼ばれ、**かつてのイギリス植民地の国々に多く分布しています。**

印僑がかつてのイギリス植民地に多く見られるように、植民地支配の名残が移民に見られることもよくあります。たとえばイギリスはインドやパキスタン、バングラデシュ、フランスはアルジェリアやチュニジア、ベトナムなど、植民地支配をしていた国々からの出稼ぎ先になっています。

また、石油産出による経済発展が見られる産油国も、多くの人々をひきつける移民先になっています。

多文化主義と同化主義

こうした移民に対して、どのような姿勢で接していくかという方針は、国によって変わります。１つは**多文化主義**といわれる、**移民の人々の出身地の文化や言語を尊重する考え方**、もう１つは**同化主義**といわれる、**受け入れた国がその国の言語や文化を習得させ、その国のルールを積極的に守らせるという考え方**です。どちらがよいということはなく、それぞれに長所と短所があります。もちろん、平等で寛容な社会が望ましいのですが、移民をマイノリティ（社会的少数者）として排除しようという考えの人々も存在し、根深い問題にもなっています。

やむにやまれぬ事情で国境をまたぐ難民

こうした移民は（仕事がない、というような事情はありますが）ある程度自発的に移民した人々ですが、中には、**戦争や政治的迫害や宗教的迫害など、やむにやまれぬ事情で国境をまたぎ、移住せざるを得ない人々**もいます。こうした人々を**難民**といいます。国境をまたがなくても、国内の中で居住地を追われ、避難生活をおくっている国内避難民と呼ばれる人々もいます。

ニュースを見ていると、日々、世界では紛争や内戦、民族対立や迫害が発生していることがわかります。その度に難民や国内避難民の数は増加します。**難民は現在でも増加しており、2000年代初頭には2000万人ほどであった難民や国内避難民は、現在6000万人を超え**、避難生活も長期化する傾向にあります。避難された側の国や地域にとっても負担は大きく、世界中が協力して解決すべき課題になっています。

人々が集まるところにできる集落

集落の始まりは「水が得やすいところ」

ここからは、人々が暮らす舞台としての村落や都市を見ていきます。

一定以上の人々が集まり、社会生活をおくるようになると、その集まりは**集落**といわれます。

かつて人々の暮らしは自然条件に大きく影響を受けており、集落も自然条件の影響を大きく受けて形成されました。集落の形成に大きな影響を与える第一の要素は水です。生活には水がかかせないため、**水を得やすい川や湖のほとり、山のふもとや扇状地の扇端などに集落ができます。**

図 8-5 輪中集落

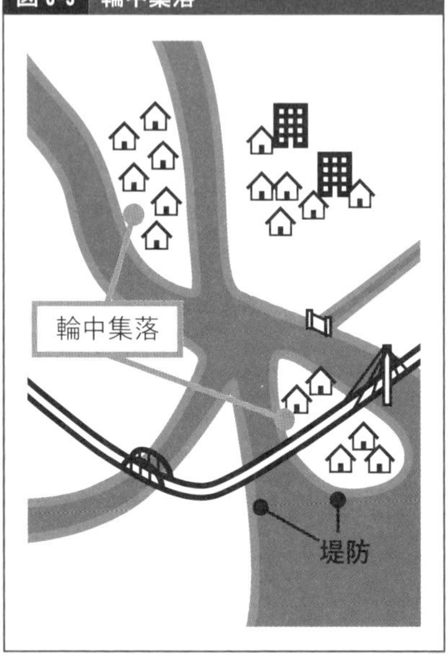

平坦な河川の中流や下流では、農業がしやすく、生活もしやすいのですが、その反面、水害を受けやすいので、平坦地の中でも少し高くなっている自然堤防などに集落ができます。**川にはさまれ、洪水にさらされる危険性の高いところには、周囲を堤防で囲み、水害に備える輪中集落**が見られます（岐阜県南部から愛知県西部、三重県北部にかけての、木曽川、長良川、揖斐川の「木曽三川」の下流の輪中集落が有名です）。

社会的環境による集落のでき方

自然環境に関連した集落のでき方だけではなく、社会的環境による集落のでき方もあります。

そのおもな要因は、**敵から身を守るためのものと、交易に適した場所にできるものがあります。**敵から身を守るものには、外敵に備えて周囲に堀をめぐらす**環濠集落**（農業用水のために堀をめぐらせる環濠集落もあります）や、丘の上につくられる**丘上集落**などがあります。

交易に適した場所にできる集落の例は、道が集まるところにできる集落や、水路が集まるところにできる集落などがあります。独特な例としては、日本の関東平野に多く見られる、**谷口集落**があります。山地から平野に移り変わる境目にある集落で、谷から平野に河川が流れ出すところにあります。**こうした地点には山からの物資と平野からの物資が集まる傾向にあり、集落が発達するのです。**

図 8-6 環濠集落・谷口集落

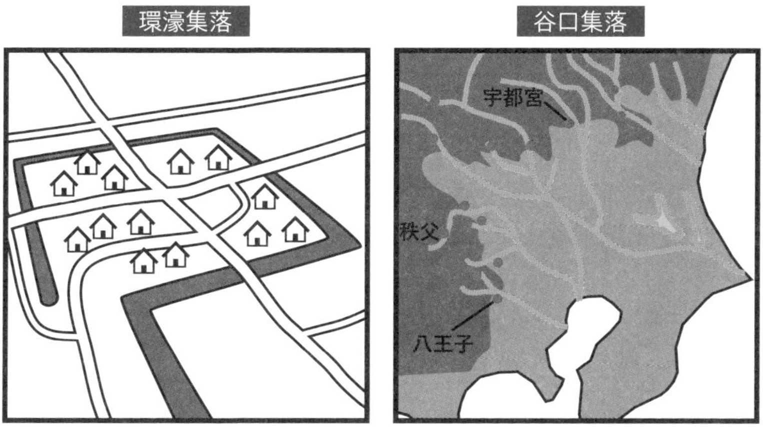

外敵への備えや農業用水の確保のために周囲を堀で囲んだ集落が形成される

山地と平野の境界の川沿いに山間部の生産物と平野部の生産物が集まる集落が形成される

時代や立地によって様々な表情をもつ村落

農林水産業が主要産業となる村落

集落には、大きく分けて、農林水産業を主体とする**村落**と、商工業やサービス業が主体となる**都市**があります。一般的に村落は規模が小さく、都市は規模が大きくなります。

形態による村落の分類① 塊村・円村

村落を分類すると、**集村**と**散村**の大きく２つに分かれます。**集村は多くの家屋が集中している村落**で、その中にはいくつかのパターンがあります。

塊村（かいそん）は、決まった形があるわけではなく、**その名の通り「かたまり」のように存在する村落です。**人々が集まって暮らせば、塊村ができるのですから、自然発生的にできる村落はおおむね塊村です。湧き水の出るところや、農作業に適したところ、洪水の危険性が少ないところなどによく見られます。

こうした村落の周囲を堀で囲めば、**環濠集落**ということになります。

図 8-7 塊村・円村

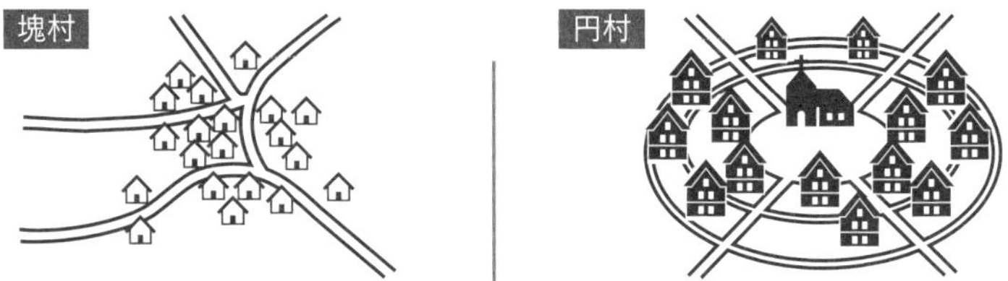

多くの家屋が塊のように密集して自然発生的にできた集落

教会や広場を中心に家屋が取り囲むようにしてできた円形の集落

また、ヨーロッパでは人々の暮らしの中心に教会があります。教会とその前の広場を中心にして、**円形に村落が形成される場合があり**、円村と呼ばれます。ドイツ東部からポーランドにかけてよく見られ、航空写真を見ると、まん丸の形の集落を見つけることができます。

形態による村落の分類② 路村・新田集落

列村は、道に沿ってできた形態の村落です。代表的なものに、ヨーロッパの**路村**や**林地村**、日本の**新田集落**などがあります。

これらの村落は、**道路に沿って家が立ち並び、その背後に細長い帯状の農地が存在しているという特徴があります。**これは、この村落の農地を開いたときに、それぞれの農家へ均等に土地を割り振ったことでつくられたことによります。

また、日本の新田集落の中にも、道路の両側に家々が並び、その背後に帯状に耕作地が広がる、典型的な路村の形をとるものがあります。

図 8-8 ヨーロッパの路村・日本の新田集落

ヨーロッパの路村（林地村）

道沿いに家屋が並び、それぞれの家がその背後にある土地を耕作する

新田集落

新田開発のために
江戸時代に開かれた集落

埼玉県の「三富新田」には
典型的な路村が見られる

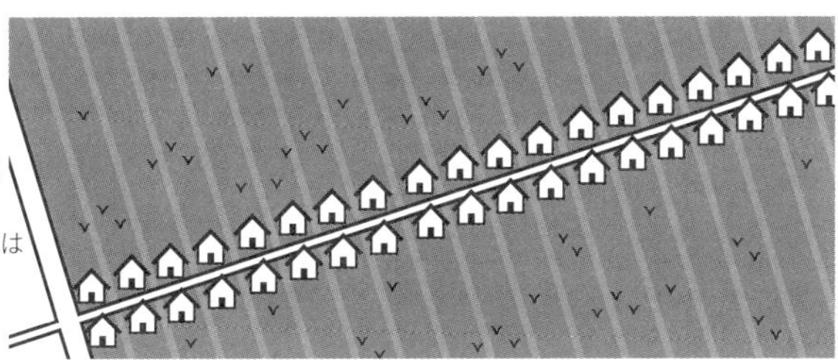

形態による村落の分類③ 街村

路村は、農地と道路の関係によって成立した村落の形ですが、似たようなものに街村があります。街村は農業との関連性ではなく、商工業や寺社など、その他の社会的な要因によってできた集落です。

宿場町は「東海道」や「中山道」などのような江戸時代頃の街道沿いにできた集落です。**旅する人のために宿泊施設や商店、飲食店などが立ち並び、道沿いに細長い集落が形成されます。**

門前町は、寺や神社の前にできた集落です。**寺や神社をお参りする人たちのための宿泊施設や商店、飲食店や手工業者が立ち並び**、細長い集落が形成されます。

図 8-9 宿場町・門前町

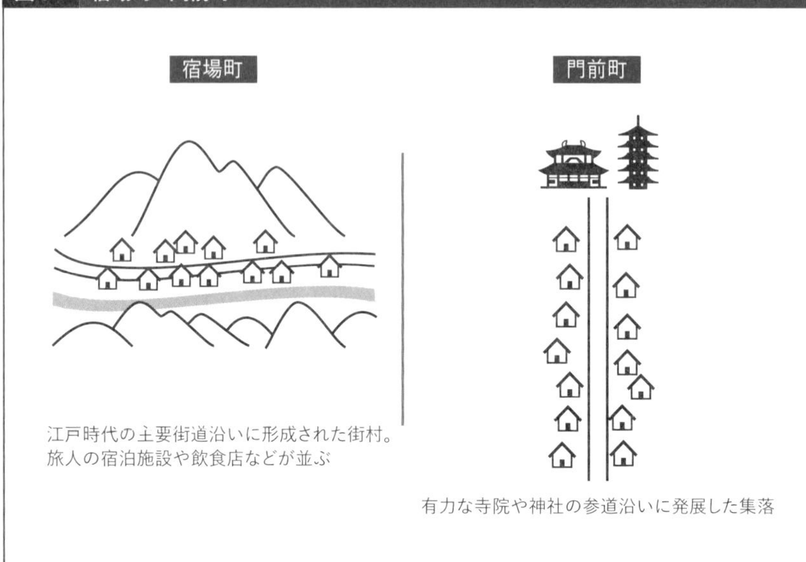

宿場町
江戸時代の主要街道沿いに形成された街村。
旅人の宿泊施設や飲食店などが並ぶ
門前町
有力な寺院や神社の参道沿いに発展した集落

形態による村落の分類④ 散村

これまで紹介した塊村、路村、街村などは、家や商店が寄せ集まってできる「集村」ですが、これとは逆に、家々がばらばらに「離れて」存在している形態の村落もあります。これを「**散村**」といい、おもに農村に見られます。それぞれの農家が、**距離を保ちながらその周りの農地を耕作していくことにより、広い耕作地の中にぽつんぽつんと浮く島のような家々が点在する**独特な風景になります。日本では富山県の**砺波平野**（となみへいや）や島根県の**出雲平野**に散村が見られます。

こうした散村では、1軒1軒が離れているために、家々が互いに風よけにならず、風が吹いたら吹きさらしになります。そのため、家の周りに風よけのための**屋敷林**という林をつくっている家が多いのが特徴です。

また、アメリカ合衆国やカナダなどには**タウンシップ制**といわれる土地制度に基づく散村が存在します。広大な開拓地を6マイル（9.6キロ）四方のタウンシップと呼ばれる単位に区画し、その中をさらに800メートル四方に分けて農家に割り当てる仕組みで、この区画ごとに農家が点在し、散村の状態になっています。

図 8-10　散村・タウンシップ制

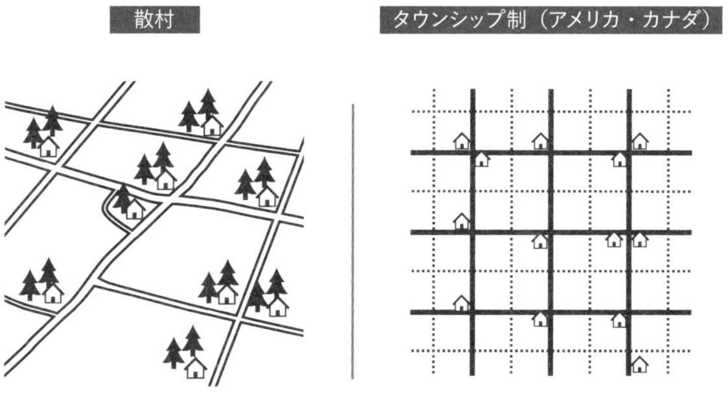

家が1軒1軒離れて存在。
風よけのための林（屋敷林）を風上につくることが多い

格子状に土地を分割し、農家に分け与えるしくみ。
区画ごとに農家が点在し、散村が形成される

観光資源にもなっている味わい深い歴史的集落

歴史的背景をもった集落

村落の形態別の分類を紹介しましたが、ここからは日本において歴史的に形成された、特徴的な村落を紹介します。

現在では都市化や過疎化が進んで特徴的な村落の形は次第になくなっていく傾向にありますが、地方にはまだ昔の村落の形態を残していたり、地名にその名残があったりしています。歴史的な集落はその地域の観光資源になり、地域の歴史を人々に伝える遺産になっています。

古代の条里集落

日本の歴史でいえば、飛鳥時代から平安時代にかけて、律令による政治が行われていました。農村では律令による「**条里制**（じょうりせい）」という、碁盤の目のような方形の土地区画がなされ、班田収授法によって農民に土地が貸し与えられていました。この条里制に基づく村落（条里集落）が、今も各地に残っています。**条里制を示す「条」や「里」、あるいは「坪」などの地名が特徴的で、集落の多くは数十軒からなる塊村の形をとります。**

荘園や戦乱の名残を伝える中世の集落

平安時代後期から室町時代にかけての、いわゆる中世に入ると、貴族や寺社、豪族などの私有地である「荘園」が拡大しました。こうした**荘園制に基づく地名には「荘」や「領家」「別所」などの地名がつきます。**荘園の領主であった豪族の屋敷の周辺にできた村落には「土居」や「寄居」「箕輪」のような地名がつきます。

図 8-11　条里制集落・隠田百姓村

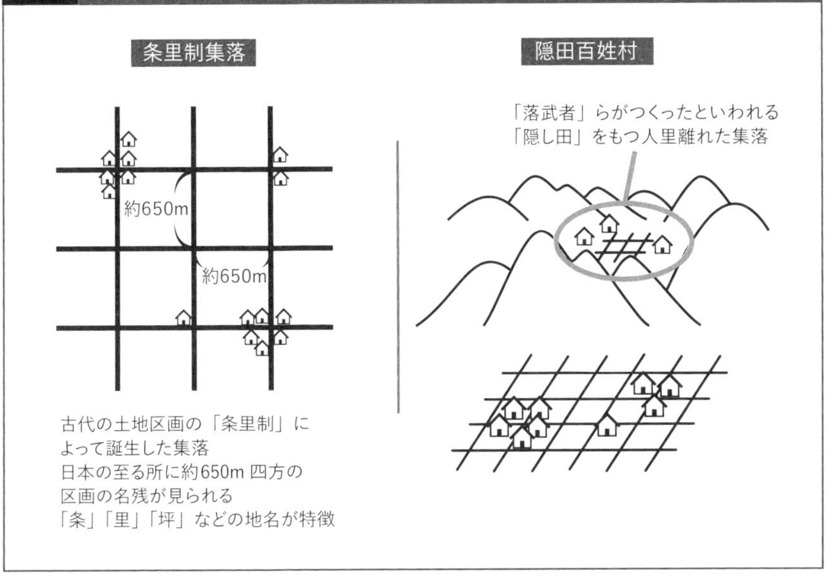

条里制集落
約650m
約650m
古代の土地区画の「条里制」に
よって誕生した集落
日本の至る所に約650m 四方の
区画の名残が見られる
「条」「里」「坪」などの地名が特徴
隠田百姓村
「落武者」らがつくったといわれる
「隠し田」をもつ人里離れた集落

この時代の土地は「名」と呼ばれ、荘園の持ち主は名主と呼ばれる有力農民に土地の耕作を任せていました。こうした有力農民たちが開墾した地域の村落は「名田百姓村」と呼ばれます。**こうした村落の周辺には「太郎丸」や「五郎丸」など、名主の名前を由来にした特徴的な地名を持つことが多くあります。**

また、この時代には多くの戦乱がありました。戦いに敗北した「落武者」やその従者たちは、**追手から身を隠し、人里離れたところに集落をつくりました。**これを**隠田（おんでん）百姓村**といい、宮崎県の**椎葉**や**五家荘（ごかのしょう）**、世界遺産にも登録されている岐阜県の**白川郷**などがその代表です。土地の調査や税の徴収から逃れるため、集落とは離れたところに「隠し田」をもつ例もあります。

江戸時代の新田開拓によってつくられた集落

近世、すなわち江戸時代にはいわゆる「新田」と呼ばれる新規の開拓地

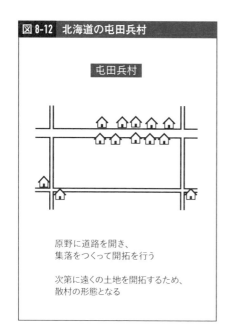

図 8-12 北海道の屯田兵村

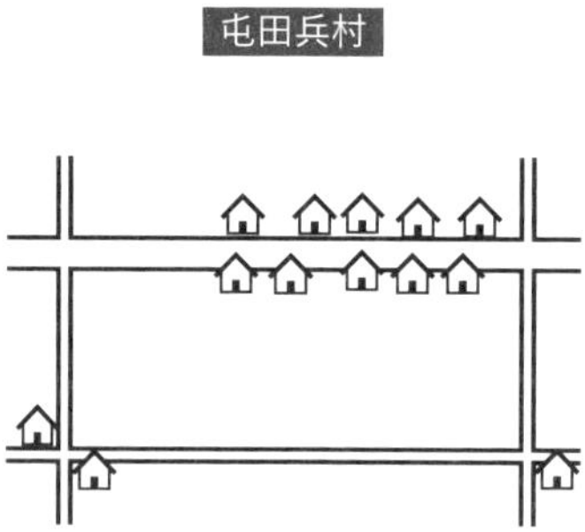

原野に道路を開き、
集落をつくって開拓を行う

次第に遠くの土地を開拓するため、
散村の形態となる

が生み出されました（これに対して、豊臣秀吉が行った「太閤検地」を受けた田を「本田」といいます）。この、**新田に設けられた集落**を**新田集落**といい、「○○新田」というような地名が、関東平野によく見られます。

埼玉県の三芳町から所沢市にまたがる「**三富新田**」がその代表で、現在も「上富」「中富」「下富」という地名が残っています。**「中富」「下富」付近には道路の両側に家々が並び、その背後に帯状に耕作地が広がる、典型的な路村が見られます。**

計画的につくられた近代の集落

明治時代には、北海道の開拓と防衛のために置かれた、屯田兵が開拓した集落である**屯田兵村**があります。**アメリカのタウンシップにならった四角形の土地区画が特徴的で、「兵」とか「条」などの言葉が残っています。**道路をつくったうえで開拓を進めたという経緯から、はじめは道沿いに路村が形成され、開拓が進むにつれて散村が形成されるという特徴が見てとれます。

また、戦後の大規模な干拓によって埋め立てられた秋田県の**八郎潟**の干拓地にも特徴的な村落が存在しています。住宅地を「総合中心地」と呼ばれる区画に集め、広大な農地には各農家が車で移動し、大型機械を使って耕作するという、大規模経営型の農業が目指されました。

政治や商業、工業など様々な機能を持つ都市

上昇を続ける都市人口率

一般的に、国の産業構造は農業から工業、商業やサービス業というように移り変わります。人口構造も、第一次産業から第二次産業、第三次産業へと移り変わるので、第二次、第三次産業に従事する人々が暮らす舞台となる都市の人口は、次第に増加します。

そのため、全人口に対する都市に暮らす人々の人口率（**都市人口率**）は年々上昇しています。

現在、世界では約55%と、都市に暮らす人々の数が村落に暮らす人々を上回っており、今後も増加すると考えられます。

政治や産業の中心となってきた都市

世界の都市の成り立ちを考えると、古くは古代のローマや中国の長安、日本の平安京などの**政治的・軍事的な機能を持つ、国の首都として**の政治**都市**がつくられました。

ヨーロッパが中世や近世に入ると、**交易に適した地**に交易**都市**がつくられるようになります。イタリアの**ヴェネツィア**やドイツの**ハンブルク**、フランスの**シャンパーニュ地方**の都市などが代表的です。また、中世の都市には防御のための壁や堀を備えるものも多く、**城郭都市**と呼ばれます。日本では戦国時代以降、城の周りに**城下町**が発展しました。

世界が産業革命を迎えると、工場などが立ち並び、工場で働く労働者が生活する**工業都市**が生まれました。工業都市ができると、それに伴い商業も盛んになりました。

政治都市や商業都市、工業都市は近代以降も形成され、世界中に存在しています。近代以降になってつくられた政治都市には、アメリカ合衆国の**ワシントンD.C.**、ブラジルの**ブラジリア**、オーストラリアの**キャンベラ**などがあります。工業都市には自動車産業で発展したアメリカの**デトロイト**や日本の**豊田**などがあります。

近代以降の商業都市の例としてはアメリカのニューヨークなどが挙げられますが、**人口が多くなれば当然、商業も発展するため、都市の多くは「商業都市」的な性格を合わせ持っています。**

観光・宗教・学術・軍事を中心とする都市

フランスの**ニース**や**カンヌ**、アメリカの**ラスヴェガス**などは**観光・保養都市**として多くの人々を集めています。**宗教都市**には、ユダヤ教、キリスト教、イスラームの３宗教の聖地である**エルサレム**、イスラームの聖地であるサウジアラビアの**メッカ**、ヒンドゥー教の聖地であるインドの**ヴァラナシ**、キリスト教の巡礼地であるスペインの**サンティアゴ・デ・コンポステーラ**などがあります。

また、大学を中心に研究機関が集まるイギリスの**オックスフォード**などの**学術都市**や、軍事的な拠点として発展したイベリア半島の**ジブラルタル**やロシアの**ウラジオストク**などの**軍事都市**などがあります。

上空から見た都市の様々な形

このように挙げてきた都市を、地図アプリなどを使って航空写真を見ると、都市ごとに違った形をしていることが興味深く、いろいろな都市をつい見比べてしまいます。

多くの都市は、縦横に道路が交わる**直交路型**の街路を持っています。中心になる街路を敷き、そこから直交する道路を左右にのばす都市のつくり方で、古くは中国の長安や日本の平城京や平安京、近代以降ではアメリカの**シカゴ**や**ニューヨーク**などがあります。

アメリカの**ワシントンD.C.**は直交路型に放射状の道路を組み合わせた**放射直交路型**の都市です。大規模な直交路型の都市は都心へのアクセスがやや悪くなる（大きくL字型に折れるか、カクカクと曲がらなくてはならないため）という難点がありますが、放射状の道路を組み合わせることで、都心へのアクセスが良好になるという利点があります。

モスクワや**パリ**など、都市の中心地から放射状に道をつくり、環状の道路で結ぶ**放射環状路型**の都市もあります。

西アジアや北アフリカの古い都市には、多くの袋小路がある**迷路型**の都市があります。チュニジアの**チュニス**やモロッコの**マラケシュ**などが代表例で、外敵からの防衛のためなどの理由があります。

人工的につくられた都市には、個性的な形状をしたものもあります。ブラジルの首都である**ブラジリア**は、上空から見ると「飛行機」の形をしている「変わり種」です。インドの**ニューデリー**やオーストラリアの**キャンベラ**は美しい幾何学模様の街路配置になっています。

図 8-13 都市の形態

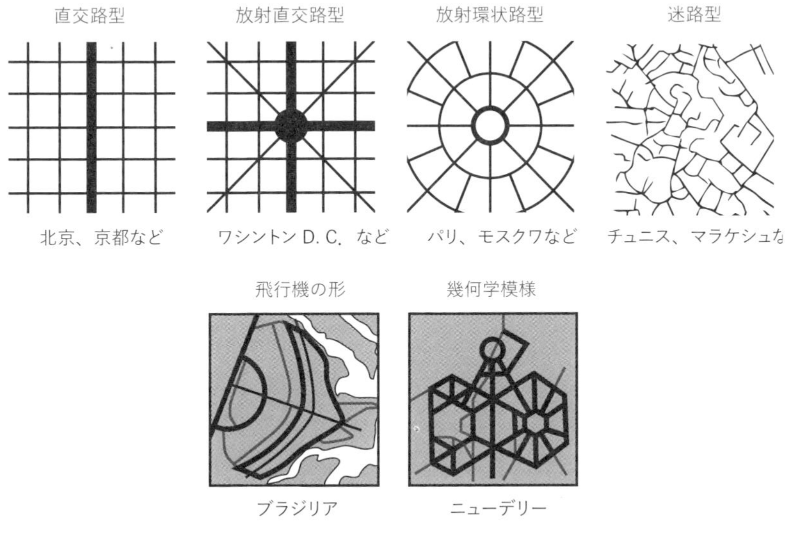

大都市に見られる都市の内部構造と外部構造

機能によって分かれる都市の内部構造

都市の内部に目を向けてみると、都市の中には商業地区や工業地区、住宅など様々な地域があります。工業地区は部品や原料、燃料の入手がしやすいところに集まり、商業地区はどこからでもアクセスがしやすいところに集まっていきます。

特に、**都心には官公庁や企業のオフィス、大規模な百貨店が集まるCBD（中心業務地区）**と呼ばれる地区ができます。また、都心から少し離れたところにある、交通網が集中する地点に**副都心**と呼ばれる地域が発達することもあります。アメリカやオーストラリア、日本などは、CBDやその周辺の高層ビル群が都心にできますが、**古い歴史を持つヨーロッパの都市などは、歴史的な古い都心部を「旧市街」として残しているため、やや外れたところにCBDがつくられる場合が多くあります。**

ひろがりをもつ都市の外部構造

都市の周辺に目を向けると、都市の周辺地域には多くの人々が暮らし、都市に通勤・通学や買い物にやってきます。これを**都市圏**と呼んでおり、**都市と周辺地域は、経済やサービスで強く結びついています。**

さらにこうした周辺地域も都市機能を持つようになると、大都市周辺の「**衛星都市**」となります。こうした都市圏や衛星都市は、いわゆる「**ベッドタウン**」と呼ばれ、住民たちの多くは昼は大都市で働き、夜はベッドタウンに戻ります。その結果、都心とベッドタウンでは昼と夜の人口が大きく変わり、「**昼夜間人口比率**」の違いがはっきりしてきます。**昼は都心に通**

図8-14 アメリカと日本のメガロポリス

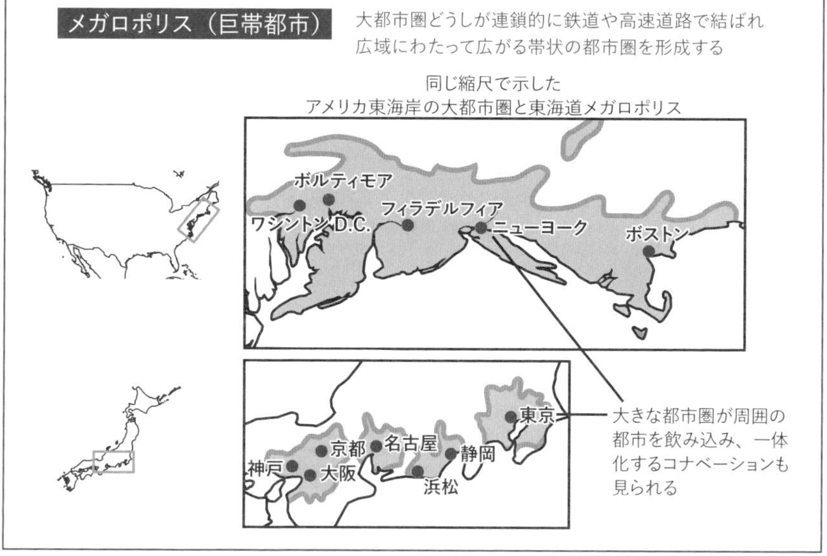
メガロポリス（巨帯都市）
大都市圏どうしが連鎖的に鉄道や高速道路で結ばれ
広域にわたって広がる帯状の都市圏を形成する
同じ縮尺で示した
アメリカ東海岸の大都市圏と東海道メガロポリス
ボルティモア
ワシントンD.C.
フィラデルフィア
ニューヨーク
ボストン
東京
京都
名古屋
静岡
神戸
大阪
浜松
大きな都市圏が周囲の
都市を飲み込み、一体
化するコナベーションも
見られる

勤・通学する人々がいますので、ベッドタウンの人口は減少し、都心の人口は増加します。夜はその人口がベッドタウンに戻るため、都心の人口は減少し、ベッドタウンの人口が増加します。

さらに規模の大きな都市を考えましょう。特に巨大な都市は**メトロポリス**（巨大都市）と呼ばれます。東京やニューヨークなどがその代表で、大きく広がった都市圏が周辺の都市を飲み込み、**コナベーション**（連接都市）と呼ばれる状態が見られます**（埼玉県南部や神奈川県東部、千葉県西部などは都心と市街地が連続し、東京と「一体化」しているように見える、代表的なコナベーションの例です）**。

また、いくつかの大都市が鉄道や高速道路などで結ばれ、帯状に連なると、**メガロポリス**（巨帯都市）と呼ばれます。アメリカのボストンからワシントンD.C.までの一帯、ヨーロッパのブルーバナナ、日本の関東平野から兵庫県にかけての東海道メガロポリスなどが、その代表例です。

都市の発展に伴って発生する様々な問題

都市が発展すると問題も多くなる

基本的には、国が発展すると農村から都市に向かう人々が増加し、都市が発展していきます。都市の発展は国の経済成長のバロメーターにもなっているのですが、交通渋滞や環境の悪化など、様々な問題も多く発生するようになります。それらの都市問題を見ていきましょう。

発展途上国で発生する都市問題

発展途上国では、20世紀後半頃から都市への人口集中が激しくなりました。人口爆発を迎えた段階の国々で、人々が仕事を求めて都市に向かったり、農業に機械が導入されることで、労働力が余って都市に仕事を求めることが多くなったりしたのです。

このように農村部の人々が移り住んだ結果、**その国の中心的な大都市は、国内の他の都市の規模を大きく上回り、2番目に大きな都市の人口を大きく引き離すような都市が形成される**ことがあります。こうした都市を**首位都市**（**プライメートシティ**）といいます。チリの**サンティアゴ**やコートジボワールの**アビジャン**、タイの**バンコク**などは代表的な首位都市です。

こうした急速な都市の人口増加に伴い、発展途上国の都市では環境の悪化が問題となっています。交通渋滞の発生や排気ガスによる大気汚染、地下水のくみ上げによる地盤沈下など、多くの問題が発生しています。

また、急速に都市の人口が増加するため、上下水道や電気、ガスなどの、生活の基盤となるいわゆる**インフラストラクチャー**（インフラ）の整備が追い付かず、**スラム**といわれる劣悪な環境の住宅地が形成されることも多くあります。ブラジルのファベーラはその代表としてよく知られています。

貧しい人々はそうしたスラムでの生活を余儀なくされ、都市に住んでも仕事が得られず、路上での物売りや日雇い労働、ゴミ山からのリサイクルなどの**インフォーマルセクター**（統計として記録されない非公式部門の経済活動）でかろうじて生活を支えるという状況も多数で見られます。こうした人々の中には親や親戚などの保護を受けずに路上で集団生活をする、いわゆる**ストリートチルドレン**などもいます。

先進国で発生する都市問題

先進国も、都市問題と無縁ではありません。先進国は発展途上国よりも早く都市化が進んだので、都市問題も早くから発生していました。大都市に人口が集中したことによる土地の価格の急上昇や交通渋滞などが主要な都市問題として挙げられます。また、都市人口の増加により、周辺部に人口が流出し、周辺部の農地や緑地の中に住宅や工場が無計画に、「虫食い」のように広がる**スプロール現象**も見られます。

インナーシティ問題とジェントリフィケーション

特に欧米の大都市では、都市化が進むと比較的豊かな人々が過密で環境の悪い都心近くから離れ、環境のよい郊外に家を持とうというケースが増加します。**都心付近には取り残された低所得の人々や高齢者、外国からの移民が増加し、「都心に近いのに環境が悪い」**という**インナーシティ問題**が発生します。

こうした問題の改善のため、各都市で行われているのが**再開発**の試みです。建物をリニューアルし、金融機関や企業などが入居するオフィスビルや、高層マンションなどの建設を進め、環境をよくしようという取り組みが行われます。こうした「**ジェントリフィケーション**（都市の高級化）」と呼ばれる取り組みによって地区全体の経済的な地位が高まると、富裕層が回帰するようになり、都心に再び高級な商店や飲食店も集まるようになるのです。

こうした再開発は、都心だけにとどまらず、都市の各地で進んでいます。特に、古い工業都市は川や港の近くにあることが多く、産業構造の変化によりそこがさびれると港湾部の環境が悪化してしまいます。こうした地域の再開発は**ウォーターフロント**開発と呼ばれます。現在では、川辺や海辺におしゃれな街路が並ぶ、魅力的な街並みが増加してきました。

こうしたジェントリフィケーションやウォーターフロント開発の代表例として、治安が悪かった地区にブランド店やレストランが並ぶようになったニューヨークの**ソーホー**や、造船所などの港湾施設がオフィス街に変わった、ロンドンの**ドックランズ地区**などが挙げられます。

近年では交通面での都市問題の改善も進められています。大気汚染や渋滞などの都市問題の改善のため、環境への負荷が少なく、渋滞の解消にもつながる路面電車の使用や、自動車を郊外の駐車場に駐め、鉄道やバスに乗り換えて都心に向かう**パークアンドライド**の導入、都心への自動車の乗り入れに料金を課す**ロードプライシング**などが代表例です。床の低いLRTと呼ばれる次世代型の路面電車の使用も増えてきました。

人口減少に伴う都市問題

かつて「都市問題」の原因といえば、発展途上国にとっても先進国にとっても、都市の人口増加によるものでした。しかし、先進国の多くで少子・高齢化や人口減少が問題になるにつれ、**都市の人口減少も問題に挙げられるようになっています。**居住者の死亡や店じまいなどによって空き家や空き店舗などが不規則に発生し、都市がスポンジ状にスカスカになってしまう**都市のスポンジ化**という問題や、税収不足によって道路や水道管、ガス管の交換が後回しになり、老朽化が目立つようになるという問題が発生しているのです。こうした人口減少の問題に対応するために、中心市街地を活性化するとともに、都市機能を中心部に集中させて機能の維持を図るという**コンパクトシティ化**などの対策がとられています。

第9章

衣食住・言語・宗教

第9章 衣食住・言語・宗教 あらすじ

気候・風土に根ざした様々な生活文化

第9章では、世界の多種多様な生活文化や、言語、宗教などの概要について説明します。

まず、世界の生活文化では、衣服、食文化、住居の順に、世界の伝統的な文化を見ていきます。世界の衣服は、気候や手に入る素材に大きく影響を受けています。また、宗教の影響を受けた衣服もあります。食文化や住居も、気候やその地域でとれる食材や建材に大きく影響を受けます。伝統的な生活文化が残る一方、世界ではファストファッションやファストフード、コンクリートでつくられた住居など、衣食住の画一化も進んでいます。

言語と宗教は、人々を民族に区分するうえで、重要な要素です。世界に数多く存在する言語の多くは、「語族」や「語派」などのグループに分けられます。

また、世界の宗教には、世界全体に信者が分布する世界宗教と、特定の民族によって信仰される民族宗教があります。ヨーロッパは、歴史的に数多くの言語とキリスト教の宗派が入り組んで存在しています。

第9章 私たちの暮らしと【衣食住・言語・宗教】の関係図

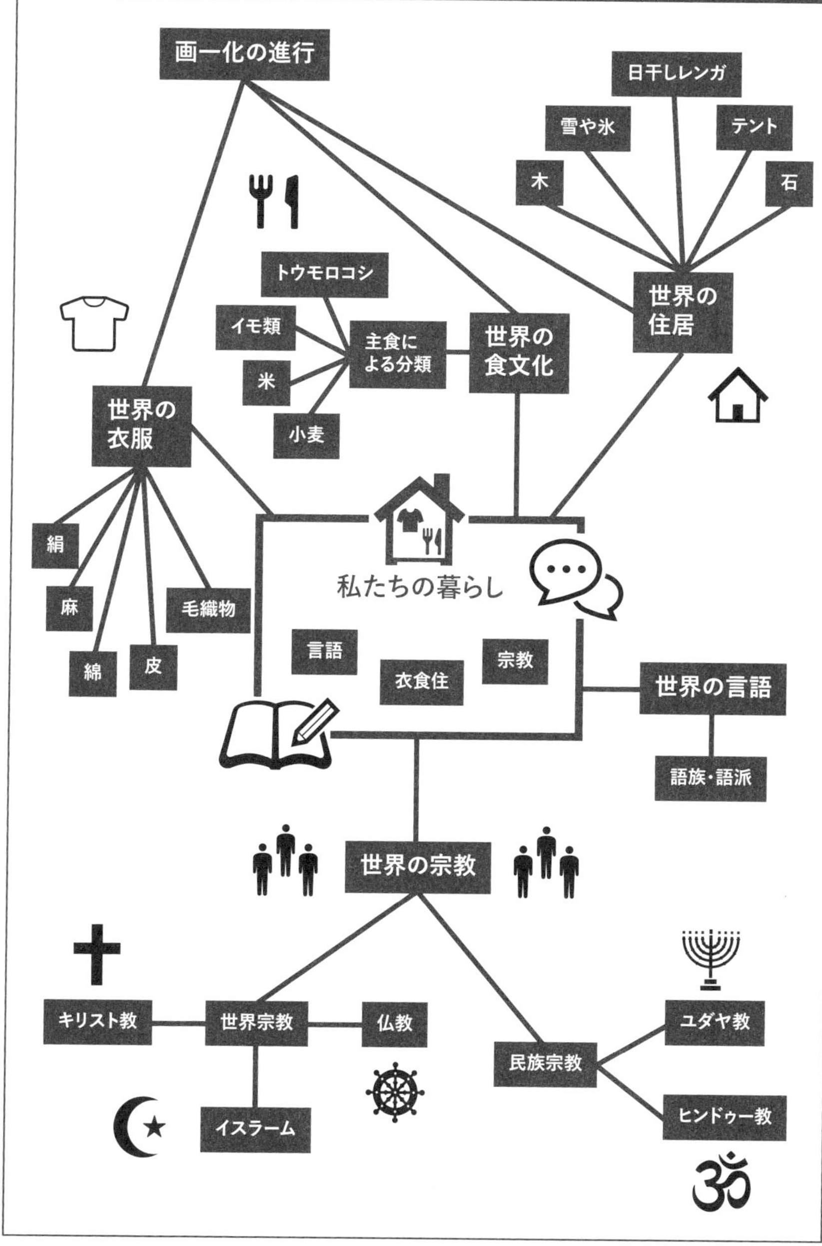

自然環境・社会環境に影響を受ける衣服

地域ごとに違いが見られる生活文化

世界を旅すると、その地域ごとに違った文化があることがわかります。第９章では人々の生活に根差した生活文化の中から、衣・食・住、そして言語や宗教についてお話しします。

自然環境に影響を受ける衣服

暑いときには薄着をし、寒いときには重ね着をするように、**私たちが着る衣服は周囲の自然環境、特に気温に大きく影響を受けています。**また、同じ暑い場所でも、薄着をしているところばかりではなく、乾燥しているところや日差しの強いところでは、体を覆うような服を着て肌を守ります。

また、入手しやすい素材であるかどうかも衣服に大きな影響を与えます。毛織物や皮などはその動物が生息する土地に、綿や麻、絹などは綿花や麻、桑の木などが生育する場所で衣服として使われます。

気候に根差した民族衣装

一般的に、寒冷な地域では、防寒のために、保温性に優れた動物の毛皮を利用した衣服が着用されます。北極圏のイヌイットの防寒着である**アノラック**は保温性に優れたアザラシなどの毛皮が使われています。

熱帯から温帯にかけての、高温で湿潤な地域では、通気性や吸湿性に優れた麻や綿の服が使われます。インドの**サリー**やベトナムの**アオザイ**などが、その代表例です。

サウジアラビアや北アフリカの乾燥地では強い日差しや砂ぼこりから肌

を守るために、裾が長い長袖の服が着用されています。

また、高地では保温性の高い羊やアルパカなどの毛を使った衣服がよく着られています。ペルーのアンデス山脈一帯ではアルパカやリャマの毛を織った**ポンチョ**という上着を使います。これは、冷え込む朝と夜には着て保温し、暖かくなる昼間には脱いで気温差に対応するものです。

社会環境によっても影響を受ける衣服

自然環境だけではなく、社会環境の影響を受けた衣服もあります。特に、イスラームを信仰している人々は、女性は近親者以外の男性に髪や肌を見せてはいけないとされているため、頭を覆うスカーフや、頭から体を隠すような長い服装を着用します。

近年ではグローバル化の影響を受け、大量生産により価格を抑えた**ファストファッション**と呼ばれる服装が世界中で着られるようになりました。これも、社会環境が服装に与える影響の１つです。

図 9-1 伝統的な世界の衣服の分布

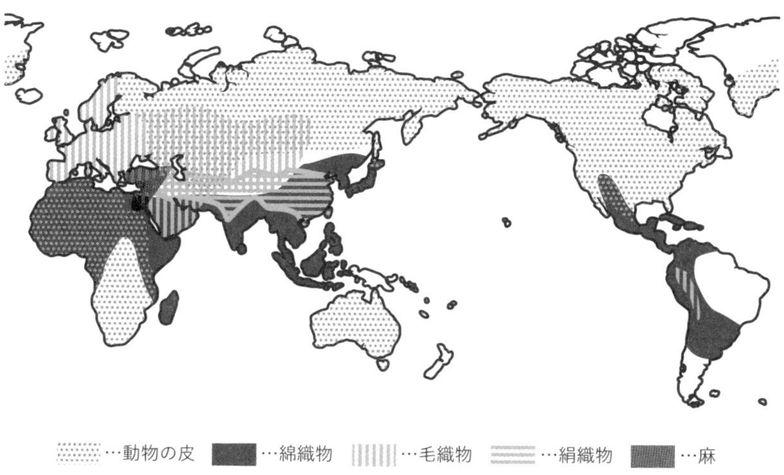

最も身近に異文化を体験できる世界の食

現地のレストランで体験できる異文化

私たちが海外旅行をする場合、文化の違いを感じ取れる最も多い機会となるのは食文化かもしれません。海外旅行に行く場合でも、その地の民族衣装を着る人や、その地の家庭にホームステイするという人は多数派ではないと思いますが、現地のレストランに入って海外の料理を口にし、その味わいの違いから文化の違いを体感する人は多いのではないかと思います。

主食で分類する食文化

世界各地の食を主食で分類すると、小麦、米、トウモロコシ、イモ類、肉などに分類されます（それ以外にも、乳製品や雑穀なども主食となる場合があります）。

小麦は、おもに乾燥地や冷涼な地域などの主食になっています。小麦は粉にされ、パンやパスタにして食べられます。インドや西アジアでは、ナンやチャパティと呼ばれる平たいパンが、北アフリカではクスクスと呼ばれる、小麦粉を粒状にした料理が食べられます。

米は、日本や中国南部、東南アジアなど、温暖で湿潤な地域で主食として食べられます。粒のまま煮たり蒸したりすることも多いのですが、中国のビーフンやベトナムのフォーのように、米を材料とした麺もあります。

トウモロコシはそのまま食べる場合もありますが、多くは粉にして、焼いたりお粥にしたりします。メキシコで食べられる、練ったトウモロコシの粉を薄く伸ばして焼いたトルティーヤが有名です。

イモ類はアフリカや東南アジアではキャッサバが、南アメリカではジャガイモが、太平洋の島々ではタロイモやヤムイモなどが食べられます。南米原産のジャガイモはヨーロッパに伝わり、ドイツなどでも盛んに生産され、主食に近い存在になっています。

グローバル化の中にも残される多様性

衣類で洋服やファストファッションが一般的になったように、食の面においてもグローバル化と画一化が進んでいます。世界的規模の**ファストフード**のチェーン店や、インスタント食品や冷凍食品はこうした食のグローバル化を推し進めています。

一方で、食は生活の中での楽しみの１つです。旅行に行けば、その国や地域の食べ物を食べてみたいと思いますし、中華料理店やイタリア料理店など、いろいろな国のレストランが街にあります。すべてが画一化に向かうわけではなく、いろいろな国の食べ物や伝統的な食事も豊富な選択肢の１つとして残っています。

図 9-2　世界の主食の分布

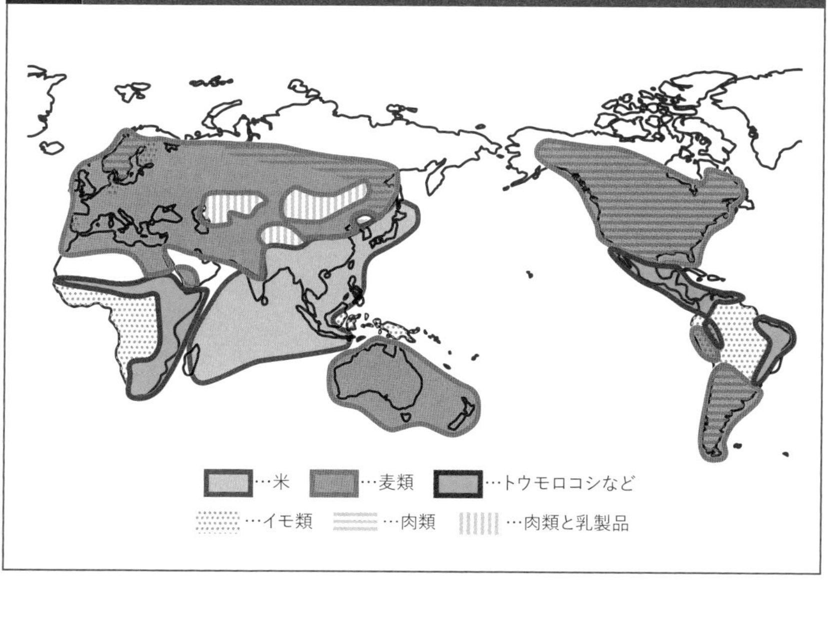

木材からレンガ、岩、氷まで様々な素材でつくられる住居

環境や素材によって異なる住居文化

住居は、私たちの生活の場であるとともに、私たちの身や財産を守ってくれる場所でもあります。世界の住居には、それぞれの自然環境や、手に入る素材によって地域ごとの特徴があります。

手に入る素材によって異なる伝統的な住居

まずは伝統的な住居の素材を考えてみましょう。温帯や冷帯は木が手に入りやすく、木が住居の素材として使われます。

木が豊富ではない乾燥地域では、西アジアや北アフリカでは土のブロックを乾かしてつくった**日干しレンガ**が、南ヨーロッパでは石灰岩などの石がよく使われます。

寒冷な地域では、雪や氷の住居がつくられることがあります。イヌイットが狩りの際につくる氷の住居であるイグルーがその代表例です。

住居の機能に影響を与える気候

住居は、暑さや寒さ、日差しや乾燥から私たちの身を守ってくれます。そのため、住居の機能は、それぞれの地域の気候と関連しています。また、住居の機能はそこで手に入る素材とも密接に関係しています。

東南アジアなどの高温多湿な環境では、住居には通気性が重視されます。出入口や窓を大きくし、高床式にすることによって、風通しをよくしています。高床式の住居は、シベリアなどでも見られますが、それは家から出された熱が永久凍土を溶かし、家が傾かないようにしているためです。

北アフリカや西アジアなどの乾燥地域や、乾燥する地中海気候の夏季などには、強烈な日差しが降り注ぎます。乾燥していると昼と夜の寒暖差が大きくなり、冬にはかなり寒冷になる地域もあるために、**壁を厚くしたり、窓を小さくして日差しや寒暖差をさえぎるような家になっています。**素材は、断熱性の高い日干しレンガや石が使われます。

移動しながら遊牧を行う人々は、**移動を前提とした組み立て式のテントの家で暮らします。**モンゴルでは家畜として飼っている羊の毛でつくったフェルトを、木の骨組みに覆ってつくるテントを使っています。モンゴルではこのテントをゲル、中国ではパオと呼んでいます。

住居でも進む画一化

衣類や食べ物と同じように、住居も、世界的な画一化が進んでいます。伝統的な素材にかわって鉄筋コンクリートの家が一般的になり、気候への対応はエアコンでしのぐようになってきました。

図 9-3　伝統的な住居の素材

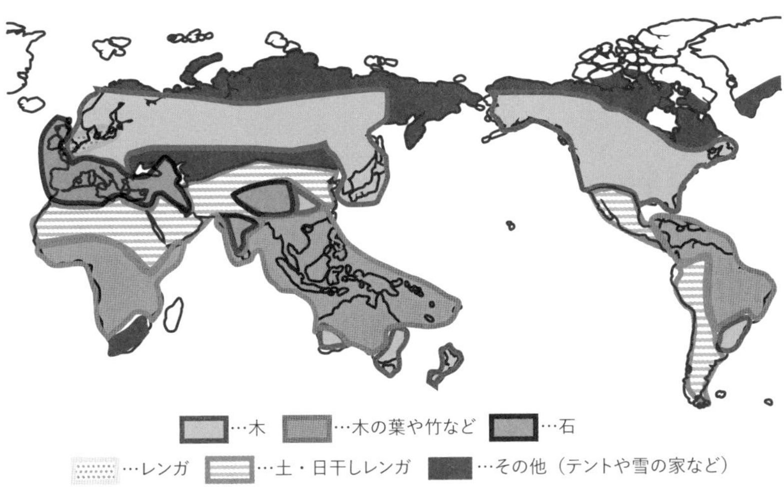

世界中に存在している数多くの言語

植民地の分布にも影響を受けている言語の分布

食事と並び、海外旅行に行くと感じる外国文化の代表が言語ではないかと思います。ホテルや駅で現地の人とコミュニケーションをとるときや、街中の案内板をなんとか読みながら目的の場所にたどり着くようなときには、異文化と接しているという感覚を強く味わえます。

現在、世界には多くの言語があります。世界のおもな言語を、その言語を第一言語とする人数でランキングすると、中国語、スペイン語、英語、ヒンディー語、アラビア語、ベンガル語の順になります。日本語も第９位と、世界の中でも話し手の多い言語です。

たとえば、スペイン語はスペインの人口（約4600万人）よりも話し手が多くなっていますが（約４億6000万人)、これは**かつてスペインの植民地だった地域でスペイン語が引き続き話されているために、本国の人口よりも使用する人口が多くなっている**のです。

言語系統の分類に使われる「語族」と「語派」

これらの言語を分類してみると、同一の起源を持つと考えられる言語は「**語族**」というグループにまとめられます。上記の言語を語族に分けてみると、スペイン語、英語、ヒンディー語、ベンガル語はヨーロッパから西アジア、インドにかけて分布する「**インド＝ヨーロッパ語族**」、中国語は中国やチベット、ミャンマーにかけて分布する「**シナ＝チベット諸語**」、アラビア語は西アジアからインドにかけて広がる「アフロ＝アジア語族」に分類されます。

この語族をさらに分けたのが「語派」となります。前のインド＝ヨーロッパ語族の例であれば、英語は「**ゲルマン語派**」、スペイン語は「**ロマンス語派**（ラテン語系、ラテン語派ともいいます）」、ヒンディー語とベンガル語は「インド＝イラン語派」というように分類されます。

地球上に存在する数多くの言語

この他にも、トルコ共和国から中央アジア、そしてシベリアに広がるアルタイ諸語や、フィンランドのフィン語やハンガリーのマジャール語などのウラル語族、東南アジアからマダガスカルにかけて分布するオーストロネシア語族などがあります。この他にもカフカス語族やニジェール＝コルドファン語族、アメリカ先住民諸語などの語族があり、その下には多くの語派があります。

実際の世界は、数千語ともいわれる様々な言語が入り組んで存在しており、この分類に当てはまらない言語や、複数の語族や語派の特徴を持つ言語も多くあります。日本語は起源が明確ではなく、同一の起源を持つと確認されている言語がないために、主要な語族には属していません。

中には、国の中で別々の言語を使用する人々が混ざっている例もあります。同じ国で複数の言語を話す集団が存在すると、時には対立が生じる場合も多くあります。そのため、複数の**公用語**を設定したり、アジアやアフリカなどではかつてその地を支配していた国の言語を公用語にしたりしています。

図 9-4　おもな語族と言語

インド＝ヨーロッパ語族	ゲルマン語派	英語・ドイツ語
	スラヴ語派	ロシア語
	ロマンス語派	フランス語・スペイン語
	ヘレニック語派	ギリシャ語
	インド＝イラン語派	ヒンディー語・ペルシア語
アフロ＝アジア語族		アラビア語・ヘブライ語
ウラル語族		フィン語・マジャール語
アルタイ諸語		トルコ語・モンゴル語
シナ＝チベット諸語		中国語・タイ語
オーストロネシア語族		インドネシア語・タガログ語
オーストロアジア諸語		ベトナム語
ドラヴィダ語族		タミル語
アフリカ諸語		コイサン諸語
アメリカ諸語		イヌイット語・ケチュア語
その他		日本語・朝鮮語

世界の歴史を大きく動かしてきた宗教

世界宗教と民族宗教

宗教は人々の心や行動のよりどころになったり、人々の集団や国家を結び付けたりする存在として、世界の歴史の中でも重要な役割を果たしてきました。結婚式や葬式などには宗教的な要素が含まれることが多く、特定の日には宗教にちなんだ祭礼が行われる例も多く見られます。**それぞれの宗教の特徴や、禁忌（禁じられている行為）などを知り、配慮することは、様々な国の人々とかかわる上で欠かせない振る舞いになっています。**たとえば、イスラームの信仰を持つ人のためには、礼拝の場を確保したり、禁忌である豚肉や酒類が口に入らないようにしたりする配慮が必要です。

世界の宗教は、**世界宗教**と**民族宗教**の２つに大きく分けられます。世界宗教は**国家や民族を超えて広く信仰される宗教**で、民族宗教は、**特定の民族を中心に信仰される宗教です。**世界宗教にはキリスト教やイスラーム、仏教などがあり、民族宗教はユダヤ教やヒンドゥー教が、その代表例です。

また、宗教は**一神教**と**多神教**という分け方もできます。

一神教はただ１つの絶対的な神を信仰し、多神教は複数の神々を信仰する宗教です。一神教の代表はユダヤ教、キリスト教、イスラームなどがあり、多神教はヒンドゥー教や日本の神道などがあります。

世界中に信者が分布する世界宗教

ユダヤ教を母体として１世紀半ばに生まれた**キリスト教**は、イエスを開祖として神への愛と隣人愛を説く宗教で、現在世界最多の信者数がいる宗教です。**ローマ帝国で国教となったことでヨーロッパの各地に広がり、ヨ**

ーロッパ人の植民活動や宣教活動、帝国主義支配などによってアメリカ大陸やオーストラリア、ラテンアメリカやアフリカに広がりました。教会の分裂や宗教改革などの歴史的な経緯をたどり、**カトリック**、**プロテスタント**、**東方正教会**の3つに大きく分かれています。

イスラームは7世紀前半のアラビアに登場した人物であるムハンマドが開いた宗教です。ユダヤ教やキリスト教との関連性が深い一神教であり、絶対神アッラーを信仰する宗教です。信者の平等を説き、信者はアッラーによって示された啓示に従い行動することが求められています。**交易や征服活動により拡大し、西アジアから北アフリカ、中央アジア、南アジア、東南アジアに信仰の範囲が広がりました。**イスラームは教義の違いなどによって多数派の**スンニ派**と少数派の**シーア派**に大きく分かれています。

仏教は、5世紀頃の人物である開祖のブッダの教えにしたがい、輪廻転生からの解脱を説く宗教です。**インドのガンジス川流域で生まれ、東南アジアから東アジアに広がりました。**スリランカや東南アジアを中心として分布する、出家と修行を重視する**上座部仏教**と、東アジアを中心に分布する、多くの人を広く救済することを目指す**大乗仏教**に分かれます。

ユダヤ教・ヒンドゥー教に代表される民族宗教

ユダヤ教はユダヤ人（ヘブライ人、イスラエル人ともいわれます）の民族宗教です。ただ1つの神を信仰する一神教で、**イスラエルを中心に信仰されています。**多くの戒律があり、信者は戒律を守りながら、救世主の到来を待ち望むという特徴があります。

ヒンドゥー教は、**インドの民族宗教で、民族宗教としては世界最大の信者人口をもちます。**古代インドの宗教であるバラモン教とインドの土着の宗教が融合して成立しました。多くの神々を持つ代表的な多神教としても知られます。

その他にも、世界にはインドのジャイナ教やシク教、日本の神道など多くの民族宗教が存在しています。

図 9-5　世界の宗教

世界の宗教

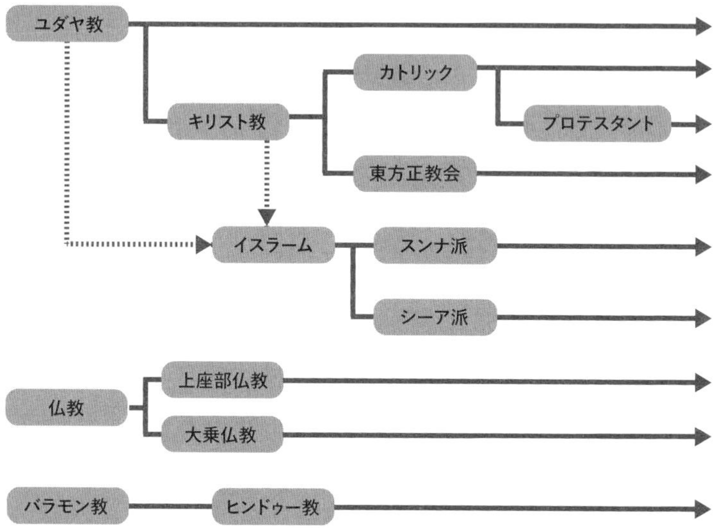

世界の宗教の分布

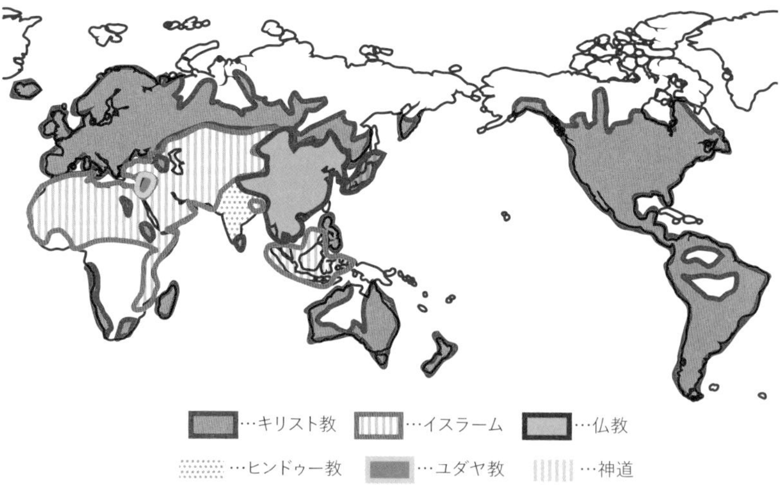

ヨーロッパに多様性をもたらす言語・宗教の分布

大きく3つの語派が存在するヨーロッパ

今まで説明してきた言語や宗教、特にキリスト教の宗派（教派）が入り組んでいるのがヨーロッパです。ヨーロッパを見ると、数多くの国が存在し、国境線も入り組んでおり、しばしばその国境は言語や宗教の境界に引かれています。

ヨーロッパの言語は、一般的にはインド＝ヨーロッパ語族の中で、大きくゲルマン語派、ロマンス語派、スラヴ語派に分かれます。**ゲルマン語派はドイツから北ヨーロッパにかけて、ロマンス語派（ラテン語から派生した言語たち）は地中海沿岸、そしてスラヴ語派は東ヨーロッパに分布します。**中には、フィンランドやハンガリーなど、ウラル語族に属する言葉もあります。

キリスト教の宗派も3つに分かれる

ヨーロッパは歴史的にキリスト教の強い影響のもとにあり、教会建築や宗教美術など特徴的な文化をつくってきました。キリスト教の宗派別に見てみると、**北ヨーロッパではプロテスタント、南ヨーロッパではカトリック、東ヨーロッパでは東方正教会が多く分布しています。**

こうした言語や宗教の分布が、ヨーロッパ諸国のある程度の「まとまり」をつくっています。たとえば、イタリアやスペインは「ロマンス語派＋カトリック」、オーストリアは「ゲルマン語派＋カトリック」、オランダは「ゲルマン語派＋プロテスタント」、ポーランドは「スラヴ語派＋カトリック」などの特徴があります。

図9-6 ヨーロッパの言語・宗教の分布

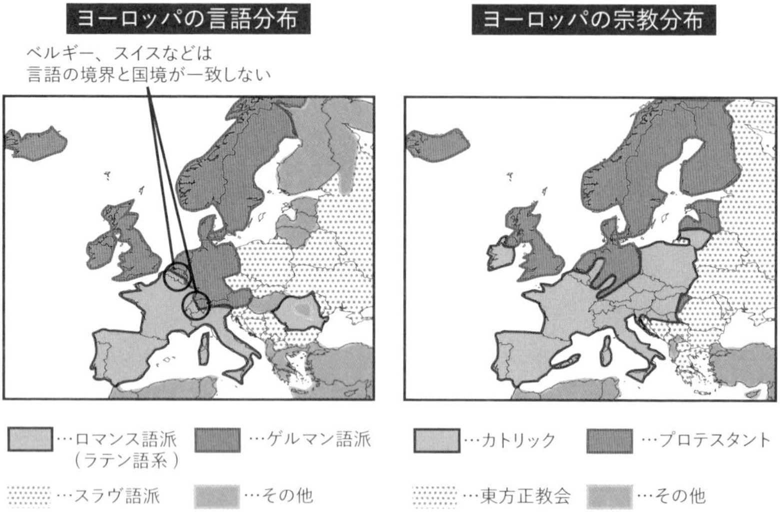

対立の原因となる境界のずれ

しかし、よく注意して見てみると、言語や宗教の境界と国境線が一致していない国も存在しています。こうした国では複数の公用語を設定するなどの対応がとられていますが、しばしば対立の原因にもなりました。

ベルギーではオランダ語を話す人々と、フランス語を話す人々に二分され、時には国家を揺るがす対立になりました（公用語はオランダ語とフランス語に加え、ドイツ語が設定されています）。

スイスは隣接した国の言語を国内で使用しているため、ドイツ語、フランス語、イタリア語、ロマンシュ語と４つの公用語が存在しています。駅の表示や政府の発表などはつねに４か国語が並べて表現され、どの言語にも不公平がないように工夫されています。

また、バスク語を話すスペインの**バスク地方**などはスペインに対して独立運動をしてきた歴史があります。

第10章

国家とその領域

第10章 国家とその領域 あらすじ

現代社会を構成する基本の単位となる国家

第10章のテーマは国家や民族です。

国家は、私たちの社会を構成する非常に重要な単位です。君主国や共和国、単一国家や連邦国家、資本主義国家と社会主義国家、多民族国家など、様々な国家のスタイルがあります。国家には領土・領海・領空などの領域が設定されており、これらの領域がしばしば複数の国家間で争いの種になっています。

世界には様々な文化を持つ民族が、少なくとも数千は存在するといわれる一方、国家の数は200弱しかありません。そのため、国家の境界線と民族の境界線が一致せず、様々な民族問題が発生しています。中には、今なお世界の「宿題」として残されている、大きな悲劇を生んでいる民族問題もあります。

現在、国家同士が協力関係を築く動きが世界規模で広がっています。その代表であるEUは、加盟国の増加とともに課題が表面化しています。世界のほとんどの国が加盟している国際平和機構である国際連合も、常任理事国同士の対立など、その力を十分に発揮できないという欠点を露呈しています。

第10章 私たちの暮らしと【国家とその領域】の関係図

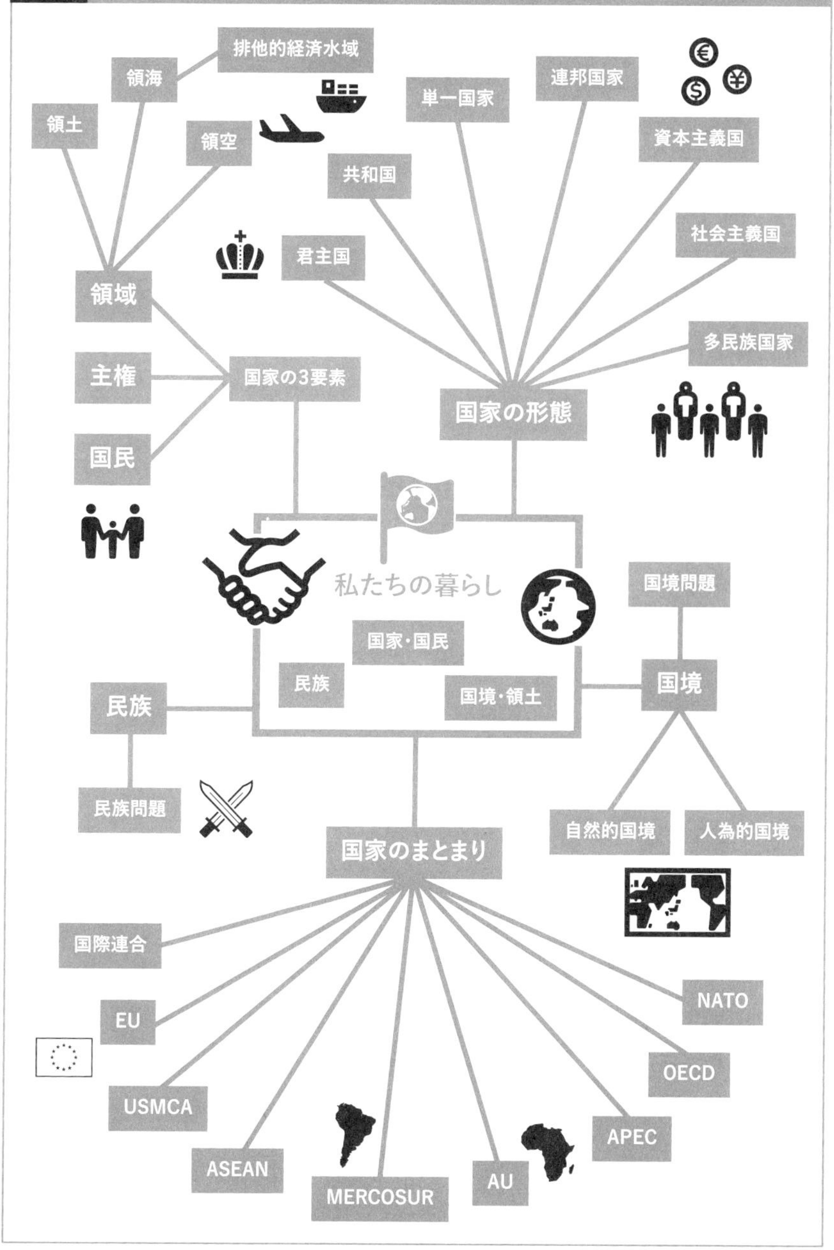

私たちの社会の基礎となる国家という枠組み

国家を構成する3つの要素

私たちは、日常生活の中で様々な集団に所属しています。家族であったり、学校や会社であったり、趣味のサークルだったりもします。その中でも、国家は私たちの社会を構成する、基本的な単位として非常に重要なものの１つです。

現在、世界には200近く（それぞれの国ごとに独立を承認している国の数が異なるので、その数には差があります）の国があり、様々なスタイルの国家がありますが、**「国家」としてその地域を成立させるには、３つの要素を兼ね備えなければなりません。それが、「主権」「領域」「国民」**の、いわゆる「国家の３要素」です。

国家を統治する権力である「主権」

「主権」とは、**他国の支配や法に従うことなく、国家を統治できる権力のことです。**

たとえば、日本の「主権」者は国民です。日本は法によって統治される国家なので、主権者である国民が決めた法（国民が選んだ代表たちが決めた法）のもとで日本という国が統治され、**日本という領域では他国の主権者の決定事項が日本に及ぶことはありません。**

主権を持たない非独立地域は植民地と呼ばれ、それを統治する国は宗主国といいます。

「領域」は主権の及ぶ範囲のことをいいます（詳細は後述します）。「国民」はその国の国籍を持つ、国家の構成員のことです。

政治的・経済的・民族的に分類される国家のスタイル

君主国と共和国・単一国家と連邦国家

国家には、いろいろなスタイルがあります。これらの国の分類を、政治の仕組みから見ると、大きく分けて、国王や首長などが国家の元首となっている君主国と、王のような君主を持たない共和国に分かれます（共和国の多くは、大統領などの国家元首を選出します)。

君主国を分類すると、君主が絶対的な権力を握る絶対君主制と、君主は存在するものの、基本的には憲法によってその権力が制限され、憲法に従って国が運営される立憲君主制に分かれます。

国のまとまりに目を向けると、日本やフランスなど、中央政府が国の全体を統治する単一国家と、アメリカやロシアなど、司法権や立法権などの権限を持つ州や共和国が集まった連邦国家があります。

資本主義国と社会主義国・多民族国家

経済面で国家を分類すると、**資本家が労働者を雇い、企業が互いに利益を最大化するように競争する資本主義**を国の基本スタンスとする資本主義国や、資本主義に対して批判的な立場をとり、**生産手段を共同で管理し、平等な分配を目指す社会主義**を国のスタンスとする社会主義国などがあります。1980年代末から1990年代にかけて社会主義政権の多くは崩壊し、多くの社会主義国は資本主義へと方針を転換しています。

民族について見ると、同じ民族が集まり国を構成する場合は単一民族国家、複数の民族が存在する国家は多民族国家といわれます。**厳密に見るとすべての国に複数の民族が存在し、純粋な単一民族国家はありません。**

海にも空にも及ぶ国家の主権

領域の3つの要素

国家の３要素が「主権・領域・国民」であることはすでにお話ししましたが、このうち、国家の主権が及ぶ範囲である領域にも３つの要素があります。

それが、「領土」「領海」「領空」の３つです。

領土と領海と排他的経済水域

領土は**国家の主権が及ぶ陸地**のことで、河川や湖などの内水も領土に含まれます。領海は、**領土の周りの一定範囲の海**のことです。現在では12海里（約22キロ）を採用している国が多く、日本の領海も12海里です。海には潮の満ち引きがあるので、一般的には領海の範囲を「一番潮が引き、海面が下がったときの海岸線」から12海里とします。海外の船が領海に立ち入る場合、沿岸の国の平和や安全を侵害しなければ、原則的には沿岸国に事前に通知せずに航行できます。これを、無害通航権といいます。

領海の周りにはさらに12海里の「接続水域」が設けられ、**密輸や密航の監視や、禁止された物や病原菌の持ち込みなどの禁止など、一定の権限を行使する**ことができます。

さらに、領海の外側に沿岸から200海里（約370キロ）まで、排他的経済水域（EEZ）が設定されています。この海域では、**沿岸国にその海域での水産資源や鉱産資源などの独占的な利用や管理が認められています。**基本的に資源の利用や、その調査のための権利なので、原則、航空機や船舶は自由な航行が可能で、海底ケーブルなどの敷設も自由です。

この排他的経済水域の200海里とは、おおむね、「大陸棚」の範囲を指しています。大陸棚とは、陸地の周りの比較的傾斜が緩やかで、水深約130メートルまでの浅い海底を指します。豊富な水産資源が存在し、未開発の鉱産資源が埋蔵されている可能性があるため、沿岸各国が盛んに開発を進めている領域です。

大陸棚には明確に「ここまで」という線があるわけではなく、その傾斜もそれぞれです。そのため、地形的に沿岸国の陸地と関連性があると国際的に認められれば、その沿岸国は200海里を超えて大陸棚（延長大陸棚）を設定することができます（その範囲の上限は設定されています）。

領空に含まれない宇宙空間

領空は、**領土と領海の上空を指します。**その上の宇宙空間は領空に含まれません。船とは違い、**航空機の無害通航権は認められておらず、無許可で通行することはできません。**

図10-1 国家の領域

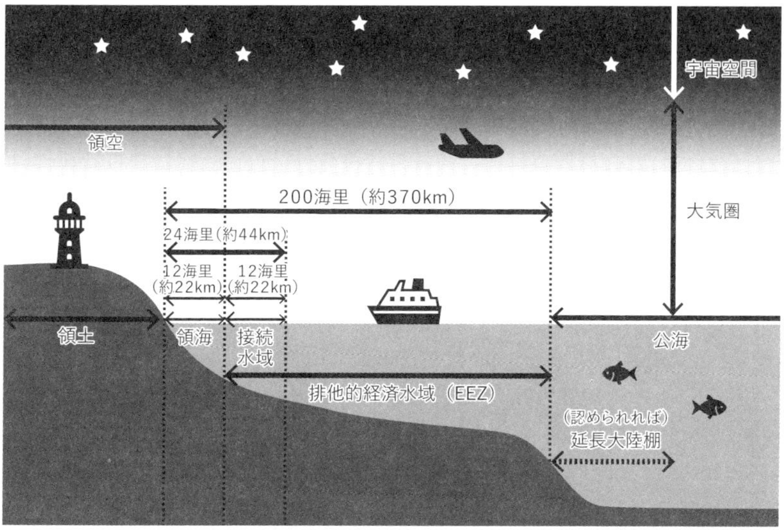

トラブルも多い国家と国家の境目

自然的国境と人為的国境

国家と国家の境目である国境には、大きく分けて２種類の国境があります。**山脈や河川、湖など、地形をもとにした**自然的国境と、**土地の所有権の境界や緯度や経度をもとに設定された**人為的国境の２種類です。

世界の国境の多くは自然的国境であり、フランスとスペインの国境である**ピレネー山脈**やタイとラオスの国境である**メコン川**など、数え上げるときりがありません。

一方、人為的国境は、アメリカ合衆国とカナダの間や、アフリカ諸国な

図10-2 自然的国境と人為的国境

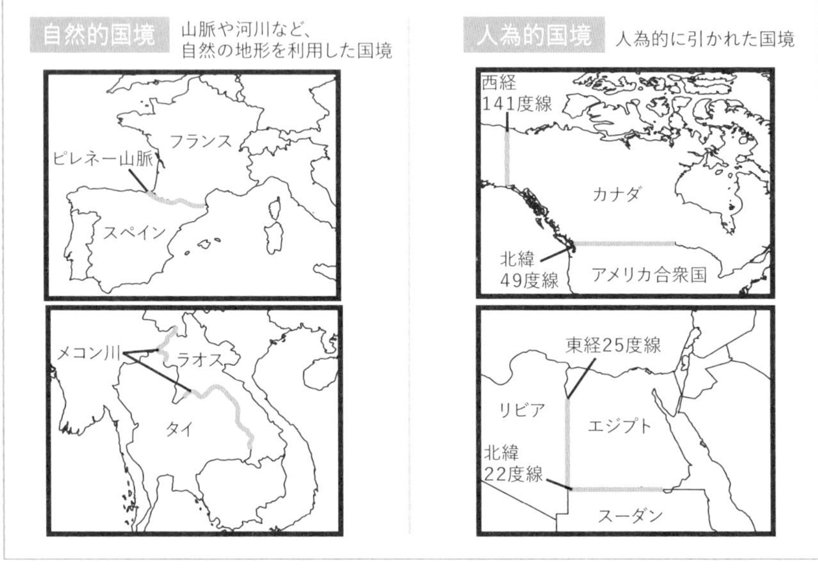

どに多く存在しています。代表的な人為的国境としては、**アメリカとカナダの長い国境である北緯49度線、アラスカ側とカナダの国境である西経141度線、エジプトとスーダンの国境である北緯22度線、エジプトとリビアの国境である東経25度線などが挙げられます。**人為的国境はそこに暮らす民族とは無関係に設定される場合が多く、民族が分断された地域では対立や紛争が起こりやすくなっています。

国境をめぐる国際問題

世界の歴史を見ると、様々な国が興っては消え、領土をめぐる争いも多かったことがわかります。いわゆる「主権国家」というのも、古代からずっと存在するわけではありません。現在の国境線も、そうした歴史的変遷を経て現在のものになっています。

そのような国境線の変化の中で、お互いが領有権を主張する地域や、どちらの国の領域になるかあいまいな地域が発生した場合、国際問題に発展することがあります。特に、複数の国の利害が絡む場合や資源の奪い合いになる場合は、問題は複雑化し、なかなか解決に向かいません。

多くの国や地域の利害が絡む南沙諸島問題

現在、多くの国や地域の利害が絡む地域として注目が集まっているのが、南シナ海の南沙諸島（スプラトリ諸島）です。南沙諸島は、海上に出た島の部分は小さいのですが、広大な大陸棚が存在し、豊富な水産資源や、石油や天然ガスなどの鉱産資源が存在すると見込まれています。**そのうえ、中国、台湾、フィリピン、マレーシア、ブルネイ、ベトナムなどの国や地域が取り囲むように存在し**、それぞれが異なる領海や排他的経済水域を主張し、国際問題になっているのです。

この中で中国は、島を埋め立てたり、軍事基地などをつくったりして、支配の実績をつくろうと盛んに動いています。これに対し、ベトナムやフィリピンは激しく抗議を行っています。

図10-3 南シナ海をめぐる問題

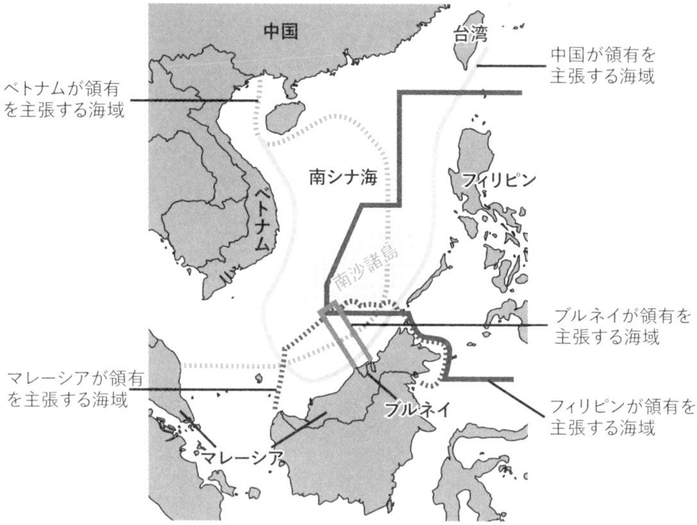

日本の領土に関する問題

日本と隣国の間には陸上の国境が存在しないものの、隣国との境界付近にある島々の領有をめぐって、主張が対立しています。

択捉島、国後島、色丹島、歯舞群島の北方領土は、日本固有の領土ですが、第二次世界大戦末期にソ連により占領され、住民が島を追われた状態になっています。日本とソ連の国交回復後も北方領土の問題は未解決のままであり、ソ連を継承したロシアとの間で返還の交渉が続いています。

島根県に所属する竹島は日本固有の領土であり、サンフランシスコ平和条約の締結交渉の過程で日本の領土であることが確認されていますが、韓国に不法占拠された形になっています。日本は抗議するとともに、国際司法裁判所への協同提訴を提案していますが、韓国はそれに応じていません。

沖縄県に所属する尖閣諸島は中国から一方的に領有権を主張されていますが、日本が有効に支配しており、領土問題は存在していません。

世界中に存在している民族問題の種

一致しない民族の境界と国境

前章で、世界には様々な言語や宗教、生活文化があることをお話ししました。世界には違った言語や宗教、生活文化を持つ民族がたくさん存在しています。言語だけを取り上げても世界には数千の言語があり、その一方で、世界の国の数は200弱ほどしかありません。したがって、**1つの国に多くの民族が存在する、というのは普通のことなのです。**

こうした民族たちが、争うことなく共存することは理想なのですが、民族問題は多くの国や地域で発生し、大きな悲劇を世界にもたらしています。特に、アフリカや中東は多くの民族が存在しているにもかかわらず、植民地支配の影響から、**国境線が民族の境界と一致せずに引かれ、民族問題が多く発生する地域になっています。**

民族問題の類型

民族問題を大きく分けると、次のようなパターンがあると考えられます。

1つ目は、**多くの人口を抱える民族同士が、1つの国の中で対立する場合**です。お互い、数百万人規模という巨大な人口を抱える民族同士が対立した場合には、国家の大きな分裂を招く恐れがあるため、複数の公用語を設定したり、大きな自治権を認めあったりすることで衝突を避けるケースもよくあります。

2つ目は、いわゆる「少数民族」のパターンです。その国の人口の大部分を占めている民族に対し、**圧倒的に少数な民族は、政治的にも経済的にも支配や差別の対象になりがちです。**こうした少数民族が自治の権利や分離独立を求めて闘争を起こしたり、逆に抑圧されて言論の自由を奪われたりするケースがよく発生します。

3つ目は、**国境線と民族の境界線の不一致により、多数派と少数派に分かれる状況です。**民族の境界と国境は必ずしも一致しないため、国境が、民族を分断することも多くあります。そのときに、「ボタンをかけちがった」ように、1つの国の一部に他の国の民族が取り込まれ、少数派となってしまう場合が生じるのです。少数側の民族が分離独立を求め、同じ民族系統の隣国が保護を唱えて軍事介入した場合、国同士の対立や戦争に発展することもあります。また、民族の居住区域が複数の国にまたがり、いずれの国でも少数民族になってしまうケースもあります。

4つ目は、**同じ民族なのに、政治的な理由などによって分断され、対立を余儀なくされる場合**です。冷戦構造の中で起きたケースが多く、いまだ「休戦」の状態となっている朝鮮半島の分断の例や、40年以上続いていた東西ドイツの分断などの例があります。

図10-4　民族問題のパターン

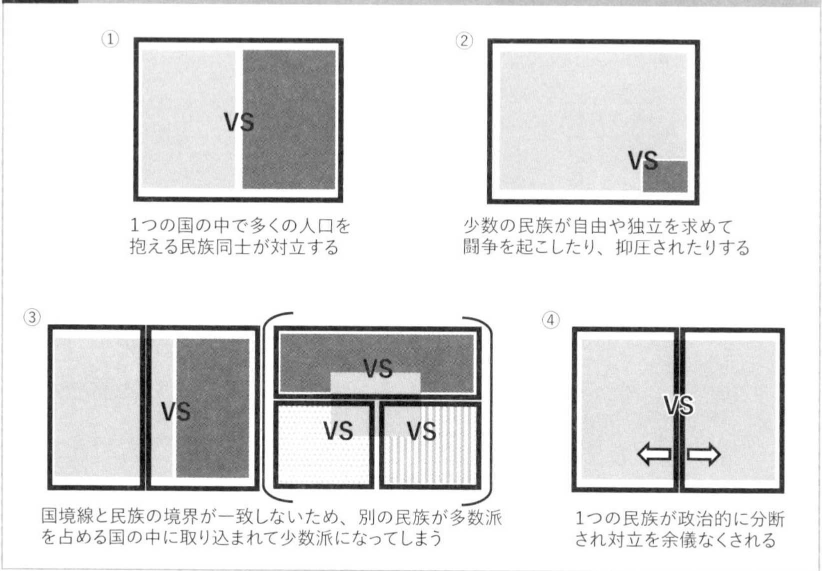

①
VS
1つの国の中で多くの人口を
抱える民族同士が対立する
②
VS
少数の民族が自由や独立を求めて
闘争を起こしたり、抑圧されたりする
③
VS
VS
VS
VS
国境線と民族の境界が一致しないため、別の民族が多数派
を占める国の中に取り込まれて少数派になってしまう
④
VS
1つの民族が政治的に分断
され対立を余儀なくされる

多くの悲劇をもたらしている世界の民族問題

多くの人口を抱える民族同士の対立

ここでは、具体的な民族問題を見ていきたいと思います。多くの人口を抱える民族同士が対立するパターンの代表例として、**ベルギー**（人口約1150万人）が挙げられます。**オランダ語を話す「フラマン人」と呼ばれる住民が約６割（約650万人）、フランス語を話す「ワロン人」と呼ばれる住民が約３割（約350万人）存在し**、しばしば国家が分裂してしまうのではないかというほどの深刻な対立になります（一方の住民のほうが有利になるように活動する政治家もおり、選挙のたびに争点として挙げられるので

図10-5　戦後の主な民族問題

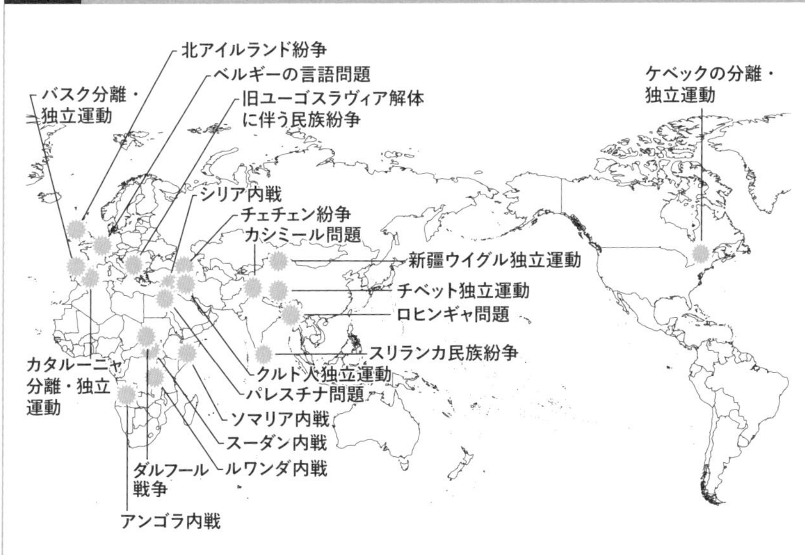

す)。

カナダ（人口約3800万人）では**約6割の住民が英語を話し、約2割の住民がフランス語を話します。**フランス語を話す人は、カナダ東部の**ケベック州**に集中しており、ケベック州の人口の約8割（600万人以上）になります。独立を求める住民投票が行われたこともあり（否決されましたが)、独立を訴える政党の活動は活発です。

イギリス（人口約6700万人）における**スコットランド**（約550万人）の独立運動や、スペイン（人口約4700万人）における**カタルーニャ**（約750万人）の独立運動なども、しばしばニュースにのぼります。

1990年から1994年にかけてのルワンダ内戦や、1992年から1995年にかけてのボスニア・ヘルツェゴヴィナ内戦など、多くの人口を抱えた民族同士の対立によって内戦が勃発した場合、大きな悲劇をもたらします。

頻発している少数民族問題

少数民族の問題は世界中で発生し、ミャンマーにおけるロヒンギャに対する問題など、少数民族に対する迫害や人権侵害が国際社会で指摘されています。中国におけるチベット人やウイグル人の独立をめぐる問題も発生しています。少数民族は満足な教育が受けられず、経済的にも貧困であることが多く、消滅の危機に瀕している少数民族も多くあります。

中には、トルコ、イラン、イラク、シリアにまたがる山岳地帯に暮らすクルド人のように、数千万人という国家規模の人口を抱えておきながら、第一次世界大戦前後に国境線が引かれた結果、トルコ、イラン、シリア、イラクにまたがるように存在することになり、**そのいずれの国でも少数民族扱いされてしまうという民族もいます。**クルド人の独立をもとめる運動は各国政府から激しく弾圧され、多くの難民の発生を招いています。

民族問題に宗教が絡むパレスチナ問題

民族問題に宗教が絡むと、非常に激しい衝突に発展する例が多くありま

す。パレスチナ問題は、その代表でしょう。**西アジアのパレスチナ地方はユダヤ教、キリスト教、イスラームの３宗教の聖地であるイェルサレムを含む地域であり、この地方をめぐってユダヤ人とアラブ人が激しく対立しています。**戦後、パレスチナにユダヤ人国家であるイスラエルが建国されると、アラブ人は激しく反発し、４度の中東戦争が起こりました。この問題は多くの国々の介入を招いて複雑化し、完全な和平の実現への道は遠いものとなっています。

図10-6 パレスチナ問題

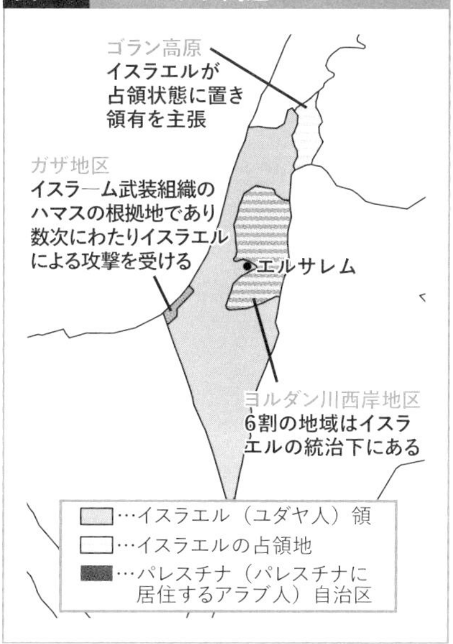
ゴラン高原
イスラエルが
占領状態に置き
領有を主張
ガザ地区
イスラーム武装組織の
ハマスの根拠地であり
数次にわたりイスラエル
による攻撃を受ける
エルサレム
ヨルダン川西岸地区
6割の地域はイスラ
エルの統治下にある
…イスラエル（ユダヤ人）領
…イスラエルの占領地
…パレスチナ（パレスチナに
居住するアラブ人）自治区

現在も未解決のカシミール問題

第二次世界大戦後、イギリスは植民地として統治していたインドの独立を認めましたが、宗教の違いによってヒンドゥー教徒が中心のインドとイスラーム教徒が中心のパキスタンに分離独立することになりました。

そのとき、ヒンドゥー教徒であるインド北部のカシミール地方の藩王（支配権を与えられていた有力者）が、住民の多数派を占めていたイスラーム教徒の反対を押し切って、カシミール地方がインドの一部になることを決めたことから、**インドとパキスタンの間でカシミール地方の領有をめぐる紛争を招きました。**この問題の最中に両国が核兵器を開発・保有したことも、大きなニュースになりました。

世界地図を見ると、カシミール地方には点線が引かれていることから、現在もこの問題が続いており、国境が確定していないことがわかります。

図10-7 カシミール問題

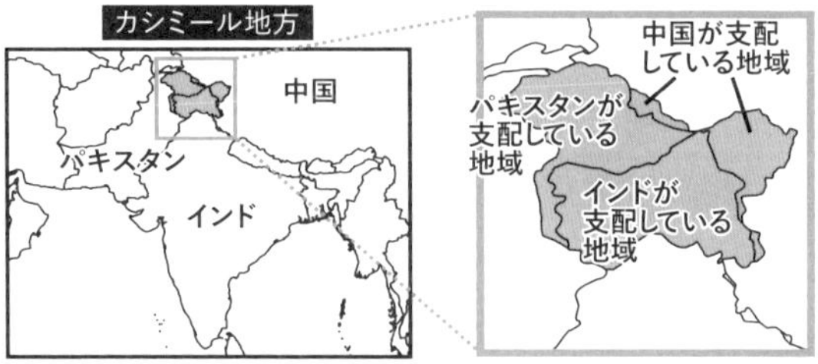

ソ連の崩壊により表面化した民族問題

黒海とカスピ海をまたぐように位置し、アジアとヨーロッパの境界ともなる**カフカス山脈周辺には、様々な言語や宗教を持つ多くの民族がモザイク状に存在しています。**この地域はかつてソ連を構成していたロシア・ジョージア・アルメニア・アゼルバイジャンに分かれており、さらにその内部にはたくさんの民族の自治州や共和国が存在しています。

ソ連が崩壊すると、連邦を構成していた国々が次々と独立を宣言しましたが、この時期、ソ連の構成国だけではなく、ロシア連邦の中のいくつかの構成国もロシア連邦からの独立を求めるケースがありました（ソ連も「連邦」ですが、その中のロシアもまた「連邦」という、二重の構造を持っていたのです）。この中でも、イスラーム教徒が多数派を占め、チェチェン語を話すチェチェン共和国はロシアからの独立を求めましたが、チェチェン共和国の独立をロシアは認めず、紛争が生じました。

アゼルバイジャンやアルメニア、ジョージアも民族問題を抱えています。

イスラーム教徒が多いアゼルバイジャンにあって、キリスト教徒であるアルメニア系の住民が多いナゴルノ・カラバフ自治州はアゼルバイジャンからの独立とアルメニアへの併合を望んでいます。ジョージアでは、アブハジア、アジャールの２つの自治共和国と南オセチア自治州が分離独立を求めています。

図10-8 ウクライナ・カフカス諸国の民族問題

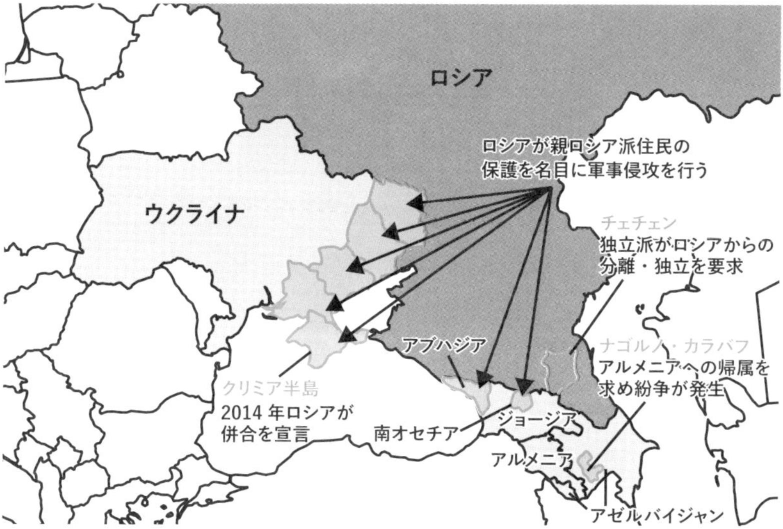

いまだ不透明なウクライナ情勢

ウクライナではウクライナ系住民とロシア系住民の対立がしばしば発生しています。ウクライナ政府やウクライナ系住民と、ウクライナの中では少数派である、クリミア半島やウクライナ東部のロシア系住民との対立がおこっているのです。

こうした対立に対し、しばしばロシアはロシア系住民の保護を名目に軍事介入を行っています。2014年にクリミア半島のロシアへの併合を一方的に行ったことや、2022年２月にロシア系住民の「保護」を名目にロシア軍がウクライナを攻撃したことは記憶に新しいでしょう（国際連合の総会では、2014年のクリミア併合の無効が、2022年のウクライナへの侵攻においてはロシアへの撤退要求が議決されています）。本書を執筆している2022年９月現在、ウクライナ情勢の先行きは不透明です。

紛争の解決に不可欠なお互いを尊重する姿勢

多文化の共生が前提となる社会へ

ここまで、国家や民族の対立や紛争が起きるケースをいくつか見てきました。これらの問題を解決するには、地球規模の視野を持ち、お互いの言語や宗教などの文化を理解し、尊重する姿勢が大切です。

世界の移民の数は増える傾向にあります。少子化が進む日本においても、労働力を補うために外国人労働者の受け入れを拡大することが議論されています。**世界全体が、多文化の共生を前提とした政策や生活になるだろうと考えられます。**

貧困問題とNGO

こうした世界の中で、国境を超えて人類共通の課題を解決しようという国際協力も盛んに行われています。特に、飢餓や医療水準の低さ、民族問題や紛争など、**発展途上国の課題の多くは貧困や経済格差がその根にあることが指摘されており**、いわゆる「持続可能な開発目標（SDGs）」でも、第一の目標に貧困問題の解決がうたわれています。

そうした、貧困問題の解決に向けて、発展途上国の経済開発や福祉の向上のために行われている経済援助がODA（政府開発援助）です。日本も積極的にODAによる援助を行っていますが、金銭面の支援は一部の人だけの利益になったり、受け入れる国の政策が失敗し、有効に活用されない場合もあるためにうまくいかない場合も多く、青年海外協力隊などの人的な支援や、非政府組織（NGO）や非営利組織（NPO）、企業などの経済活動も並行して行い、多面的な支援をすることが求められています。

地域や大陸ごとに形成される国家群

冷戦構造にかわる国家間の枠組み

現在の世界では、特定の大陸や地域の国家がまとまって、貿易の自由化や安全保障などの協力関係を強化する動きが進んでいます。

かつてはアメリカとソ連という２つの軍事大国による、冷戦という大きな構造が世界を覆っていましたが、アメリカとソ連の影響力が次第に低下すると、世界の国々が独自の協力関係を模索するようになり、**多くの国家のまとまり（国家群）が形づくられるようになりました。**

国家群の代表であるヨーロッパ連合

こうした、国家のまとまりの代表が、ヨーロッパ連合（EU）でしょう。EUは経済的なまとまりのみならず、外交方針や安全保障などの政策、警察や司法の協力なども含めた、幅広い協力関係です。特に、経済面を中心に単一通貨のユーロを導入したり、人々の国境の往来を自由にするシェンゲン協定を結んだりと（ユーロやシェンゲン協定に参加していない国や、シェンゲン協定に加盟しているEUの非加盟国もあります）、ヨーロッパの一体化が進められています。

EUに加盟した国の間では、域内貿易に原則的に関税がかからず、加盟国間の人・モノ・資本・サービスの移動が自由です。製品の規格が同じで、他国でも同じ電化製品が使えたり、他国の大学の授業を受けても卒業資格が取れたり、仕事の資格が共通で他の国に行っても、すぐに働き始めることができるなど、様々なメリットがあります。

ヨーロッパは多くの国々が国境と接しており、歴史的にも戦争が多い地

図10-9 EUとシェンゲン協定

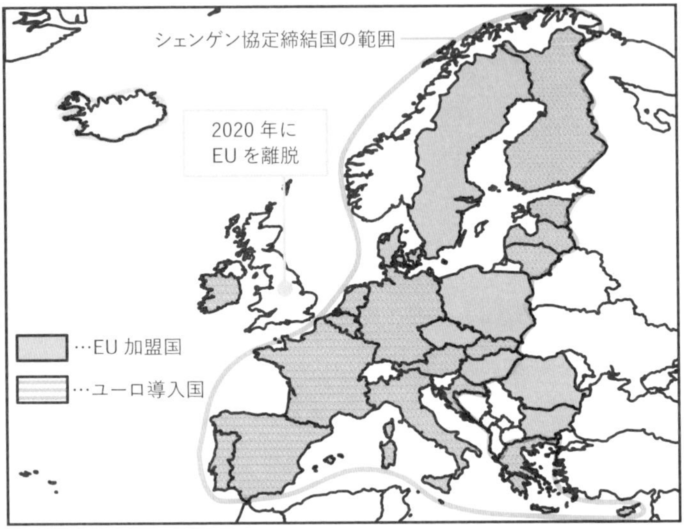

域でした。特に2度の世界大戦によって、ヨーロッパの国々は非常に大きな痛手を負ってしまいました。そこで、こうした戦争を繰り返さず、経済的にも発展する道が模索され、ヨーロッパの統合が始まったのです。

1952年に結成されたヨーロッパ石炭鉄鋼共同体（ECSC）を皮切りに、1958年にはヨーロッパ経済共同体（EEC）とヨーロッパ原子力共同体（EURATOM）が結成され、1967年にこの3つの機関が統合され、ヨーロッパ共同体（EC）が成立しました。はじめは6か国であったECの加盟国は次第に増加し、1993年にはマーストリヒト条約が発効してヨーロッパ連合に発展しています。

EUを離脱したイギリス

このように見ても、EUのメリットは加盟国にとって非常に大きいのですが、近年はEUの拡大による新たな問題も招いています。

2000年代に入って東ヨーロッパを中心とした13か国が加盟し、一気に

EUが東に拡大しました。しかし、これら東ヨーロッパの国々の所得水準は低いため、労働者が平均年収の高い西ヨーロッパの国々に仕事を求めて移動するケースが増加しました。その結果、移動先となった国での仕事の奪い合いが発生し、西ヨーロッパの国々の失業率が上がったのです。

こうした状況を受け、EUからの離脱を決めたのがイギリスです。イギリスはもともと法律や商業のあり方が他のヨーロッパ諸国と異なっており、ユーロにもシェンゲン協定にも加わっていません。そのうえに東ヨーロッパの国々からの労働者などの移民問題が加わり、EU離脱の議論が進み、離脱に至ったのです。

EUでは各国が足並みを揃える必要があるので、経済政策についてはある程度有利な国も我慢が必要です。また、豊かな国から経済発展が遅れた国に補助金を出さなければならないことにも不満の声が高まっています。イギリスの離脱を受け、他のヨーロッパの国々の一部の人々にもEUを否定的に捉える声が広がっています。

図10-10 様々な国家群

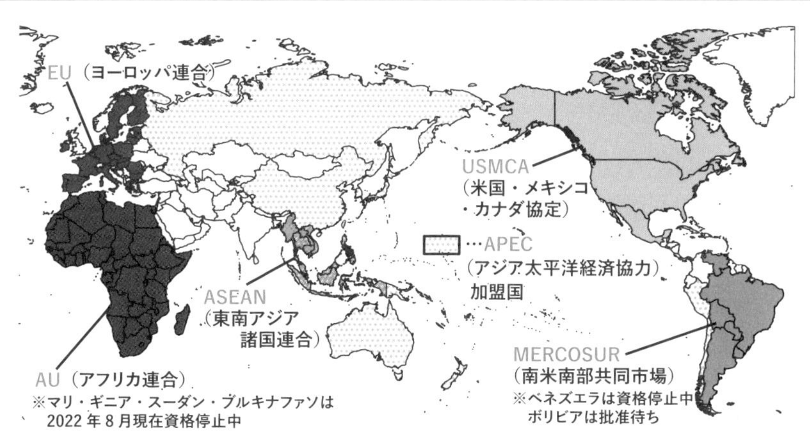

NATO　加盟国（2022年8月現在）

アイスランド・アメリカ合衆国・イタリア・イギリス・オランダ・カナダ・デンマーク・ノルウェー・フランス・ベルギー・ポルトガル・ルクセンブルク・ギリシャ・トルコ・ドイツ・スペイン・チェコ・ハンガリー・ポーランド・エストニア・スロヴァキア・スロベニア・ブルガリア・ラトビア・リトアニア・ルーマニア・アルバニア・クロアチア・モンテネグロ・北マケドニア

米国・メキシコ・カナダ協定（USMCA）

米国・メキシコ・カナダ協定（USMCA）は、北アメリカの３か国による貿易協定です。戦後、アメリカはもともと自由貿易を推進しており、1994年にはアメリカ、カナダ、メキシコ３か国による北米自由貿易協定（NAFTA）を締結し、ほとんどの品目の関税を撤廃していました。しかし、近年、カナダからの安い農作物や食品の流入や、メキシコで組み立てられた自動車の輸入によって仕事が奪われ、アメリカの失業率が高まったため、アメリカのトランプ元大統領の要請によって、NAFTAの再交渉が行われ、自由貿易に一定の制限が設けられたUSMCAが発効しました。

東南アジア諸国連合（ASEAN）

東南アジア諸国連合（ASEAN）は、当初アメリカの支援を受けた資本主義陣営５か国の国家群として設けられましたが、冷戦終結後にはベトナムなどの国々が加盟し、現在は10か国体制になっています。加盟国はお互いの経済的、文化的発展を目指して協力することを目的にしています。

6.5億人という人口を抱え、比較的安い労働力が豊富にあることと、これからの成長の「伸びしろ」があることなどによって海外からの投資を呼び込んでいます。2018年には、ASEANの域内関税が原則すべて撤廃されました。

南米南部共同市場（MERCOSUR）

南米南部共同市場（MERCOSUR）は、1995年にブラジルとアルゼンチンが中心になって発足した経済の共同体です。ブラジル・アルゼンチン・ウルグアイ・パラグアイが正加盟国として発足し、アンデス諸国などを準加盟国として自由貿易協定を結ぶことで規模を拡大しました。各国の足並みがなかなか揃わず、その機能や目的がブレることはあるのですが、域内関税を原則撤廃し、物や人の交流を活発化することを目指しています。

アフリカ連合（AU）

アフリカ連合（AU）は、アフリカ大陸の50か国以上が加盟する地域機関です。EUをモデルにした経済的、政治的統合を目指しており、ユーロのような単一通貨の導入を模索し、紛争の予防や解決も重視されています。総会をはじめとする国際連合の会議では国ごとに1票が割り当てられるため、世界の国家の4分の1が加盟しているアフリカ連合が共同歩調をとることによって大きな力を発揮すると考えられています。

アジア太平洋経済協力（APEC）

アジア太平洋経済協力（APEC）は、環太平洋地域の経済協力を推進するための組織です。アメリカ、日本、中国、韓国、台湾、香港、シンガポール、オーストラリアなどアジア、太平洋の21の国と地域が参加する巨大な規模をもつ組織になっています。貿易や投資、技術面の協力や世界的な課題解決の話し合いなど、多岐にわたる活動をしています。利害が対立する国々も多いので、1つのことを「決定」するのではなく、参加国の間の自主的な合意による協力関係づくりが特徴になっています。

経済協力開発機構（OECD）

経済協力開発機構（OECD）は、先進国を中心に約40か国が加盟する国際機関で、「先進国クラブ」ともいわれます。加盟国の経済成長と貿易の自由化、そして発展途上国の支援を目的にしています。

北大西洋条約機構（NATO）

北大西洋条約機構（NATO）は、**北大西洋の安全保障を図る軍事同盟**です。加盟国はどの国が攻撃されても、すべての国が攻撃されたとみなし、兵力の使用を含む集団的自衛権を行使して北大西洋地域の安全を回復する行動をとることになっており、「世界最大の軍事同盟」ともいわれます。

課題も山積している国際平和機構

強い権限を持つ常任理事国

国際連合（UN）は、第二次大戦後に設立された国際平和機構です。国際的な平和を維持し、国々の友好関係の発展をはぐくみ、世界の経済・社会・文化・人道的などいろいろな問題を解決することを目的としており、世界のほとんどの国が加盟しています。

国際連合は第二次世界大戦では戦勝国側であった、いわゆる「連合国」のアメリカやイギリスを中心に設立されました（「国際連合」とは日本語での表現で、英語にすると「United Nations」と、大戦中の「連合国」の名をそのまま使っています）。そのため、第二次世界大戦の戦勝国側にあった５大国のアメリカ、ソ連（現在のロシア）、イギリス、フランス、中国（設立当時は中華民国）は安全保障理事会の「常任理事国」とされ、拒否権という強い権限を持っています。その後、日本やドイツなども国際連合に加わり、加盟国を増やしながら現在の形に拡大しました。

国際連合のしくみ

国際連合は、総会、安全保障理事会、経済社会理事会、信託統治理事会、国際司法裁判所、事務局の６つの主要機関と15の専門機関からなっており、その外部には国際連合と連携をとる協力機関や国際的な団体、各国の政府機関などがあります。

総会は国際連合の最高機関で、様々な問題が討議されます。１か国につき１票の議決権を持ち、決定事項は加盟国や安全保障理事会への勧告という形で行われます。この勧告は法的拘束力を持ちませんが、国際連合は**世**

界のいろいろな問題に対して、それぞれの国がどのような考えを持っているかがわかる、世界の縮図としての存在感がある組織です。持続可能な開発目標、いわゆるSDGsも2015年の国連総会で採択されたものです。

そして、国際連合の中心的な役割を果たすのが安全保障理事会です。安全保障理事会は国際的な平和の維持のために特に重要な役割が与えられ、すべての国連加盟国は安全保障理事会の決定を受諾し、実施することに同意することが前提になっています。安全保障理事会は常任理事国５か国と、２年の任期で選ばれる10か国の非常任理事国の、合わせて15か国からなります。**９票の賛成投票によって方針が決定されますが、常任理事国の５か国は必ず賛成している必要があります。**つまり、常任理事国は「拒否権」を持つのです（反対投票は拒否権の行使になりますが、棄権や欠席は拒否権の行使になりません）。安全保障理事会の決定に基づいて、国連平和維持活動（PKO）といわれる一種の軍事活動や、治安維持のための様々な活動が世界各地で展開されています。

専門機関には国際労働機関（ILO）や国連食糧農業機関（FAO）、国連教育科学文化機関（UNESCO）、世界保健機関（WHO）、国際通貨基金（IMF）などがあります。

国際連合が抱える課題

国際連合にも、多くの課題があることが指摘されています。安全保障理事会は常任理事国に拒否権が与えられているため、**常任理事国同士が対立する問題には国際連合の力を十分に発揮できません。**また、総会では人口が多い国も少ない国も、それぞれ１票の議決権を持つため、「一票の格差」が生じてしまいますし、**経済力が小さな国は、財政援助をしてくれる国のために行動してしまいがちであるという課題もあります。**

国連の予算は加盟国が出し合っているのですが、分担金を滞納する国も多く（分担金を２年分滞納した国は総会の議決権を失います）、実際には分担金の７割しか集まっておらず、**国連の財政難は深刻化しています。**

おわりに

私が書いた「一度読んだら絶対に忘れない」シリーズもついに６冊目となりました。特に、今回の地理の本を書きあげ、地理歴史科の世界史、日本史、地理の３科目の本を完結することができたのは、高等学校で地理歴史を教えている教員として非常に意義深いことだと思います。

この本の出版にあたって、私の今までの勤務校である埼玉県立坂戸高等学校、福岡県立太宰府高等学校、福岡県立嘉穂東高等学校、福岡県公立古賀竟成館高等学校、福岡県立博多青松高等学校の教え子の皆さんと、社会科の先生方には深く感謝したいと思います。

地理歴史の教員は１つの免許で世界史も、日本史も、地理も教えなければならない仕事です。加えて、学校やクラスによっても、生徒ひとりひとりにも、興味関心や理解に大きな差異があります。教員はその膨大な内容を、様々なニーズやレベルに応じて、教えることが求められます。それは簡単にできることではなく、同僚の先生と教え合い、時には生徒から逆に教えられ、試行錯誤しながら、ようやく授業を進めていけるのです。本書をはじめとする「一度読んだら絶対に忘れない」シリーズの内容も、そうした、今までの学校の生徒や同僚の先生たちと積み重ねた日々の中で培われたものだと感じています。また、数学的な要素や理科的な要素についてアドバイスをいただいた数学や理科の先生、そして、本書になくてはならない多数のオリジナル図版を作成してくださったイラストレーターの青木まい子さんにも感謝したいと思います。本当にありがとうございます。

歴史や地理は、机の上で学ぶだけでは意味がありません。ぜひ、歴史や地理の本を読むだけでなく、世界や日本の各地に実際に足を運び、様々な史跡や文化財を見て、その地域の風土や人々の暮らしに触れ、そして感じたこと、考えたことを実際の生活に役立ててほしいと思います。

2023年１月

山﨑圭一

巻末付録

地形図の読み方

地形図の読み方

地形図は、日本の国土交通省の機関の１つである、国土地理院が発行する一般図です。一般的に、５万分の１、２万5000分の１の地形図が用いられます。日常的に地形図そのものを手に取って使う人は少ないかもしれませんが、道路地図や観光地のガイドマップ、ハザードマップなどに等高線や地図記号が用いられることもよくあります。日頃から地図に親しみを持ち、その情報を読み取る習慣を身につけることが地理の理解にもつながります。

縮尺

縮尺とは、実際の距離を地図上に縮めて表した割合のことです。実際の距離を分母に、地図上の距離を分子にして表します。１キロがどれぐらいの長さなのかを把握しておくとよいでしょう。

図11-1 縮尺の見方

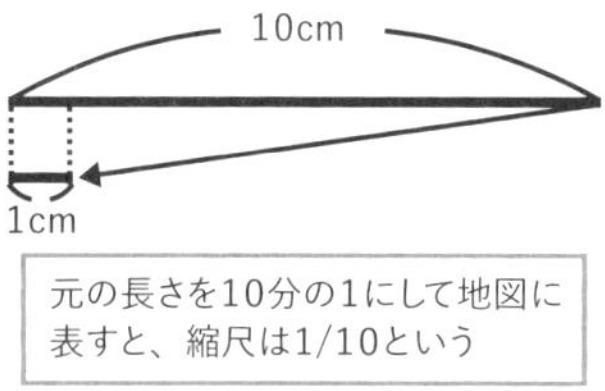

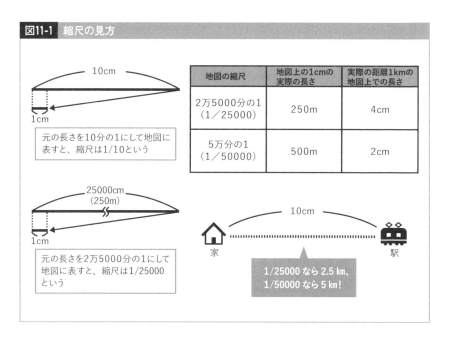

地図の縮尺	地図上の1cmの実際の長さ	実際の距離1kmの地図上での長さ
2万5000分の1（1／25000）	250m	4cm
5万分の1（1／50000）	500m	2cm

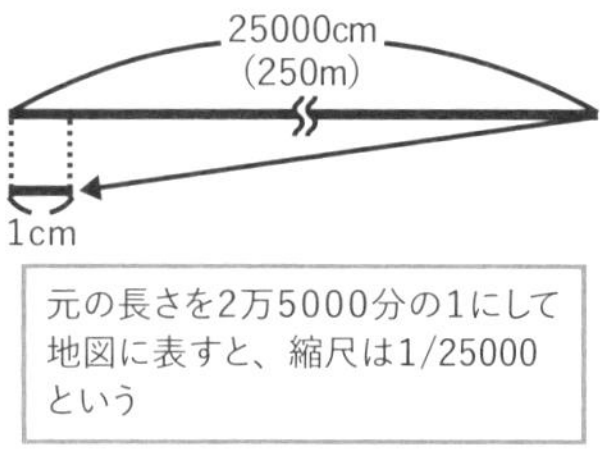

25000cm
(250m)
1cm
元の長さを2万5000分の1にして地図に表すと、縮尺は1/25000という

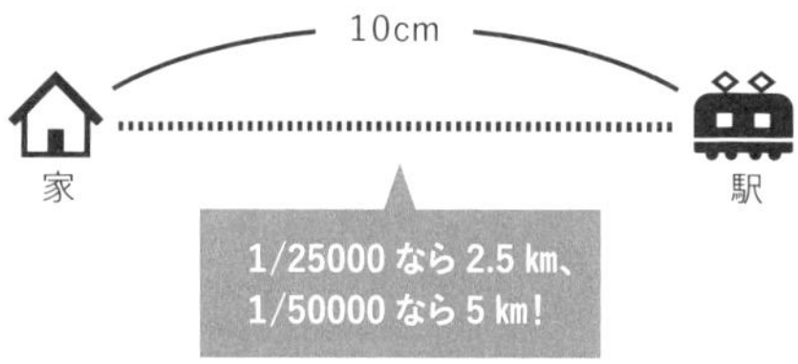

等高線

等高線は、同一高度の地点を結んだ一種の等値線図です。土地の起伏を表現するのに使われます。

一般的に、２万5000分の１の地図では10メートルごと、５万分の１の地図では20メートルごとに引かれます。

等高線同士の間隔が狭いほど急な傾斜、広いほどゆるやかな傾斜を表わします。

図11-2 等高線の見方①

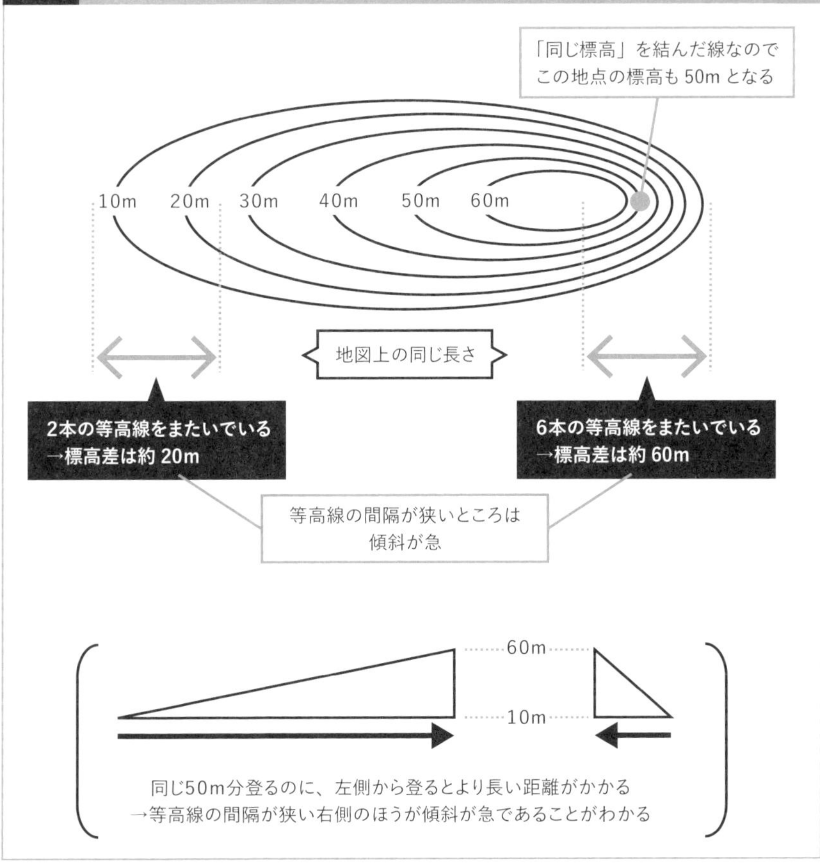

図11-3　等高線の見方②

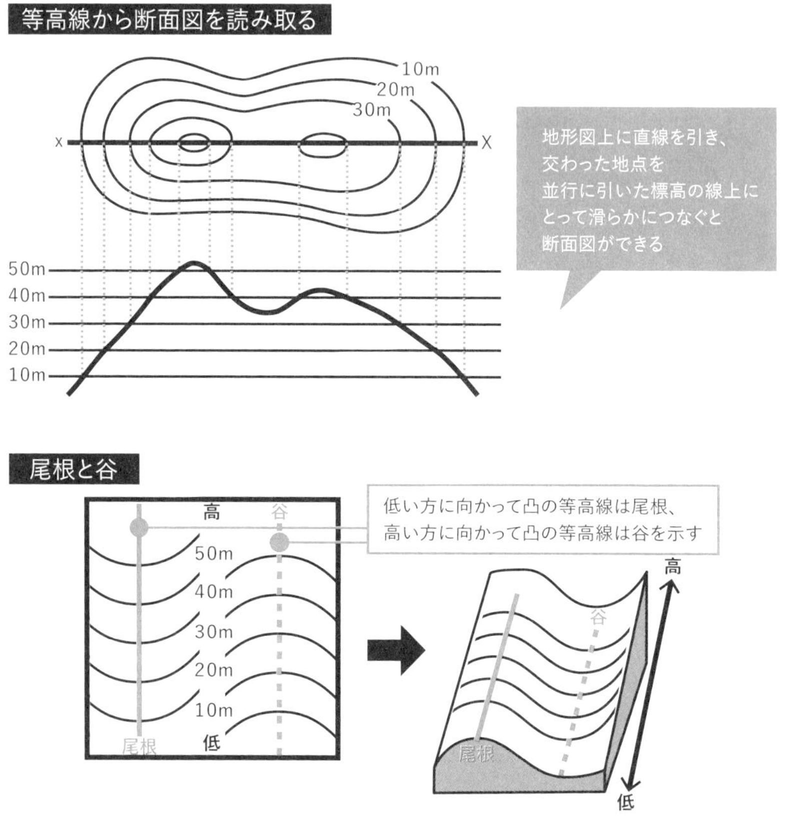

地図記号

地図に表現する物の形や特徴を表わす記号が地図記号です。

各地点を示す点に配置される地図記号、広がりを表わす面的な地図記号、線路や道路などの線的な地図記号があります。

次ページの図は国土地理院が発行している地図の地図記号です。市販の道路地図などにも使われていることが多いので、この機会にぜひ読めるようになることをオススメします。

図11-4 地図記号の見方

地点を示す地図記号

	市役所	明治時代に定められた、かつての「郡の役所」のマーク
	町役場 村役場	政令指定都市の区役所もこの記号を使用
	裁判所	昔の裁判所が裁判の内容を示すために立てていた立て札を図案化
	税務署	お金の計算に使っていたそろばんの珠と軸の形を図案化
	病院	昔の陸軍の衛生隊の印を図案化
	消防署	江戸時代から火を消す道具として使われていた「さすまた」を図案化
	警察署	警棒を交差させている図を丸で囲んで交番と警察署を区別
	交番	警棒を交差させているところを図案化
	小・ 中学校	「文武両道」などに使われる学芸を示す「文」の字を図案化
	高等 学校	学芸を示す文の字を丸で囲んで小・中学校と区別
	老人 ホーム	老人ホームの建物と杖を図案化

	発電所 変電所	発電所の歯車と電気回路を組み合わせて図案化
	図書館	開いた本を図案化
	博物館	博物館や美術館などの建物の形を図案化
	神社	神社の参道に立てられている鳥居を図案化
	寺院	仏教のシンボルとしてよく使われる「まんじ」を図案化
	郵便局	かつて郵便を取り扱っていた逓信省（ていしんしょう）の「テ」を図案化
	電波塔	アンテナと電波の形を組み合わせて図案化
	温泉	温泉のわき出すところと湯けむりを組み合わせて図案化
	灯台	灯台を上から見て四方八方に光が出ているところを図案化
	城跡	城を建てるときの設計（縄張り）の形を図案化
	港湾	大型船のいかりの形を図案化

線で示される地図記号

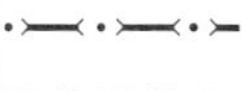	境界線	上は都道府県の境界、下は市町村の境界を示す
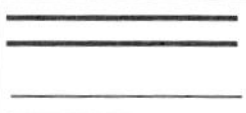	道路	線の太さや塗り方で道路の太さや高速道路、国道などを区別する
	JRの 鉄道	上は複線区間、中は単線区間、下の長方形は駅を示す
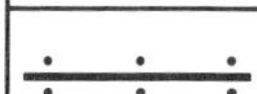	送電線	地形の起伏に関係なく直線的に引かれるのが特徴

面を示す地図記号

	田
	畑
	果樹園
	林： 左は広葉樹林、 右は針葉樹林

著者プロフィール

山﨑圭一（やまさき・けいいち）

福岡県公立高校講師。1975年、福岡県太宰府市生まれ。早稲田大学教育学部卒業後、埼玉県立高校教諭、福岡県立高校教諭を経て現職。昔の教え子から「もう一度、先生の世界史の授業を受けたい！」という要望を受け、YouTubeで授業の動画配信を決意。2016年から、200回にわたる「世界史20話プロジェクト」の配信を開始する。現在では、世界史だけでなく、日本史や地理の授業動画も公開しており、これまでに配信した動画は600本以上にのぼる。授業動画の配信を始めると、元教え子だけでなく、たちまち全国の受験生や教育関係者、社会科目の学び直しをしている社会人の間で「わかりやすくて面白い！」と口コミが広がって「神授業」として話題になり、瞬く間に累計再生回数が3,000万回を突破。チャンネル登録者数も13万人を超えている。著書に『一度読んだら絶対に忘れない世界史の教科書』『一度読んだら絶対に忘れない日本史の教科書』『一度読んだら絶対に忘れない世界史の教科書【経済編】』『一度読んだら絶対に忘れない世界史人物事典』『一度読んだら絶対に忘れない世界史の教科書【宗教編】』（以上、小社刊）などがある。

公立高校教師YouTuberが書いた
一度読んだら絶対に忘れない
地理の教科書

2023年2月13日　初版第1刷発行
2024年9月6日　初版第6刷発行

著　者　山﨑圭一
発行者　出井貴完
発行所　SBクリエイティブ株式会社
〒105-0001　東京都港区虎ノ門2-2-1
装　丁　西垂水敦（Krran）
本文デザイン・DTP　斎藤 充（クロロス）
本文図版　青木まい子
編集担当　鯨岡純一（SBクリエイティブ）
特別協力　池田さくら、川原將、神田愛実、久保田貴大、齊藤実咲、澤本純一、タカタ先生、徳原正敏、森山翔太、山本駿、四倉武士
印刷・製本　三松堂株式会社

本書をお読みになったご意見・ご感想を
下記URL、またはQRコードよりお寄せください。
https://isbn2.sbcr.jp/16328/

落丁本、乱丁本は小社営業部にてお取り替えいたします。
定価はカバーに記載されております。
本書の内容に関するご質問等は、小社学芸書籍編集部まで
必ず書面にてご連絡いただきますようお願いいたします。

ISBN 978-4-8156-1632-8